UN ÉVANGILE

PRÉ-JOHANNIQUE

VOL. I : JEAN 1,1-2,12

TOME I

ÉTUDES BIBLIQUES

(Nouvelle série. N° 17)

UN ÉVANGILE

PRÉ-JOHANNIQUE

PAR

M.-É. BOISMARD et A. LAMOUILLE

VOL. I : JEAN 1,1-2,12

TOME I

PARIS

LIBRAIRIE LECOFFRE

J. GABALDA ET Cie, Éditeurs

RUE PIERRE ET MARIE CURIE, 18

1993

ISSN 0760-3541
ISBN 2-85021-057-9

Dès 1951, nous avions publié un article de critique textuelle[1] dans lequel, à la suite de Fr. Blass[2] mais sur des bases plus larges, nous signalions une somme de quarante-trois variantes tirées du chapitre 7 de l'évangile de Jean, souvent ignorées de la plupart des manuscrits grecs, mais qui se recommandaient à l'attention des Critiques en ce qu'elles constituaient la plupart du temps des leçons courtes. Nous en redonnons ici quelques-une:

V. 2: *om.* εγγυς: 544 983 1689 Chr
V. 3: *om.* και υπαγε: 047 Syr^S Ta^N Chr
    om. σου: t D Θ fam.1 Latins Sy^{SCP} Ta^{NT} Chr
V. 4: *om.* αυτος: e b Syr^C Ta^{AVT} Chr Nonnos
V. 6: *om.* εστιν: Syr^P Ta^A Chr Nonnos
V. 8: *om.* εις την εορτην ταυτην: 69 1574 q Ta^{VT} Chr
V. 9: *om.* αυτοις: Λ al. e Syr^{SCP} Ta^{ANT} Chr
V. 10: *om.* εις την εορτην: 59 220 249 Ta^V Chr

Après avoir fait l'inventaire de ces variantes et les avoir commentées, voici quelles étaient alors nos conclusions: «Ces remarques de détails viennent donc confirmer les remarques générales développées plus haut: le texte court se présente avec de meilleurs garanties d'authenticité que le texte long. Un texte soutenu par des autorités patristiques et par des versions apparaît meilleur que le texte attesté par l'ensemble des manuscrits grecs... Peut-être nos éditions critiques modernes ont-elles le tort de négliger le témoignage des versions et des Pères; ou plus

---

[1] "Lectio brevior potior", RB 58 (1951) 161-168.
[2] Fr. BLASS, *Evangelium sec. Iohannem cum variae lectionis delectu*, Leipzig, 1902.

exactement, de n'accorder une attention au témoignage des versions et des Pères que dans la mesure où ceux-ci viennent corroborer le témoignage des manuscrits. C'est admettre à priori le principe que toute leçon qui n'est pas attestée au moins par quelques manuscrits grecs doit être rejetée. Peut-être la Critique Textuelle pourrait-elle se dégager de l'impasse où elle semble arrêtée en ce moment si elle arrivait à se libérer de ce préjugé.»

Toutes les variantes citées plus haut sont attestées par Chrysostome dans ses homélies sur l'évangile de Jean. Par ailleurs, la plupart sont soutenues aussi par Tatien dans son Diatessaron ainsi que par les anciennes versions syriaques, à l'occasion aussi par les latins. Il nous a semblé qu'il valait la peine d'approfondir cet accord Tatien-Chrysostome en étudiant de plus près, d'une part le Diatessaron de Tatien, d'autre part les citations johanniques faites par Chrysostome dans ses homélies. Ce travail critique nous a menés beaucoup plus loin que nous ne le pensions.

Nous avons déjà publié, tout récemment, le résultat de nos études sur le Diatessaron de Tatien[1]. En voici les grandes lignes. Pour composer son Diatessaron, Tatien n'aurait fait que reprendre, compléter et remanier quelque peu une harmonie des quatre évangiles connue de son maître saint Justin et qui existait donc déjà vers les années 140. Cette harmonie archaïque aurait donné naissance, non seulement au Diatessaron, mais encore à une autre harmonie évangélique, indépendante du Diatessaron, que nous avons appelée harmonie syro-latine. En fait, ce ne serait pas le Diatessaron de Tatien mais cette harmonie syro-latine qui formerait le fond le plus ancien des harmonies qui eurent tant de succès au moyen-âge et qui furent traduites en néerlandais (surtout manuscrit de Liège), en italien (dialectes vénitien et toscan), en anglais (harmonie de Pepys) et en allemand. C'est également cette harmonie syro-latine qui aurait fortement influencé les anciennes versions syriaques. Ainsi, en faisant abstraction d'un certain nombre de gloses et de paraphrases, l'accord entre plusieurs de ces divers témoins pourrait nous faire remonter à l'harmonie connue de Justin, et donc refléter un texte bien établi dès les années 140. Le témoignage, soit du Diatessaron de Tatien, soit des harmonies médiévales, soit des anciennes versions syriaques, en est donc valorisé puisqu'il nous

---

[1] M.-É. BOISMARD, avec la collaboration de A. LAMOUILLE, *Le Diatessaron: de Tatien à Justin*, Paris, Gabalda, 1992.

ferait remonter dans le temps à une époque qui se situerait seulement quelques décades après la publication de l'évangile de Jean.

Tout en menant cette étude sur le Diatessaron de Tatien, il nous fallait analyser de plus près les citations johanniques faites par Chrysostome[1]. Un premier problème se posait: pouvions-nous faire confiance au texte édité par Migne dans le tome 59 de sa Patrologie grecque? Nous l'avions déjà signalé dans notre étude parue en 1951: «La proportion (des accords entre Chrysostome et les divers témoins cités) est d'autant plus remarquable que le texte de Chrysostome que nous suivons est celui de Migne, édition non critique dans laquelle se sont sans doute glissées beaucoup de leçons du Textus Receptus.»[2] Un ouvrage publié par P. W. Harkins en 1948[3], dont nous n'avons eu connaissance qu'après la rédaction de notre article de 1951, nous confirmait que l'édition de Migne était mauvaise et qu'il fallait soigneusement revoir son texte sur de meilleurs manuscrits. Enfin, grâce à l'ouvrage de Fr. Blass signalé plus haut[4], nous savions que Chr. Fr. Matthai, dès la fin du xviiie siècle, avait signalé un manuscrit de Moscou qui contenait des variantes importantes concernant le texte johannique utilisé par Chrysostome dans ses homélies sur le quatrième évangile[5]. Nous avons donc décidé de nous procurer les microfilms d'une douzaine de manuscrits, remontant surtout aux ixe-xie siècles, donc plus anciens que ceux qui avaient été utilisés dans l'édition des homélies de Chryso-stome reprise par Migne.

Nous avons eu la chance d'obtenir ainsi deux manuscrits qui tranchaient sur les autres et qui, selon toute vraisemblance, étaient

---

[1] Cf. Gordon D. FEE, "The Texte of John and Mark in the Writings of Chrysostom", dans NTS 26 (1980) 525-547. Pour cet auteur, qui s'en tient au texte édité par Migne, Chrysostome suivrait un texte déjà proche de la Koinè byzantine. Ceux qui auront la patience de suivre nos analyses verront sans peine pourquoi nous aboutirons à des résultats entièrement différents. Question de méthode de travail!

[2] *Art. cit.*, p. 164, note 1.

[3] *The Text Tradition of Chrysostom's Commentary on John* (Dissert. Michigan Univ.), Ann Arbor, 1948.

[4] *Op. cit.* p. xi.

[5] Christianus Fridericus MATTHAEIUS, *Novum Testamentum XII. tomis distinctum Graece et Latinae*, 1782-1788. Le quatrième évangile est donné dans le tome X, paru en 1786.

apparentés au manuscrit de Moscou utilisé par Matthai. L'un provenait de
la Bibliothèque Vaticane et l'autre avait été découvert par l'abbé Richard,
fondateur de l'Institut d'Histoire et de Recherches des Textes, dans un
des monastères du mont Athos. Comme celui de Moscou, ces deux
manuscrits donnaient les textes johanniques cités par Chrysostome sous
une forme beaucoup plus originale que dans l'édition de Migne, et dont
les variantes rejoignaient souvent celles que l'on pouvait inventorier dans
les divers témoins, soit du Diatessaron de Tatien, soit surtout de
l'harmonie syro-latine mentionnée plus haut. Nous pouvions déjà pres-
sentir l'utilisation par ces divers auteurs d'un texte johannique qui dif-
férait du texte donné par les manuscrits grecs d'une façon beaucoup plus
radicale que nous ne l'avions soupçonné au début.

Mais nous n'étions pas au bout de nos découvertes. En relisant les
homélies de Chrysostome, nous avons vite acquis la conviction que le
texte n'en était pas homogène. Une même homélie, en effet, contenait
souvent des contradictions évidentes. Par ailleurs, le style était, tantôt celui
d'une véritable homélie, tantôt celui d'un commentaire exégétique. La
conclusion s'imposait: le texte qui nous était donné, même dans les
manuscrits du Vatican et du mont Athos, fusionnait en fait deux œuvres
différentes: des homélies proprement dites et un véritable commentaire
exégétique[1]. La distinction était capitale pour notre propos car le texte
johannique suivi dans le commentaire apparaissait beaucoup plus original
que dans les homélies. Il nous a donc fallu entreprendre un délicat travail
de critique littéraire concernant ces homélies de Chrysostome sur le
quatrième évangile de façon à isoler le commentaire exégétique qui nous
intéressait au plus haut point.

Cette distinction entre commentaire exégétique et homélies nous a
permis de faire un nouveau pas, décisif, dans le travail que nous avions
entrepris. En effet, devant le nombre et l'importance des variantes
inventoriées, une question se posait inévitablement: sommes-nous toujours au niveau de la critique textuelle du quatrième évangile, ou

---

[1] Nous traiterons en son temps le problème de savoir si ce commentaire exégétique
est aussi de Chrysostome, ou s'il n'aurait pas été composé par un autre auteur,
Diodore de Tarse, par exemple.

l'évangile de Jean que nous essayions de reconstituer était-il le même que l'évangile de Jean donné par les manuscrits grecs? En s'en tenant au texte publié par Migne, on pouvait déjà constater des faits assez étranges. Dans l'homélie xviii, par exemple, le texte de Jn 1,39c, qui mentionne la dixième heure, est cité et commenté aussitôt après Jn 1,35-36, et le commentaire indique clairement que cette note temporelle concerne la prédication du Baptiste et non l'arrivée de Jésus et des deux disciples qui le suivent là où il demeurait, comme le voudrait le texte johannique actuel (Migne, col. 118). – Dans la même homélie, Jn 1,40 est cité et commenté avant Jn 1,38-39 (Migne, col. 117). – Dans l'homélie xxii (Migne, début de col. 135), nous avons une citation complète de Jn 2,6-7. Mais les manuscrits du Vatican et du mont Athos ne donnent que Jn 2,6a qu'ils font suivre immédiatement de Jn 2,8. Il n'est pas question de l'ordre donné par Jésus de remplir les jarres, et de l'exécution de cet ordre. Or, dans le commentaire qui suit, Chrysostome nous dit que, la Palestine étant un pays sec et démuni de points d'eau, les jarres étaient <u>toujours</u> remplies d'eau en sorte que l'on n'ait pas à courir au loin au cas où l'on aurait eu besoin de se purifier de quelque impureté légale. Dans son commentaire, Chrysostome utilisait donc un texte johannique qui ignorait le verset 7, même si, dans son homélie, il suppose au contraire l'existence de ce verset. On touche ici du doigt l'importance de cette distinction entre commentaire et homélies. – Dans la même homélie xxii, le texte de Jn 2,9 est cité intégralement (Migne, col. 136), puis, un peu plus loin, Chrysostome insiste sur le dialogue entre le maître du festin et l'époux tel qu'il est rapporté dans le texte actuel de Jn 2,10. Mais vers la fin de la colonne 136, Chrysostome explique que l'évangéliste, soucieux de s'en tenir à l'essentiel, ne nous a pas rapporté la réponse de l'époux au maître du festin. C'est du moins le texte que nous lisons dans Migne. Il en va tout autrement dans nos manuscrits du Vatican et du mont Athos. On nous y explique que l'évangéliste, soucieux de s'en tenir à l'essentiel, s'est contenté de rapporter le fait que l'eau avait été changée en vin, sans mentionner aucun dialogue entre le maître du festin et l'époux. Ce commentaire ignore évidemment le texte de Jn 2,9c-10. – En analysant les homélies de Chrysostome, nous aurons à noter d'autres faits analogues.

Il devient clair que, étant donné ces faits, nous ne sommes plus au niveau de la critique textuelle du quatrième évangile. Si, dans ses homélies, Chrysostome suivait un texte johannique relativement classique, il n'en allait pas de même dans son commentaire exégétique. Il suivait un texte qui donnait l'évangile de Jean sous une forme assez différente et, de nombreux détails nous le montreront, sous une forme plus archaïque que celle qui est donnée dans les manuscrits grecs. Nous en avons conclu qu'il commentait un évangile pré-johannique[1].

Certains feront aussitôt l'objection suivante. Il est invraisemblable qu'un tel texte, inconnu par ailleurs des manuscrits grecs, ait existé à Antioche au milieu ou vers la fin du ive siècle et qu'il ait été utilisé pour un commentaire exégétique au lieu du texte johannique conventionnel. L'objection est sérieuse, nous ne le contestons pas. Mais les faits sont là et, dans le cas présent, il est impossible d'expliquer les singularités du texte commenté par Chrysostome en invoquant le fait qu'il aurait cité de mémoire et de façon approximative le texte évangélique. Les exemples que nous venons de donner s'y opposent. Il ne faut pas oublier non plus que, comme nous le verrons, Chrysostome est souvent soutenu par d'autres témoins, en particulier les textes qui dépendent plus ou moins directement de l'harmonie connue de Justin. Voici alors l'hypothèse que nous proposons. Cet évangile pré-johannique aurait été composé et publié, non pas à Éphèse, mais à Antioche même. Et c'est par respect pour cet évangile ayant vu le jour à Antioche que les chrétiens de cette ville en auraient précieusement conservé le texte, remplacé ailleurs par celui de l'évangile canonique.

Nous venons de dire que les singularités du texte johannique commenté par Chrysostome étaient soutenues par d'autres témoins. Pour illustrer ce fait, nous donnons tout de suite l'exemple de Jn 2,1-2:

καὶ τῇ ἡμέρᾳ τῇ τρίτῃ γάμος ἐγένετο ἐν Κανὰ τῆς Γαλιλαίας καὶ ἦν ἡ μήτηρ τοῦ Ἰησοῦ ἐκεῖ· ἐκλήθη δὲ καὶ ὁ Ἰησοῦς καὶ οἱ μαθηταὶ αὐτοῦ εἰς τὸν γάμον

---

[1] Nous appelons "évangile johannique" celui que nous donne, avec les variantes inévitables, la masse des manuscrits grecs, quel que soit l'auteur de cette ultime rédaction évangélique. En finale du second tome, nous reviendrons sur ce problème de la préhistoire de l'évangile de Jean.

Et le troisième jour, il y eut une noce à Cana de Galilée et la mère de Jésus était
là. Or Jésus fut invité aussi, ainsi que ses disciples, à la noce.

Voici comment ces versets sont cités par Chrysostome et divers autres
témoins[1] :

Chrysostome:
ἐν τῇ ἡμέρᾳ τῇ τρίτῃ γάμος ἐγένετο ἐν Κανὰ τῆς Γαλιλαίας καὶ ἐκλήθη ὁ
Ἰησοῦς εἰς τοὺς γάμους· ἦν δὲ καὶ ἡ μήτηρ τοῦ Ἰησοῦ ἐκεῖ καὶ οἱ
ἀδελφοὶ αὐτοῦ

Au troisième jour, il y eut une noce à Cana de Galilée et Jésus fut invité aux
noces. Or la mère de Jésus était là ainsi que ses frères.

Épiphane:
καὶ μετὰ τρεῖς ἡμέρας γάμος ἐγένετο ἐν Κανὰ τῆς Γαλιλαίας καὶ ἐκλήθη
ὁ Ἰησοῦς καὶ οἱ μαθηταὶ αὐτοῦ εἰς τὸ δεῖπνον τοῦ γάμου· καὶ ἦν ἐκεῖ ἡ
μήτηρ αὐτοῦ
– ἐκλήθη Ἰησοῦς εἰς γάμους καὶ [ἦν] ἡ μήτηρ αὐτοῦ ἐκεῖ καὶ [οὐδαμοῦ]
οἱ ἀδελφοὶ καὶ οὐδαμοῦ Ἰωσήφ[2]

Et après trois jours il y eut une noce à Cana de Galilée et Jésus fut invité ainsi
que ses disciples au repas de la noce, et sa mère était là.
- Jésus fut invité aux noces et sa mère était là mais pas ses frères ni Joseph.

Nonnos de Pannopolis[3]:
καὶ τῇ ἡμέρᾳ τῇ τρίτῃ γάμος ἐγένετο ἐν Κανὰ τῆς Γαλιλαίας καὶ ἐκλήθη
ὁ Ἰησοῦς καὶ οἱ μαθηταὶ αὐτοῦ εἰς τὸν γάμον· ἦν δὲ καὶ ἡ μήτηρ τοῦ
Ἰησοῦ ἐκεῖ

Et le troisième jour il y eut une noce à Cana de Galilée et Jésus fut invité ainsi
que ses disciples à la noce. Or la mère de Jésus était là.

Harmonie de Pepys:
the thridde day com Jesus into Galilee & was ladde vnto a feste with hise
disciples there his moder was

---

[1] Nous donnerons les référence en établissant le texte de l'évangile pré-johannique
pour ces deux versets.

[2] Les mots mis entre crochets ont été restitués par l'éditeur.

[3] Nous donnons le texte grec que suppose la paraphrase en vers homériques composée
par Nonnos.

Le troisième jour Jésus vint en Galilée et il fut invité à une fête avec ses disciples. Sa mère était là.

Testament en Galilée:
Ensuite eurent lieu des noces à Cana de Galilée, on l'(y) invita avec sa mère et ses frères et il convertit l'eau en vin

Tous ces témoins sont d'accord pour inverser les données de l'évangile johannique canonique: c'est Jésus qui est nommé en premier, sa mère ensuite. Ces témoins se divisent toutefois en deux groupes. Chrysostome, plus ou moins appuyé par le Testament en Galilée, ne mentionne que les frères de Jésus, avec sa mère. Les autres témoins ne mentionnent que les disciples de Jésus, avec Jésus lui-même. Ce dernier texte est certainement secondaire et influencé par les données de l'évangile canonique. On notera un détail significatif. Chrysostome comme Épiphane passent du singulier au pluriel: il y eut une noce...Jésus fut invité aux noces...

Cet exemple illustre quels seront les principaux témoins que nous utiliserons pour établir le texte de l'évangile pré-johannique. Le témoin-clef sera évidemment Chrysostome et son commentaire exégétique. Nous invoquerons ensuite le témoignage des harmonies qui dérivent plus ou moins directement de l'harmonie archaïque connue de Justin. Rappelons que ce témoignage peut nous faire remonter à un texte qui devait exister déjà vers les années 140. Épiphane nous sera aussi de quelque utilité. Malheureusement, il cite l'évangile de Jean souvent par sections tellement longues que la tentation devait être grande pour les scribes de remplacer le texte johannique qu'il citait par celui auquel ils étaient habitué. Nous avons enfin Nonnos de Pannopolis qui composa une paraphrase de l'évangile de Jean en vers homériques. Son témoignage ne sera que sporadique, d'une part parce qu'il est souvent difficile, à travers sa paraphrase, de retrouver le texte johannique qu'il suivait; d'autre part parce que son texte ne contient plus que des échos du texte de l'évangile pré-johannique. De toute façon, son témoignage ne sera jamais que secondaire.

Et que deviendront dans tout cela les manuscrits grecs et latins? Nous les rencontrerons de temps à autre, spécialement ceux qui reflètent le texte dit Occidental. En finale du second volume, nous verrons dans quelle mesure les résultats auxquels nous sommes arrivés peuvent éclairer la critique textuelle du quatrième évangile.

CHRYSOSTOME :

LES TEXTES

LES TEXTES

Nous donnons tout de suite le texte des homélies de Chrysostome sur lequel se feront toutes les analyses contenues dans ce volume, à savoir les homélies vi et xvi à xxiii (première moitié). Elles concernent Jn 1,6-8 et Jn 1,19-2,12. C'est seulement sous forme d'appendice que nous ajouterons le texte des homélies viii et xi à xiii, qui traitent de Jn 1,9-10 et 1,14-15. Nous expliquerons plus tard pourquoi l'ensemble du Prologue johannique, à l'exception des vv. 6-8, est ainsi traité à part et de façon succincte. Ajoutons que nous ne tiendrons pas compte des finales moralisantes de ces homélies, qui, rédigées sans lien réel avec elles, n'offrent à peu près aucun intérêt pour notre propos[1].

Dans le chapitre de critique textuelle consacré à ces homélies, nous verrons qu'il en existe deux recensions: l'une courte et l'autre longue. Nous donnons ici le texte de la recension courte, la plus primitive, attestée par de très rares manuscrits, tandis que toutes les éditions antérieures, y compris celles de Saville et de Migne, dépendent de la recension longue. Les deux principaux témoins de la recension courte sont les manuscrits B et M (cf. *infra*). Nous en donnons, dans l'apparat critique, toutes les

---

[1] Il est curieux de constater que le début de ces finales moralisantes est signalé dans presque tous les manuscrits par un sigle placé dans la marge, sigle qui renvoie à une phrase, écrite le plus souvent en haut ou en bas de page, donnant le sens général de cette finale. La place de ce sigle peut varier de quelques lignes suivant les traditions manuscrites. Dans la traduction syriaque, cette phrase est placée au début de chaque homélie, aussitôt après le lemme qui la commande.

variantes[1], même lorsqu'elles sont manifestement fautives. Ces deux manuscrits dépendent d'un archétype commun assez proche car ils offrent souvent les mêmes erreurs ou les mêmes corrections du texte johannique cité par Chrysostome.

Étant donné ce fait, il nous était indispensable d'obtenir un microfilm du principal manuscrit de Moscou utilisé par Matthai, conservé à la Bibliothèque Synodale de cette ville sous la cote Grec 94. Nous avons pu l'obtenir dans l'été 1992[2]. Hélas, ce fut en grande partie une déception. Ce manuscrit en effet, du xe siècle, suit dans son ensemble la forme récente de la recension longue, sauf pour les trois quarts de l'homélie xvi, où il donne brusquement le texte de la recension courte, qui est même dans ce passage une recension ultra-courte![3] C'est à cette portion de l'homélie xvi qu'appartiennent les variantes du texte johannique citées par Matthai, lesquelles correspondent effectivement à celles que nous donnent les manuscrits B et M. Mais pour le reste des homélies, ce manuscrit de Moscou ne nous a apporté à peu près rien de nouveau.

Pour contrôler un certain nombre de variantes données par les manuscrits B et M, nous pouvons encore avoir recours à la chaîne exégétique éditée par Cramer[4]. Pour les nombreux fragments repris de Chrysostome, le texte fondamental est certainement celui de la recension courte, malgré quelques influences en provenance de la recension longue. Mais l'intérêt de cette chaîne reste très limité pour deux raisons. D'une part, elle ne donne qu'un choix de textes chrysostomiens. D'autre part, elle ne fait souvent que résumer le texte de Chrysostome en le remaniant

---

[1] Sauf celles qui sont purement orthographiques et qui ne changent pas le sens du mot en question: confusions entre certaines voyelles ou diphtongues, présence ou absence de la lettre *nu* qui termine certaines formes verbales, etc.

[2] Grâce à l'obligeance et au savoir faire du Père Vincent Mora, de l'abbaye bénédictine de la Dormition, à Jérusalem. Pour nous rendre ce service, il n'a pas hésité à se rendre à Moscou où il a pu se faire ouvrir les portes, normalement fermées, de la Bibliothèque Synodale.

[3] La façon la plus simple d'expliquer ce phénomène est de supposer que, dans l'archétype suivi par le scribe (recension longue), il manquait ici quelques feuillets. Le scribe s'en est aperçu et a complété le texte en utilisant un manuscrit qui donnait la recension courte.

[4] J. A. CRAMER, *Catenae Graecorum Patrum in Novum Testamentum*, Tomus II. in Evangelia S. Lucae et S. Joannis, Oxford, 1844.

assez profondément. Malgré tout, elle peut donner des variantes authentiques, abandonnées par l'archétype que suivaient les manuscrits B et M.

Les choix que nous avons faits entre les leçons de B et de M restent assez éclectiques, sauf lorsqu'il s'agit du texte johannique utilisé par Chrysostome. Souvent, ces choix n'offraient que peu d'intérêt et, encore une fois, notre but n'était pas d'établir un texte définitif. Lorsque l'un de ces deux témoins offre une leçon originale, et l'autre une leçon conforme à celle des témoins de la recension longue, nous avons, sauf exceptions, préféré la leçon originale.

Quant aux témoins de la recension longue, ils sont innombrables (quelques centaines, probablement), répartis en deux groupes assez homogènes. Comme notre propos n'est pas de présenter une édition critique complète du texte des homélies, nous nous sommes contentés de collationner un nombre restreint de ces témoins dont nous donnons les variantes dans l'apparat critique. Nous avons négligé les variantes qui ne sont attestées que par un seul manuscrit, sauf lorsqu'elles viennent en concurrence avec d'autres leçons d'un même lieu variant.

En principe donc, le texte que nous adopterons dans les pages suivantes est celui de la recension courte. Il existe toutefois quelques exceptions. Nous donnerons le texte de la recension longue, d'une part lorsque cette recension aura gardé un texte authentique de Chrysostome, négligé par le Compilateur; d'autre part, lorsque ce texte long comportera des variantes qu'il aurait été difficile de signaler si tout le texte se trouvait situé dans l'apparat critique. Dans tous les cas, le texte de la recension longue sera placé un peu en retrait et entre crochets.

Le texte grec de la recension courte, donné dans la page de gauche, est accompagné, dans la page de droite, d'une traduction française. Nous nous sommes arrangés pour que les deux textes se correspondent à peu près. Ainsi, dans les discussions du deuxième volume, les références ne seront données qu'aux lignes du texte grec, mais il sera relativement facile de se référer au texte français situé en face, ou presque en face. Les mots ajoutés pour la clarté du texte sont mis entre parenthèses. Chrysostome a souvent la mauvaise habitude de sous-entendre le sujet des verbes de ses phrases. Pour remédier à cet inconvénient, lorsqu'il s'agit du Christ, nous mettrons une majuscule aux pronoms ou aux possessifs qui se rapportent à lui. Nous ne le ferons que dans les cas où le texte de Chrysostome offre quelque ambiguïté.

Nous n'avons pas cru nécessaire de traduire les variantes données dans l'apparat critique du texte grec, sauf lorsqu'il s'agit de textes importants.

En faisant la critique littéraire des homélies de Chrysostome, nous serons amenés à distinguer trois niveaux de rédaction: les homélies proprement dites, un commentaire exégétique inséré dans les homélies, enfin des sections composées par celui qui a fusionné homélies et commentaire, que nous avons appelé le Compilateur. Aussi bien dans le texte grec que dans la traduction française, nous avons distingué ces divers niveaux en utilisant: des caractères gras pour le texte du commentaire, le plus important pour nous; des caractères en italiques pour celui des homélies proprement dites; enfin des caractères normaux pour les additions dues au Compilateur. Dans les cas, assez rares, où le texte de l'homélie s'identifie à celui du commentaire, les caractères sont à la fois en gras et en italiques.

Nous pensons que les lemmes qui commandent chaque homélie ont été fortement remaniés par le Compilateur et nous les imprimerons donc en caractères normaux. Notons toutefois qu'ils ont pu garder des échos du texte primitif suivi par Chrysostome.

Liste des témoins:

I: Recension courte:

B: Rome, Bibliothèque Vaticane, Palatinus 32, xe siècle (hom. ixb-xlviii)[1].
Nombreuses corrections, faites par une main différente.

M: Mont Athos, Koutloumos 32, xe siècle (hom. iiib-xliv). Certaines pages
sont comme lavées et difficilement lisibles. Quelques corrections. Certains
feuillets sont d'une écriture beaucoup plus récente, mais pas dans les
homélies qui nous intéressent ici.

Cr: J. A. Cramer, *Catenae Graecorum Patrum in Novum Testamentum. Tomus
II. In evangelia S. Lucae et S. Joannis*, Oxford, 1844.

IIa: Recension longue primitive:

A: Paris, Bibliothèque Nationale, Grec 705, ixe siècle (complet).

D: Jérusalem, Patriarcat Grec, n. 82, xie siècle (hom. iiib-xliii).

Syr: Londres, British Museum, Add. 14561, vi^e-viie siècles (hom. iiib-xliii).
Traduction syriaque.

IIb: Recension longue révisée:

B^2: Rome, Bibliothèque Vaticane, Palatinus 32, xie siècle (hom i-ixa)

C: Paris, Bibliothèque Nationale, Grec 707, xie siècle (hom.i-xliii).
Corrections faites par une autre main.

J: Rome, Bibliothèque Vaticane, Grec 545, xie siècle (complet).

K: Moscou, Bibliothèque Synodale, Grec n. 94., xe siècle. Complet.

N: Paris, Bibliothèque Nationale, Grec 713, xie siècle (hom. i-xxxvi).
Quelques corrections faites par une autre main.

R: Moscou, Bibliothèque Synodale, Grec n. 95, xie siècle. Complet.

Migne: J.-P. Migne, *Patrologiae cursus completus*, vol. 59, Paris, 1862.

Lorsque le texte d'un manuscrit est corrigé, la leçon primitive est
indiquée par une astérisque, la leçon corrigée est affectée de la lettre c en
exposant.

---

[1] Les folios 1 à 36 sont plus tardifs; voir B^2, *infra*).

Sigles et Abréviations:

Add. = *Addit* ou *addunt.*

Om. = *Omittit* ou *omittunt.*

Rel. = *Reliqui.*

Cf. = *Confer* ou *conferte.*

(+) = Leçon double.

[ ] = Mot ou mots omis.

Hapl. = Omission de quelques lettres par haplographie.

Même au même = Omission d'un ou plusieurs mots par saut du même au même.

Dans le texte, les mots remplacés par des mots différents dans l'apparat critique sont soulignés d'un trait continu. Un trait pointillé indique que l'ordre des mots est différent.

À chaque page, sous le texte de la traduction française, le lecteur trouvera la liste des témoins qui donnent le texte grec du passage correspondant.

La traduction syriaque est souvent incapable de rendre la nuance du texte grec, spécialement en ce qui concerne la présence ou l'absence d'un article, l'ordre des mots, la nuance entre certains synonymes, etc. Dans les cas les moins évidents, nous l'indiquerons par le sigle (Syr?).

vi Ἐγένετο ἄνθρωπος ἀπεσταλμένος παρὰ Θεοῦ, ὄνομα αὐτῷ Ἰωάννης (Jn 1,6).

 Διαλεχθεὶς¹ περὶ τοῦ θεοῦ Λόγου [ ]² <u>συμμέτρως</u>³ ἡμῖν, ὁδῷ καὶ
5 τάξει προβαίνων, [ ]⁴ ἐπὶ τὸν τοῦ⁵ λόγου κήρυκα [ ]⁶ τὸν Ἰωάννην ρχεται
[ ]⁷.

 Σὺ δ ἀκούων ὅτι παρὰ Θεοῦ ἀπεστάλη μηδ ν λοιπὸν ἀνθρώπινον
εἶναι νόμιζε τῶν λεγομένων [ ]⁸. οὐ γὰρ τὰ αὑτοῦ ἀλλὰ τὰ τοῦ πέμψαντος
ἅπαντα φθέγγεται· διὸ καὶ ἄγγελος προσηγόρευται· ἀγγέλου δ ἦ ἀρετὴ τὸ
10 μηδ ν ἴδιον εἰπεῖν.

 Τὸ δέ· ἐγένετο, ἐνταῦθα οὐ τῆς εἰς τὸ εἶναι παρόδου δηλωτικὸν
ἀλλὰ τῆς ἀποστολῆς ἐστιν αὐτῆς· τὸ γὰρ· ἐγένετο ἀπεσταλμένος
παρὰ θεοῦ⁹, ἀντὶ τοῦ· ἀπεστάλη [ ]¹⁰. πῶς οὖν; τό· ἐν μορφῇ θεοῦ
ὑπάρχων, οὐ περὶ τῆς πρὸς τὸν πατέρα ἀπαραλλαξίας εἰρῆσθαί
15 <u>φησιν</u>¹¹. [ ]¹² ἰδοὺ γὰρ καὶ ἐνταῦθα οὐδαμοῦ τὸ ἄρθρον πρόσκειται.
ἀρ' οὖν οὐ περὶ τοῦ πατρὸς εἴρηται; τί [ ]¹³ ἐροῦμεν τῷ προφήτῃ
λέγοντι ὅτι· ἰδοὺ [ ]¹⁴ ἀποστέλλω τὸν ἄγγελόν μου [ ]¹⁵ ὃς κατα –
σκευάσει τὴν ὁδόν σου¹⁶. τὸ <u>γὰρ</u>¹⁷ ἐμοῦ καὶ σοῦ δύο προσώπων
ἐστὶ δηλωτικόν.

---

1. = M A Migne. - Add. τά: rel.
2. = M D Cr. - Add. τὰ κατεπείγοντα: rel.
3. = M D Cr. - ἐν προοιμίοις: rel.
4. = M A D Cr Syr. - Add. καί: rel.
5. Add. θεοῦ: M (contra: Cr).
6. = M Cr. - Add. τὸν ὁμώνυμον αὐτοῦ: rel.
7. = M Cr. - Add. λοιπόν: rel.
8. = M Cr. - Add. παρ' ἐκείνου: rel.
9. Om. παρὰ θεοῦ: Cr.
10. = M A (J) Cr. - Add. παρὰ θεοῦ: rel.
11. = M K. - φασί: rel.
12. = M. - Add. διὰ τὸ μὴ πρόσκειται τὸ ἄρθρον: rel.
13. = M. - Add. οὖν: rel.
14. Add. ἐγώ: B² Syr Migne.
15. Add. πρὸ προσώπου σου: M D Migne.
16. Om. ὃς κατασκευάσει τὴν ὁδόν σου: Syr.
17. μέν: Migne.

TRAITÉ VI

Il fut un homme envoyé par Dieu, du nom de Jean (Jn 1,6).

Ayant discouru suffisamment pour nous sur le Verbe de Dieu, progressant avec ordre, il en vient au héraut du Verbe, à Jean.

Mais toi, entendant qu'il fut envoyé par Dieu, dis-toi bien qu'il n'y a rien d'humain dans ce qu'il dit. En effet, il ne parle pas de ce qui le concerne, mais de tout ce qui concerne celui qui l'a dépêché: la qualité du messager est de ne jamais parler de soi-même.

Le verbe "il fut", ici, ne se rapporte pas au passage à l'être, mais à la mission elle-même. En effet, les mots "il fut envoyé par Dieu" sont mis pour "fut envoyé". Comment donc? On admet que l'expression "se trouvant en forme de Dieu" (cf. Phil 2,6) n'est pas dite de sa ressemblance avec le Père.[1] Et voici que, ici aussi, l'article fait défaut devant "Dieu". Est-ce à dire que ce mot n'est pas dit du Père? Mais que dira-t-on au prophète disant: «Voici que j'envoie mon messager qui préparera ta voie» (Mal 3,1)? En effet, les adjectifs "mon" et "ta" prouvent qu'il y a deux personnes.

I: M (B deest)
IIa: A D Syr
IIb: B² C J K N R Migne

---

1. Ajoutent: du fait que l'article fait défaut.

vi   [ ]¹ *Ἦλθεν εἰς μαρτυρίαν, φησίν², ἵνα μαρτυρήσῃ περὶ τοῦ φωτός. τί τοῦτο; ὁ δοῦλος τῷ Δεσπότῃ μαρτυρεῖ; [ ]³ ὅταν οὖν μὴ
μόνον ὑπὸ τοῦ δούλου μαρτυρούμενον αὐτὸν ἀλλὰ καὶ παραγινόμενον
ἴδῃς [ ]⁴ ἆρ'οὐ μᾶλλον ἐκστήσῃ καὶ διαπορήσεις; [ ]⁵ ἀλλ'ἐὰν ἐπιμείνῃς [ ]⁶
[ ]⁷ ἰλιγγιῶν καὶ θορυβούμενος, ἐρεῖ καὶ πρός σε⁸ τοῦτο ὃ καὶ πρὸς τὸν
25 Ἰωάννην [ ]⁹· ἄφες ἄρτι, οὕτω γὰρ πρέπον ἐστὶν ἡμῖν πληρῶσαι πᾶσαν
δικαιοσύνην. εἰ δὲ καὶ ἐπὶ πλεῖον ταράχθεις¹⁰ [ ]¹¹, ἃ καὶ ¹² πρὸς τοὺς
Ἰουδαίους ἔφησε ἐρεῖ¹³ καὶ πρός σε¹⁴, ὅτι οὐ¹⁵ παρὰ ἀνθρώπου τὴν
μαρτυρίαν [ ]¹⁶ λαμβάνω.

Εἰ τοίνυν μὴ δεῖται τῆς μαρτυρίας ταύτης, τίνος ἕνεκεν ἀπεστάλη
30 παρὰ θεοῦ ὁ Ἰωάννης; οὐχ ὡς ἀξιόπιστον αὐτοῦ τὴν φύσιν ποιήσων
διὰ¹⁷ τῆς¹⁸ μαρτυρίας, τοῦτο γὰρ [ ]¹⁹ ἐσχάτης βλασφημίας ἐστίν, ἀλλὰ
διὰ τί; αὐτὸς [ ]²⁰ ἐπήγαγεν²¹ [ ]²²· ἵνα πάντες πιστεύσωσιν δι'αὐτοῦ. καὶ
αὐτὸς δὲ [ ]²³ εἰπὼν ὅτι παρὰ ἀνθρώπου τὴν μαρτυρίαν οὐ λαμβάνω, ἵνα
μὴ δόξῃ παρὰ τοῖς ἀνοήτοις ἑαυτῷ περιπίπτειν. νῦν μὲν λέγων ὅτι²⁴ ἄλ-
35 λος ἐστὶν ὁ μαρτυρῶν περὶ ἐμοῦ καὶ οἶδα ὅτι ἀληθής ἐστιν ἡ μαρτυρία
αὐτοῦ, τὸν γὰρ Ἰωάννην ἐδήλου.

---

1. = M. - Add. οὗτος: rel.
2. = M. - Om.: rel.
3. = M Syr. - Add. ἴσως εἴποι τις ἄν: rel.
4. = M. - Add. πρὸς αὐτὸν καὶ μετὰ Ἰουδαίων βαπτιζόμενον ὑπ'αὐτοῦ: rel.
5. = M. - Add. ἀλλ' οὐ χρὴ ταράττεσθαι οὐδὲ θορυβεῖσθαι ἀλλ'ἐκπλήττεσθαι
   τὴν ἄφατον ἀγαθότητα: rel.
6. = M. - ἂν δὲ ἐπιμένῃ τις: rel.
7. Add. ἔτι: Migne.
8. = M. - αὐτόν: rel.
9. = M. - [ ] Ἰωάννην εἶπεν: rel. (K + τόν).
10. = M. - ταραχθείη: rel.
11. = M. - Add. τις: D. - Add. τις, (οὐ) λέγω: B² A C (J K) N (R) - Add. ἄκουε παρ'ἡμῶν:
    Syr. - Add. πάλιν ἐρεῖ: Migne.
12. = M. - Om.: rel.
13. = M A D. - Om.: rel.
14. αὐτὸν: Migne. - Om. καὶ πρὸς σε: K Syr.
15. = M D. - Om. οὐ: Migne. - οὐχ ὅτι: rel.
16. Add. οὐ: Migne.
17. = M. - αὐτοῦ δεομένου: rel.
18. Om.: Migne.
19. = M. - Add. τῆς: rel.
20. = M. - Add. ὁ Ἰωάννης: rel.
21. διδάσκει: Migne. - μαρτυρεῖ περὶ αὐτοῦ: Syr.
22. = M. - Add. λέγων: Migne - Add. εἰπών: rel. .
23. = M. - Add. ὁ Χριστός: rel.
24. = M. - Om.: rel.

Il vint pour un témoignage, dit-il, afin de rendre témoignage à la lumière. Et quoi? Le serviteur rend témoignage au Maître?[1] *Lors donc que tu Le verras, non seulement recevoir témoignage du serviteur, mais encore arriver (vers lui),* (cf. Mt 3,13) *est-ce que tu ne seras pas encore plus dans la stupeur et dans l'embarras?*[2] *Mais si tu continues à être bouleversé et troublé, il te dira à toi aussi ce qu'il a dit à Jean: «Laisse donc, car ainsi il nous convient d'accomplir toute justice»* (Mt 3,15). *Mais si tu te tourmentes encore plus, ce qu'il a déclaré aux Juifs il te le dira à toi aussi: «Ce n'est pas d'un homme que je reçois le témoignage»* (Jn 5,34a).

Mais s'Il n'a pas besoin de ce témoignage, pour quel motif Jean fut-il envoyé par Dieu? Non pas comme si (Jean) allait rendre Sa nature plus digne de foi grâce au témoignage - le prétendre serait le dernier des blasphèmes - mais pourquoi? Lui-même a ajouté: «Afin que tous crussent par lui.» Mais Lui aussi a dit: «D'un homme, je ne reçois pas le témoignage», afin qu'il ne paraisse pas se contredire aux yeux des gens stupides. En réalité, tandis qu'il disait: «Autre est celui qui me rend témoignage et je sais que son témoignage est vrai » (Jn 5,32), il désignait Jean.

I: M (B deest)
IIa: A D Syr
IIb: B^2 C J K N R Migne

---

1. Dans le texte grec comme dans le texte français, les deux premières lignes de ce paragraphe se lisaient dans le commentaire et dans l'homélie. La suite du texte du commentaire se lit : à la note 5 dans le texte grec, à la note suivante dans le texte français.
2. *Add.* **Mais il ne faut pas se troubler ni s'inquiéter, mais admirer l'indicible bonté.**

vi   Νῦν δὲ λέγων· παρὰ ἀνθρώπου τὴν μαρτυρίαν οὐ λαμβάνω ἐπήγαγε
τὴν λύσιν [ ]¹ εἰπών· ἀλλὰ ταῦτα λέγω δι᾽ ὑμᾶς ἵνα σωθῆτε. ὡσανεὶ
ἔλεγεν· ὅτι [ ]² Θεός εἰμι καὶ Θεοῦ γνήσιος Υἱὸς καὶ τῆς οὐσίας ἐκείνης τῆς
40   ἀκηράτου καὶ μακαρίας, [ ]³ οὐδενὸς δέομαι τοῦ μαρτυρήσαντος. κἂν
γὰρ μηδεὶς θέλῃ⁴ τοῦτο εἰπεῖν⁵, οὐδὲν ἐγὼ παρὰ τοῦτο εἰς τὴν φύσιν
ἐλάττωμαι τὴν ἐμήν. ἐπειδὴ⁶ δέ μοι τῆς σωτηρίας⁷ μέλλει τῆς τῶν πολλῶν,
τούτου χάριν εἰς τοῦτο κατέβην ταπεινότητος ὡς καὶ ἀνθρώπῳ τὴν
μαρτυρίαν ἐπιτρέψαι τὴν ἐμήν. διὰ [ ]⁸ τὸ χαμαίζηλον καὶ ἀσθενὲς τῶν
45   ἀκουσομένων⁹, οὕτως εὐληπτοτέραν αὐτοῖς [ ] μέλλουσαν [ ] γενέσθαι
[ ]¹⁰. ὥσπερ γὰρ τὴν¹¹ σάρκα περιεβάλετο ἵνα μὴ γυμνῇ τῇ θεότητι
προσβαλὼν ἅπαντας ἀπολέσῃ, οὕτω καὶ κήρυκα ἄνθρωπον ἡμῖν¹²
ἐξέπεμψεν ἵνα τῆς συγγενοῦς ἀκούοντες φωνῆς εὐκολώτερον [ ] προσ-
αγώγεσθαι¹³· ἐπεὶ ὅτι γε τῆς ἐκείνου οὐδὲν ἐδεῖτο μαρτυρίας, ἧρκει δεῖξαι
50   μόνον ἑαυτόν, ὅστις ἦν γυμνῇ τῇ θεότητι¹⁴, καὶ καταπλήξασθαι πάντας·
ἀλλὰ τοῦτο οὐκ ἐποίησε, δι᾽ ὅπερ ἔφθην εἰπών, πάντας γὰρ ἂν ἠφάνισε,
μηδενὸς¹⁵ δυναμένου τὴν ἀπρόσιτον ἐκείνην τοῦ φωτὸς προσβολὴν
ἐπενεγκεῖν¹⁶. διὰ τοῦτο καὶ σάρκα [ ]¹⁷ ὑπέδυ καὶ ἑνὶ τῶν ἡμετέρων
ὁμοδούλων ἐγχειρίζει τὴν μαρτυρίαν. ἐπειδὴ πάντα πρὸς τὴν ἡμετέραν
55   ἐπραγματεύετο¹⁸ σωτηρίαν, οὐ πρὸς τὴν ἀξίαν [ ]¹⁹ τὴν ἑαυτοῦ [ ]²⁰. ὅπερ
οὖν καὶ αὐτὸς ἡμῖν²¹ αἰνιττόμενος ἔλεγε· ταῦτα δὲ²² λέγω δι᾽ ὑμᾶς ἵνα
σωθῆτε.

---

1. = M. - Add. ταχέως: rel. - (Om. τὴν λύσιν: D. - ταχέως τὴν λύσιν: Α).
2. = M. - Add. μέν: rel.
3. Add. καί: Migne. - Add. καὶ διὰ τοῦτο: Syr.
4. = M A. - ἐθέλῃ: rel. (Om.: Syr).
5. = M. - ποιεῖν: rel. - (Syr: μηδεὶς ματυρεῖ περὶ ἐμοῦ).
6. ἐπεί: M (hapl.).
7. = M. - 2 3: J. - 2 3 1: rel.
8. = M. - Add. γάρ: rel.
9. = M. - Ἰουδαίων: rel.
10. = M. - καὶ εὐκολωτέρα ἔμελλεν ἡ εἰς αὐτὸν γίνεσθαι πίστις: rel.
11. = M. - οὖν [ ]: rel.
12. = M. - Om.: rel.
13. = M. - οἱ τότε ἀκούοντες προσέρχωνται: rel.
14. = M. - οὐσία: rel.
15. μή: M (par erreur).
16. = M. - ἐνεγκεῖν: rel.
17. M. - Add. καθάπερ ἔφθην εἰπών: rel.
18. = M. - τῶν ἀνθρώπων ἐπραγματεύσατο: rel.
19. = M. - Add. μόνον: rel.
20. = M. - Add. ἀλλὰ καὶ πρὸς τὸ εὐπαράδεκτον καὶ ὠφέλιμον τοῖς ἀκούουσιν ὁρῶν: rel.
21. = M D. - Om.: A C J N Syr Migne
22. = M A. - Om.: D C J N B² Migne.

Mais en fait, en disant: «D'un homme, je ne reçois pas le témoignage», il a ajouté *la solution en disant: «Mais je dis cela à cause de vous, afin que vous soyez sauvés»* (Jn 5,34b). *C'est comme s'il disait:* «Je suis Dieu, et Fils authentique de Dieu et de cet Être sans alliage et bienheureux; je n'ai besoin de personne qui me rende témoignage. Car, même si personne ne voulait le dire, je n'en serais en rien diminué quant à ma nature. *Mais puisque j'ai souci du salut de la multitude, pour cela je suis descendu à ce degré d'abaissement: jusqu'à confier à un homme mon témoignage!»* Malgré la vulgarité et la faiblesse des futurs auditeurs, ainsi il leur deviendrait plus accessible. De même en effet qu'il s'était revêtu de chair de peur que, s'étant élancé à divinité nue, il ne perdît tout le monde, ainsi il nous a envoyé un homme comme héraut afin que, en écoutant cette voix connaturelle, on s'approchât plus facilement. Puisqu'il n'avait nullement besoin du témoignage de cet homme-là, il aurait suffi qu'il se montrât, tandis qu'il était à divinité nue, et qu'il les fît tous approcher. Mais il ne le fit pas, comme je l'ai déjà dit, car il aurait anéanti tout le monde, personne ne pouvant supporter cet élan inaccessible de la lumière (cf. 1 Tm 6,16). C'est pourquoi il s'est habillé de chair et il remet le témoignage à un des serviteurs semblable à nous, puisqu'il accomplissait tout pour notre salut et non pour sa propre dignité. Ce que lui-même nous disait à mots couverts: *«Mais je dis cela à cause de vous, pour que vous soyez sauvés»* (Jn 5,34b).

I: M (B deest)
IIa: A D Syr
IIb: B^2 C J K N R Migne

vi   Καὶ ὁ εὐαγγελιστὴς δὲ ταῦτα¹ τῷ Δεσπότῃ φθεγγόμενος, μετὰ
τὸ εἰπεῖν· ἵνα μαρτυρήσῃ περὶ τοῦ φωτός, ἐπήγαγεν· ἵνα πάντες
60 πιστεύσωσιν δι' αὐτοῦ, μονονουχὶ λέγων· μὴ νομίσῃς ὅτι διὰ τοῦτο
μαρτυρήσων ἦλθεν [ ]² ἵνα τι τῷ Δεσπότῃ προσθῇ εἰς ἀξιοπιστίας
λόγον, οὐ διὰ τοῦτο ἀλλ' ἵνα οἱ ὁμόφυλοι πιστεύσωσιν δι' αὐτοῦ. ὅτι
γὰρ ταύτην προανελεῖν τὴν ὑποψίαν σπεύδων τοῦτο ἐπήγαγεν³, καὶ
ἐκ τῶν μετὰ ταῦτα δῆλον· [ ] οὐκ ἦν γὰρ⁴ ἐκεῖνος [ ]⁵ τὸ φῶς. εἰ μὴ
65 γὰρ⁶ πρὸς τὴν ὑπόνοιαν ταύτην ἱστάμενος ἐπανέλαβε [ ]⁷, παρ-
ῆλκεν⁸ ἁπλῶς τὸ λεγόμενον, καὶ ταυτολογία⁹ μᾶλλον ἢ σαφήνεια
διδασκαλίας ἦν.
Εἰπὼν γὰρ ὅτι ἀπεστάλη ἵνα μαρτυρήσῃ περὶ τοῦ φωτός, τί πάλιν
λέγει¹⁰· οὐκ ἦν ἐκεῖνος τὸ φῶς; [ ]¹¹ ἐπειδὴ γὰρ¹² ὡς τὰ πολλὰ παρ' ἡμῖν
70 μείζων ὁ μαρτυρῶν τοῦ μαρτυρουμένου καὶ ἀξιοπιστότερος [ ]¹³, ἵνα μή τις
καὶ ἐπὶ τοῦ Ἰωάννου τοῦτο ὑποπτεύσῃ, ἐκ προοιμίων εὐθέως τὴν πονηρὰν
ταύτην ὑποψίαν ἀναιρεῖ καὶ πρόρριζον αὐτὴν ἀνασπάσας δείκνυσι τίς μὲν
οὗτος ὁ μαρτυρῶν τίς δὲ ἐκεῖνος ὁ μαρτυρούμενος καὶ ὅσον τὸ μέσον¹⁴ τοῦ
τε μαρτυρουμένου καὶ τοῦ μαρτυροῦντός ἐστιν. καὶ τοῦτο ποιήσας καὶ
75 διδάξας¹⁵ αὐτοῦ τὴν ἀσύγκριτον ὑπεροχὴν οὕτω μετὰ ἀδείας λοιπὸν καὶ
τῷ ἑπομένῳ¹⁶ ἐπεξέρχεται λόγῳ.

---

1. = M. - τὰ αὐτά: rel.
2. = M. - Add. ὁ Βαπτιστὴς Ἰωάννης: rel.
3. εἴρηκε: J Migne.
4. = M. - ἐπήγαγεν γὰρ οὐκ ἦν: rel.
5. = N. - φησὶν ἐκεῖνος: D C J. - ἐκεῖνός φησιν: M B² K R. - φησίν post τὸ φῶς: A. - ἐκεῖνος λέγων: Migne.
6. = M. - δὲ μὴ: rel.
7. = M. - Add. τοῦτο: rel.
8. = M R. - προεῖλκεν: rel.
9. τοῦτο ἀναλογία: M.
10. = M A (Syr) Migne. - λέγεις: rel.
11. = M. - Add. οὐχ ἁπλῶς οὐδὲ μάτην ἀλλ': rel.
12. = M. - Om.: rel.
13. = M Cr. - Add. πολλάκις εἶναι δοκεῖ: rel.
14. Om.: M (hapl.). - Post μαρτυροῦντος: A.
15. = M. - δείξας: rel.
16. = M. - λειπομένῳ: rel.

Et l'évangéliste, ayant ainsi parlé du Maître, après avoir dit "afin qu'il rendît témoignage à la lumière", ajouta "afin que tous crussent par lui", comme s'il disait: Ne pense pas qu'il soit venu témoigner pour ajouter quelque chose au Maître en tant que digne de foi, non, mais pour que ses semblables crussent par lui. Car, en effet, que ce soit pour se hâter à l'avance d'écarter cette idée fausse qu'il a ajouté cette phrase, c'est clair en raison de ce qui suit: «Car il n'était pas, lui, la lumière.» En effet, si ce n'était pas pour s'opposer à cette conjecture qu'il s'était répété, il aurait seulement anticipé ce qui était dit, et cela aurait été une tautologie plus qu'un éclaircissement de l'enseignement.

Ayant donc dit qu'il fut envoyé afin qu'il rendît témoignage à la lumière, pourquoi ajoute-t-il: «Il n'était pas, lui, la lumière»? (Jn 1,8a). C'est que d'ordinaire, pour nous, celui qui témoigne est plus grand que celui pour qui l'on témoigne, et plus digne de foi; de peur que l'on ne s'en fasse une idée fausse de Jean, dès l'exorde il écarte cette idée fausse et, l'ayant complètement déracinée, il montre qui est celui-ci qui témoigne, qui est celui-là pour qui l'on témoigne, et quelle différence il y a entre celui pour qui l'on témoigne et celui qui témoigne. Ceci fait, et ayant enseigné Sa supériorité incomparable, il peut poursuivre sans crainte son discours.

I: M (B deest)
IIa: A D Syr
IIb: B^2 C J K N R Migne

ΛΟΓΟΣ ι͞ϛ

xvi	Αὕτη¹ ἐστὶν ἡ μαρτυρία τοῦ Ἰωάννου ὅτε ἀπέστειλαν πρὸς αὐτὸν οἱ
Ἰουδαῖοι ἐξ Ἱεροσολύμων ἱερεῖς καὶ λευίτας² ἵνα ἐρωτήσωσιν αὐτόν· σὺ
τίς εἶ;

5	Δεινὸν ἡ βασκανία,³ δεινὸν καὶ ὀλέθριον τοῖς βασκαίνουσιν, οὐ τοῖς
βασκανομένοις· πρώτους γὰρ αὐτοὺς λυμαίνεται καὶ διαφθείρει καθάπερ
ἰός τις θανατηφόρος ἐγκαθήμενος αὐτῶν ταῖς ψυχαῖς· εἰ δὲ πού καὶ τοὺς
φθονουμένους παραβλάψειε μικρὰν καὶ οὐδενὸς ἀξίαν βλάβην, [ ]μεῖζον
10	τῆς ζημίας τὸ κέρδος ἔχουσιν⁴. καὶ οὐκ ἐπὶ τῆς βασκανίας μόνον, ἀλλὰ
καὶ⁵ ἐπὶ τῶν ἄλλων ἁπάντων. οὐχ ὁ παθὼν κακῶς ἀλλ᾽ ὁ δράσας κακῶς
οὗτός ἐστιν ὁ τὴν βλάβην δεξάμενος. οὐδὲ γὰρ ἄν, εἰ μὴ⁶ τοῦτο ἦν,
ἀδικεῖσθαι μᾶλλον ἢ ἀδικεῖν προσέταξεν ὁ Παῦλος τοῖς μαθηταῖς· διατί
οὐχὶ μᾶλλον ἀδικεῖσθε, λέγων, διὰ τί οὐχὶ⁷ μᾶλλον ἀποστερεῖσθε; οἶδε
15	γὰρ ἀκριβῶς οὐ τῷ πάσχοντι κακῶς ἀλλὰ τῷ ποιοῦντι κακῶς τὸν ὄλε-
θρον⁸ ἐπαγόμενον⁹ πανταχοῦ.
Ταῦτα δέ¹⁰ μοι πάντα διὰ τὴν βασκανίαν εἴρηται τὴν ἰουδαικήν. οἱ
γὰρ ἀπὸ τῶν πόλεων ἐκχυθέντες πρὸς τὸν Ἰωάννην καὶ τῶν ἰδίων¹¹
ἁμαρτημάτων ποιήσαντες τὴν ἐξομολόγησιν¹² καὶ βαπτισάμενοι
20	οὗτοι μετὰ τὸ βαπτισθῆναι¹³ καθάπερ ἔκ τινος μετανοίας¹⁴ πέμ-
πουσιν ἐρωτῶντες αὐτόν· σὺ τίς εἶ; ὄντως γεννήματα ἐχιδνῶν καὶ
ὄφεις καὶ εἴ τι τούτων χαλεπώτερον. γενεὰ πονηρὰ [ ]¹⁵ καὶ
διεστραμμένη· μετὰ τὸ βαπτίσασθαι, τότε τὸν βαπτίσαντα¹⁶ περιεργάζῃ

---

1. = B M K - *Add.* γάρ: *rel.*
2. *Add.* πρὸς αὐτὸν: B*.
3. = K. - *Add.* ἀγαπητοί :B M A Syr. - ἀγαπητέ: *rel.*
4. = B M. - καὶ...ἔχουσαν: *rel.*
5. = B M. - ἀλλ᾽: *rel.*
6. *Om.*: B M, par erreur.
7. οὐ: A D.
8. *Add.* ἔχει: B.
9. = M. - ἐπόμενον: *rel.*
10. δή: Migne.
11. = B Syr. - *Om.*: *rel.*
12. = B. - καταγνόντες τῶν οἰκείων: *rel.* - Syr: de suis peccatis paenitentiam-egerunt.
13. = B M A D Syr. - αὐτοὶ...βάπτισμα: *rel.*
14. = B M K A D Syr. - μεταμελείας: *rel.* (Syr a une leçon double).
15. = B M A D Syr. - *Add.* καὶ μοιχαλίς: *rel.*
16. = B M K A D Syr. - βαπτιστήν: *rel.*

TRAITÉ XVI

Tel est le témoignage de Jean lorsque les Juifs envoyèrent vers lui de Jérusalem des prêtres et des lévites pour lui demander: «Qui es-tu?» (Jn 1,19).

Terrible est la jalousie, terrible et fatale pour ceux qui sont jaloux, non pour ceux qui sont jalousés. En effet, ce sont eux d'abord qu'elle gâte et corrompt, comme un venin mortel installé dans leurs âmes. Même s'il lui arrive de léser ceux qui sont enviés d'un dommage léger et sans importance, ceux-ci y gagnent plus qu'ils n'y perdent. Et ce n'est pas vrai seulement de la jalousie, mais encore de tout le reste. Ce n'est pas celui qui est maltraité, mais celui qui inflige le mal qui reçoit le dommage. S'il n'en était pas ainsi, Paul n'aurait pas prescrit aux disciples de subir l'injustice plutôt que de la commettre, en disant: «Pourquoi ne pas souffrir plutôt l'injustice? Pourquoi ne pas vous laisser plutôt dépouiller?» (1 Cor 6,7). Il sait bien, en effet, que ce n'est pas sur celui qui souffre le mal mais sur celui qui donne le mal que s'abat la ruine, inexorablement (cf. 1 Thess 5,3).

Or, pour moi, tout cela concerne la jalousie juive. En effet, **ceux qui se sont répandus des villes vers Jean et qui ont fait l'aveu de leurs propres péchés et qui ont été baptisés, ceux-là, après avoir été baptisés comme sous l'effet d'un certain repentir** (cf. Mc 1,5; Mt 3,6.11a), **ils envoient lui demander: «Toi, qui es-tu?» Oui, engeance de vipères et serpents** (Lc 3,7; Mt 3,7; 23,33) **et pire encore si possible!** *Race mauvaise et pervertie* (cf. Mt 17,17); *juste après avoir été baptisée, tu importunes*   .....

I: B M
IIa: A D Syr
IIb: C J K N R Migne

xvi καὶ πολυπραγμονεῖς; καὶ τί ταύτης τῆς ἀλογίας ἀλογώτερον γένοιτ᾽ ἄν;
πῶς ἐξήειτε¹; πῶς ἐξομολογεῖσθε τὰ ἁμαρτήματα; πῶς ἐπετρέχετε τῷ
25 βαπτίζοντι; πῶς αὐτὸν ἠρωτᾶτε περὶ τῶν πρακτέων; **ταῦτα γὰρ παρα-
βλέψαντες νῦν ὡς ἄπιστοι δολίως καὶ εἰρωνικῶς ἐρωτῶντες**². ἀλλ᾽
οὐδὲν τούτων [ ]³ ἐνεκάλεσεν ὁ μακάριος ἐκεῖνος⁴ οὐδὲ ὠνείδισεν, ἀλλὰ
μετὰ ἐπιεικείας ἀπάσης ἀποκρίνεται πρὸς αὐτούς. τίνος [ ]⁵ ἕνεκεν τοῦτο
[ ]⁶; ἐκεῖνο μαθεῖν ἄξιον ὥστε πᾶσι κατάδηλον αὐτῶν⁷ τὴν κακουρ-
30 γίαν γενέσθαι[ ]⁸.

Πολλάκις γὰρ⁹ [ ]¹⁰ ἐμαρτύρησεν [ ]¹¹ Ἰωάννης τῷ Χριστῷ, καὶ ὅτε
ἐβάπτιζεν αὐτοὺς συνεχῶς αὐτοῦ πρὸς τοὺς παρόντας ἐμέμνητο¹² καὶ
ἔλεγεν· ἐγὼ [ ]¹³ ὑμᾶς βαπτίζω ἐν¹⁴ ὕδατι· ὁ δὲ ὀπίσω μου ἐρχόμενος
ἰσχυρότερός μου ἐστίν· αὐτὸς ὑμᾶς βαπτίσει ἐν πνεύματι ἁγίῳ καὶ πυρί.
35 ἔπαθον οὖν¹⁵ τι πρὸς αὐτὸν ἀνθρώπινον πάθος¹⁶. οἱ ¹⁷ γὰρ τὴν¹⁸ τοῦ
κόσμου δόξαν ἐπτοημένοι καὶ [ ]¹⁹ κατὰ πρόσωπον βλέποντες ἄξιον²⁰ εἶναι
ἐνόμιζον ὑποτάσσεσθαι αὐτῷ τὸν Χριστόν²¹. τὸν μὲν γὰρ Ἰωάννην πολλὰ
ἦν τὰ ποιοῦντα λαμπρόν²². καὶ πρῶτον τὸ γένος· λαμπρὸν ἦν καὶ ²³
ἐπίσημον καὶ περιφανές. ἀρχιερέως γὰρ ἦν υἱός. ἔπειτα ἡ δίαιτα καὶ ἡ
40 σκληραγωγία²⁴ ἡ τῶν ἀνθρωπίνων²⁵ ὑπεροψία πάντων· καὶ γὰρ ἐσθῆτος
καὶ τραπέζης καὶ οἰκίας καὶ τροφῆς δὲ αὐτῆς ὑπεριδὼν κατὰ τὴν ἔρημον

---

1. = B Migne. - ἔξητε: A. - ἐξηγεῖσθε: K. - ἐξίητε: rel.
2. = B. - ὑμῖν ἅπαντα ἀλόγως ἐπράττετο τὴν ἀρχὴν καὶ τὴν ὑπόθεσιν ἀγνοοῦσιν: rel.
3. = B M K. - Add. εἶπεν οὐδέ: rel.
4. = A D Syr. Cf. en xvi/70. - Ἰωάννης: rel.
5. = B M. - Add. δέ: Syr Migne. - Add. οὖν: rel.
6. = B* M. - Add. ἐποιοῦν: Bᶜ A D Syr. - Add. ἐποίει: rel.
7. = B M. - 2: Syr. - 2 1: rel.
8. = M. - Add. φανεράν: B Syr. - Add. καὶ φανεράν: rel.
9. = B M Kᶜ. - Om.: rel.
10. Add. πρὸς Ἰουδαίους: Migne.
11. = M. - Add. ὁ: rel.
12. = rel. - 2 3 4 1 5: M. - 1 5 2 3 4: A.
13. = M A Syr. - Add. μέν: rel.
14. Om.: C J N R.
15. Om.: C J K N R.
16. Om. B*.
17. = B M. - εἰς: rel.
18. πρὸς αὐτήν: B.
19. = B M. - Add. τά: rel.
20. = B* M. - ἀνάξιον: rel.
21. = M. - τῷ Χριστῷ: B* K Syr. - αὐτὸν τῷ Χριστῷ: rel.
22. = B. - 2 3 4 1: K. - τὰ ποιοῦντα αὐτὸν λαμπρόν: M. - τὰ δεικνύντα λαμπρὸν ἦν: rel.
23. = B M (K). - Om.: A D Syr Migne. - Om. λαμπρὸν ἦν: C J N R.
24. Add. καί: A D Syr.
25. M: τῶν τε ἀνθρωπίνων ἡ.

et tu espionnes celui qui a baptisé! Et qu'est-ce qui pourrait être plus déraisonnable que cette déraison? Pourquoi êtes-vous partis? Pourquoi avez-vous avoué (vos) péchés? Pourquoi êtes-vous accourus au baptiseur? Pourquoi lui avez-vous demandé ce qu'il fallait faire (cf. Lc 3,10-14)? ***En effet,* oubliant *toutes* ces démarches, maintenant, comme des gens sans foi, vous interrogez avec fourberie et en simulant l'ignorance**[1]. *Mais ce bienheureux-là n'a élevé aucune plainte contre ces agissements, aucun reproche, mais il leur répond en toute patience. Pourquoi tout cela? Il valait la peine de l'apprendre afin que leur malice devînt évidente à tous.*

Souvent, en effet, Jean a rendu témoignage au Christ, et, lorsqu'il les baptisait, c'est sans cesse qu'il faisait mémoire de lui auprès de ceux qui étaient là, et il disait: «Moi, je vous baptise dans l'eau; mais celui qui vient après moi est plus fort que moi: lui vous baptisera dans l'Esprit saint et dans le feu» (Mt 3,11). *Ils éprouvaient donc envers lui quelque sentiment trop humain. Eux, en effet, entichés de gloriole mondaine et ne voyant que l'apparence, estimaient normal que le Christ lui soit soumis. Et Jean, en effet, il y avait bien des choses qui le rendaient illustre. Et d'abord, son origine: elle était illustre, et remarquable, et bien connue, car il était fils de Grand Prêtre. Ensuite, son genre de vie et son ascèse: son mépris de toutes les choses humaines. En effet, méprisant vêtement et table et maisons et nourriture, il demeurait au désert* .....

I: B M
IIa: A D Syr
IIb: C J K N R Migne

----

1. Autre texte: *en effet, toutes ces démarches étaient faites par vous déraisonnablement, par vous qui ignorez le principe et le fondement.*

xvi τὸν ἔμπροσθεν διέτριβε χρόνον. ἐπὶ δὲ τοῦ Χριστοῦ πᾶν¹ τοὐναντίον ἦν. τό
τε γὰρ γένος² εὐτελές, ὃ³ καὶ πολλάκις αὐτῷ⁴ προσέφερον⁵ λέγοντες· οὐχ
οὗτός ἐστιν ὁ τοῦ τέκτονος υἱός; οὐχ ἡ μήτηρ αὐτοῦ [ ]⁶ Μαριὰμ καὶ οἱ
45 ἀδελφοὶ αὐτοῦ Ἰάκωβος καὶ Ἰωσῆς; καὶ ἡ <u>δοκοῦσα δὲ αὐτῷ</u>⁷ πατρὶς εἶ–
ναι [ ]⁸ ἐπονείδιστος ἦν ὡς καὶ τὸν Ναθαναὴλ λέγειν· ἐκ Ναζαρὲτ δύναταί
τι ἀγαθὸν εἶναι; καὶ ἡ δίαιτα δὲ κοινὴ καὶ τὰ ἱμάτια [ ]⁹ οὐδὲν πλέον [ ]¹⁰
ἔχοντα. οὐ γὰρ περιέκειτο ζώνην δερματίνην οὐδὲ ἀπὸ τριχῶν τὸ ἔνδυμα
εἶχεν οὐδὲ μέλι καὶ ἀκρίδας ἤσθιεν ἀλλὰ πᾶσιν ὁμοίως διητᾶτο [ ]¹¹
50 <u>ὡς</u>¹² καὶ αὐτός φησι· ἦλθεν ὁ υἱὸς τοῦ ἀνθρώπου ἐσθίων καὶ πίνων καὶ
λέγουσιν· ἰδοὺ ἄνθρωπος φάγος καὶ οἰνοπότης [ ]¹³. Ἐπεὶ οὖν συνεχῶς ὁ
Ἰωάννης ἀφ᾽ ἑαυτοῦ πρὸς ἐκεῖνον αὐτοὺς παρέπεμπε τὸν δοκοῦντα παρ᾽
αὐτοῖς εὐτελέστερον εἶναι, αἰσχυνόμενοι καὶ δυσχεραίνοντες, καὶ βου–
λόμενοι τοῦτον μᾶλλον ἔχειν διδάσκαλον, φανερῶς μὲν τοῦτο οὐκ ἐτόλ–
55 μησαν εἰπεῖν, πέμπουσιν δὲ πρὸς αὐτὸν προσδοκῶντες διὰ τῆς κο–
λακείας αὐτὸν ἐπισπάσασθαι εἰς τὸ ἑαυτὸν ὁμολογῆσαι Χριστόν. Οὐ
τοίνυν τινὰς εὐκαταφρονήτους πέμπουσιν ὡς¹⁴ ἐπὶ τοῦ Χριστοῦ· ἐκεῖνον
μὲν γὰρ βουλόμενοι κατασχεῖν, ὑπηρέτας <u>πέμπουσιν</u>¹⁵ καὶ Ἡρωδιανοὺς
πάλιν καὶ τοιούτους τινάς· ἐνταῦθα δὲ¹⁶ ἱερεῖς καὶ λευίτας· καὶ οὐχ
60 ἁπλῶς ἱερεῖς, ἀλλὰ τοὺς ἐξ Ἱεροσολύμων, τουτέστι τοὺς ἐντιμοτέρους
(οὐδὲ γὰρ ἁπλῶς ταῦτα ἐπεσημήνατο ὁ εὐαγγελιστής).
    Καὶ πέμπουσιν ἵνα ἐρωτήσωσιν¹⁷· σὺ τίς εἶ; **καὶ μὴν ἡ γέννησις
αὐτοῦ πᾶσι**¹⁸ **κατάδηλος** ἦν, ὡς καὶ λέγειν ἅπαντας· τί ἄρα τὸ
παιδίον τοῦτο <u>**ἔστιν**</u>¹⁹; καὶ εἰς ὅλην τὴν ὀρεινὴν <u>ὁ λόγος οὗτος</u>

---

1. *Om.*: A R.
2. *Add.* ἦν αὐτοῦ: A Syr (D: post εὐτελές).
3. *Om.*: A. - οἱ: R.
4. αὐτό: Migne.
5. = B. - προὔφερον: *rel.*
6. = M. - *Add.* λέγεται: *rel.*
7. ὑποπτευομένη παρὰ τοῖς πολλοῖς: A Syr.
8. *Add.* τοσοῦτον: D Migne.
9. = M A D Syr. - *Add.* δὲ: *rel.*
10. = B* M. - *Add.* τῶν πολλῶν: *rel.*
11. = B M K. - *Add.* καὶ συμποσίοις παρεγίνετο πονηρῶν ἀνθρώπων καὶ τελωνῶν
    ὥστε αὐτοὺς ἐπισπᾶσθαι. ὅπερ οὐ συνιέντες οἱ Ἰουδαῖοι καὶ διὰ ταῦτα αὐτῷ
    ὠνείδιζον: *rel.*
12. = B M K D R (Syr?). - καθώς: A Migne. - *Om.*: C J N.
13. = B M K. - *Add.* τελωνῶν φίλος καὶ ἁμαρτωλῶν: *rel.*
14. *Om.*: B*.
15. = B M K D. - ἀπέστειλαν: *rel.*
16. *Om.*: B*.
17. *Add.* αὐτόν: M Syr.
18. πᾶσα: Migne.
19. = B* M. - ἔσται: *rel.* (cf. Lc 1,66).

jusqu'au temps présent. Mais pour le Christ, c'était tout le contraire. Car son origine était quelconque, ce qu'ils lui objectaient souvent en disant: «Celui-ci n'est-il pas le fils du charpentier? Sa mère n'est-elle pas Marie, et ses frères Jacques et José? (Mt 13,55). Et la patrie qu'on lui attribuait était déshonorante, comme le disait Nathanaël: «De Nazareth peut-il y avoir quelque chose de bon?» (Jn 1,46). *Et son genre de vie était commun, et ses vêtements n'avaient rien d'extrordinaire. En effet, il n'était pas entouré d'une ceinture de peau, ni n'avait un vêtement fait de poils, ni ne se nourrissait de miel et de sauterelles* (cf. Mt 3,4), *mais il vivait comme tout le monde[1], ainsi qu'il le dit lui-même: «Vint le Fils de l'homme mangeant et buvant, et l'on dit: Voici un homme glouton et ivrogne[2]»* (Mt 11,19). *Puisque donc Jean les renvoyait sans cesse de lui-même vers celui-là qui semblait à leurs yeux être plus quelconque, honteux et mécontants, et préférant avoir celui-ci comme didascale, ils n'osèrent pas le dire ouvertement mais ils lui envoient (une ambassade) s'attendant à ce que, par la flatterie, ils l'amèneraient à se reconnaître pour Christ.* Ainsi, il n'envoient pas des gens méprisables, comme ce fut le cas pour le Christ. En effet, voulant tenir en échec Celui-ci, ils envoient des serviteurs, puis des Hérodiens (cf. Mt 22,16) et des gens de cette sorte. Mais ici, des prêtres et des lévites. Et pas simplement des prêtres, mais ceux de Jérusalem, c'est-à-dire les plus considérables (car ce n'est pas sans raison que l'évangéliste a précisé ces détails).

Et ils envoient lui demander: «Qui es-tu?» **Et certes, sa naissance avait été évidente à tous, au point que tous disaient: «Qui donc est cet enfant?» Et cet événement se répandit dans toute la montagne** (cf. Lc 1,66-65).   .....

I: B M K
IIa: A D Syr
IIb: C J N R Migne

---

1. *Add.* et il prenait part aux banquets d'hommes pervers et de publicains afin de les attirer. Ce que ne comprenaient pas les Juifs, et c'est pourquoi ils s'en prenaient à lui.
2. *Add.* ami des publicains et des pécheurs.

xvi ἐξῆλθεν[1]. καὶ ὅτε παρεγένετο πάλιν [ ][2] πᾶσαι αἱ πόλεις ἀν-
επτερώθησαν καὶ ἐξ Ἱερολολύμων τουτέστιν[3] καὶ ἐκ πάσης τῆς
Ἰουδαίας ἐπορεύοντο βαπτισθῆναι πρὸς αὐτόν. τί οὖν[4] ἐρωτῶσιν νῦν
[ ][5] ὡς ἀγνοοῦντες; πῶς γὰρ, τὸν τοσούτοις τρόποις γενόμενον δῆλον;
ἀλλὰ βουλόμενοι εἰς τοσοῦτο[6], ὅπερ εἶπον, αὐτὸν ἐναγαγεῖν[7].

70 Ἄκουσον γοῦν πῶς καὶ ὁ μακάριος οὗτος πρὸς τὴν διάνοιαν
μεθ᾽ ἧς ἠρώτων, οὐ πρὸς τὴν ἐρώτησιν αὐτὴν ἀπεκρίνατο[8]. εἰπόντων
γάρ· σὺ τίς εἶ, οὐκ εἶπεν εὐθέως ὅπερ ἐξ εὐθείας ἦν εἰπεῖν· ἐγὼ φωνὴ
βοῶντος ἐν τῇ ἐρήμῳ. ἀλλὰ τί; ὅπερ ὑπώπτευον ἐκεῖνοι τοῦτο
ἀνεῖλεν εἰπών[9]· [ ][10] οὐκ εἰμὶ ὁ Χριστός. [ ][11] Καὶ ὁ Λουκᾶς δέ φη-
75 σιν ὅτι τῶν ὄχλων ὑποπτευόντων αὐτὸν εἶναι τὸν Χριστὸν πάλιν
ἀναιρεῖ τὴν ὑπόνοιαν. τοῦτο οἰκέτου εὐγνώμονος μὴ μόνον μὴ
ἁρπάζειν δόξαν δεσποτικὴν ἀλλὰ καὶ διακρούεσθαι διδομένην παρὰ
τῶν πολλῶν. [ ][12]

Καίτοιγε εἰ[13] μὴ τοῦτο προσεδόκων οὐκ ἂν εὐθέως ἐφ᾽ ἑτέραν
80 ἦλθον ἐρώτησιν ἀλλ᾽ ἠγανάκτησαν ἂν[14] ὡς ἀπάδοντα ἀποκρινα-
μένου καὶ οὐ πρὸς τὴν πεῦσιν [ ][15]· εἶπον ἄν· μὴ γὰρ τοῦτο
ὑπωπτεύσαμεν[ ][16]. ἀλλ᾽ ὥσπερ[17] ἀλόντες [ ][18] ἐφ᾽ ἕτερον ἔρχονται καὶ λέγουσιν· τί οὖν; Ἠλίας εἶ [ ][19]; [ ][20] λέγει· οὐ [ ][21].
καὶ γὰρ [ ][22] τοσοῦτον προσεδόκων ἥξειν, καθὼς ὁ Χριστός

1. = M. - 4 1 2 3: B. - 1 2 4 3: rel..
2. = B M K. - Add. ἐπὶ τὸν Ἰορδάνην: rel.
3. = B M. - Om.: rel.
4. οὗτοι τοιγαροῦν: Migne.
5. = Syr. - Add. οὐχ: rel.
6. = M. - τοῦτο: rel.
7. ἀγαγεῖν: M (hapl.).
8. Add. εὐθέως: A D (non Syr).
9. = B M. - Om.: K rel.
10. = B M K Cr. - Add. ἐρωτηθεὶς γάρ, φησίν· τίς εἶ; ὡμολόγησεν καὶ οὐκ ἠρνήσατο
    καὶ ὡμολόγησεν ὅτι ἐγώ: rel:
11. = B M K. - Add. καὶ ὅρα σοφίαν τοῦ εὐαγγελιστοῦ· τρίτον τὸ αὐτὸ λέγει, καὶ
    τὴν ἀρέτην τοῦ Βαπτιστοῦ δηλῶν, καὶ τὴν πονηρίαν καὶ τὴν ἄνοιαν τὴν ἐκείνων.
12. = B M. - Add. ἀλλ᾽ οἱ μὲν ὄχλοι ἐξ ἀφελείας καὶ ἀγνοίας ἐπὶ ταύτην ἦλθον τὴν
    ὑποψίαν· οὗτοι δὲ ἀπὸ πονηρᾶς γνώμης, καὶ ἧς εἶπον, ἠρώτων αὐτὸν
    προσδοκῶντες, ὅπερ ἔφην, ἀπὸ τῆς κολακείας αὐτὸν ἐπισπασᾶσθαι [ ] ὅπερ
    ἐσπούδαζον: rel.
13. = B M K D. - εἰ γάρ: rel.
14. Om.: M (hapl.)
15. = M. - Add. καί: rel.
16. = B M K. - Add. μὴ γὰρ τοῦτο παραγεγόναμεν ἐρησόμενοι: rel.
17. = M K C J Migne. - ὡς: B A D N R.
18. = B M K. - Add. καὶ καταφώροι γενόμενοι: rel.
19. = K. - Add. σύ: rel.
20. Add. καί: C J N Migne.
21. = B M K R Syr. - Add. εἰμί: rel.
22. = B M. - Add. καί: rel.

Et lorsqu'il arrivait à nouveau (au Jourdain), toutes les villes furent en effervescence, èt de Jérusalem - entendez de toute la Judée - ils venaient à lui pour être baptisés. **Pourquoi donc interrogent-ils maintenant comme s'ils ignoraient?** Pourquoi, alors que l'événement était clair de tant de manières? Mais ils voulaient l'amener à ce que j'ai dit.

Écoute donc comment ce bienheureux répondit à l'intention qu'ils avaient en interrogeant et non à l'interrogation elle-même. **En effet, tandis qu'ils disaient: «Toi, qui es-tu?»**, il ne dit pas tout de suite ce qu'il convenait de dire sans détour: «Je suis la voix de celui qui crie dans le désert» (Is 40,3; cf. Jn 1,23), mais que (dit-il)? Ce que ceux-ci conjecturaient, il l'écarta en disant[1]: «Je ne suis pas le Christ.»[2] Or Luc aussi dit que, tandis que les foules conjecturaient qu'il était le Christ, à nouveau il écarte cette conjecture (cf. Lc 3,15-16). C'est d'un serviteur bien stylé, non seulement de ne pas s'arroger l'honneur du maître, mais encore de repousser celui que beaucoup lui donnent.[3]

Et certes, s'ils n'attendaient pas cela, ils n'en seraient pas venu aussitôt à une nouvelle interrogation, mais il lui aurait reproché d'esquiver la réponse sans tenir compte de la question. Ils auraient dit: «Car ce n'est pas cela que nous avons conjecturé.» Mais, comme surpris, ils en viennent à une nouvelle (demande) et ils disent: «Quoi donc, Es-tu Élie?» (Jn 1,21a). Il dit: «Non». Et en effet, ils s'attendaient à la venue d'un tel homme, comme

----

I: B M K
IIa: A D Syr
IIb: C J N R Migne

---

1. Au lieu de "en disant", variante: En effet, tandis qu'on lui demandait, dit (l'évangéliste): «Qui es-tu?», il reconnut et il ne nia pas et il reconnut: Moi,
2. *Add.* Et vois la sagesse de l'évangéliste. Il dit trois fois la même chose pour montrer , et le mérite du Baptiste, et la malice comme la sottise de ces gens-là.
3. *Add.* Mais c'est par naïveté et par ignorance que les foules en vinrent à cette conjecture. Eux, au contraire, par l'intention mauvaise qu'ils avaient. Ils l'interrogeaient espérant, ce que j'ai dit, l'amener par la flatterie là où ils s'efforçaient (de l'amener).

xvi φησιν.[ ]¹ εἶτα ἐρωτῶσιν· ὁ προφήτης εἶ σύ; [ ] λέγει· οὐχί ². καὶ
μὴν προφήτης ἦν. τίνος οὖν ἕνεκεν ἀρνεῖται; πάλιν πρὸς τὴν
διάνοιαν βλέπων [ ]³. προσεδόκων γάρ τινα προφήτην ἐξαίρετον
ἥξειν, διὰ τὸ λέγειν Μωϋσέα· προφήτην ὑμῖν ἀναστήσει κύριος ὁ
θεὸς ἐκ τῶν ἀδελφῶν ὑμῶν ὡς ἐμέ [ ]⁴. οὗτος δὲ ἦν ὁ Χριστός. [ ]⁵
90   εἶπον οὖν ἡμῖν⁶· τίς εἶ; ἵνα ἀπόκρισιν δῶμεν τοῖς πέμψασιν ἡμᾶς
[ ]⁷. ὁρᾷς τοὺς μὲν σφοδρότερον ἐπικειμένους [ ]⁸ καὶ ἐρωτῶντας
[ ]⁹ τὸν δὲ μετ' ἐπιεικείας πρότερον τὰς οὐκ οὔσας ὑπονοίας
ἀναιροῦντα καὶ τότε τὴν οὖσαν τιθέντα· ἐγὼ [ ]¹⁰ φωνὴ βοῶντος ἐν
τῇ ἐρήμῳ· εὐθύνατε¹¹ τὴν ὁδὸν κυρίου, καθὼς εἶπεν Ἡσαΐας ὁ προ-
95   φήτης¹². ἐπειδὴ γὰρ μέγα τι καὶ ὑψηλὸν ἐφθέγξατο περὶ τοῦ
Χριστοῦ, ὡς πρὸς τὴν ἐκείνων ὑπόνοιαν, ἐπὶ τὸν προφήτην εὐθέως
κατέφυγεν ἀξιόπιστον [ ]¹³ τὸν λόγον ποιῶν. καὶ οἱ ἀποσταλέντες¹⁴
ἦσαν ἐκ τῶν Φαρισαίων, φησί¹⁵. καὶ εἶπον αὐτῷ¹⁶· τί οὖν βαπτίζεις;¹⁷

100   [εἰ σὺ οὐκ εἶ ὁ Χριστὸς οὔτε Ἠλίας οὔτε ὁ προφήτης; ὁρᾷς ὡς οὐ
μάτην ἔλεγον ὅτι εἰς τοῦτο αὐτὸν ἐναγαγεῖν ἠβούλοντο. καὶ ἐξ ἀρχῆς
μὲν αὐτὸ οὐκ ἔλεγον ἵνα μὴ κατάφωροι γένωνται ἅπασιν. εἶτα ἐπειδὴ εἶπεν· οὐκ εἰμὶ ὁ Χριστός, πάλιν ἐκεῖνοι συσκιάσαι
βουλόμενοι ἅπερ ἔνδον ἐτύρευον ἐπὶ τὸν Ἠλίαν ἔρχονται καὶ
105   τὸν προφήτην. ὡς δὲ ἔφησε μηδὲ ἐκείνων τις εἶναι, ἀπορούμενοι
λοιπὸν καὶ τὸ προσωπεῖον ῥίψαντες, γυμνῇ τῇ κεφαλῇ τὴν
δολερὰν αὐτῶν ἐμφαίνουσιν γνώμην λέγοντες· τί οὖν βαπτίζεις

---

1. = B M K. - Add. ἐρομένων γὰρ τῶν μαθητῶν· πῶς οὖν οἱ γραμματεῖς λέγουσιν ὅτι
Ἠλίαν δεῖ ἐλθεῖν πρῶτον; αὐτὸς ἔλεγεν· Ἠλίας μὲν ἔρχεται καὶ ἀποκαταστήσει
πάντα: rel.
2. = B M. - καὶ λέγει οὐχί: K D. - καὶ ἀπεκρίθη οὔ: rel. (A: οὐχί)
3. = K. - Add. τὴν ἐκείνων: B M. - τῶν ἐρωτώντων: rel.
4. = B M A Syr. - Add. αὐτοῦ ἀκούσεσθε: K rel.
5. = B M K. - Add. διά τοι τοῦτο οὐ λέγουσιν· προφήτης εἶ σύ; ἕνα τῶν πολλῶν
αἰνιττόμενοι· ἀλλὰ μετὰ τοῦ ἄρθρου· ὁ προφήτης εἶ σύ; ἐκεῖνος, φησίν, ὁ παρὰ
μωϋσέως προανακηρυχθείς. διὰ [ ] τοῦτο καὶ οὗτος ἠρνήσατο, οὐ τὸ προφήτης
εἶναι, ἀλλὰ τὸ ἐκεῖνος ὁ προφήτης: rel. (C N Migne: add. δή).
6. = B M K D. - αὐτῷ: rel.
7. = B M K. - Add. τί λέγεις περὶ σεαυτοῦ: rel.
8. = B M K. - Add. καὶ ἐπείγοντας: rel.
9. = B M K. - Add. πάλιν καὶ οὐκ ἀφισταμένους: rel.
10. = B M K Syr. - Add. γάρ φησιν: rel.
11. B: ἑτοιμάσατε.
12. Om. ὁ προφήτης : Syr.
13. = B M K. - Add. καὶ ἐντεῦθεν: rel.
14. = B M K (cf. ligne 133). - ἀπεσταλμένοι: rel.
15. Om.: A D Syr.
16. = Syr. - ἠρώτησαν αὐτόν λέγοντες: B M (K D: ἐπηρώτησαν). - ἐπηρώτησαν αὐτὸν
καὶ εἶπον αὐτῷ: rel.
17. La section suivante, mise entre crochets, est absente de B M K. Nous dirons dans le
commentaire pourquoi nous l'avons gardée. Le texte est donné d'après A D J R Syr.

dit le Christ[1] (cf. Mc 9,11-12; Mt 17,10-11). **Puis ils demandent: «Es-tu le Prophète?» Il dit: «Non»** (Jn 1,21b). **Et certes, il était prophète. Pourquoi donc le nie-t-il? De nouveau, en regardant l'intention.** En effet, ils s'attendaient à la venue de quelque prophète extraordinaire en raison de ce qu'avait dit Moïse: «Le Seigneur Dieu vous suscitera d'entre vos frères un prophète comme moi» (Act 7,37; cf. Deut 18,15.18). C'était le Christ[2]. **«Dis-nous donc: Qui es-tu?, afin que nous donnions réponse à ceux qui nous ont envoyés»** (Jn 1,22). Vois comment ceux-ci le pressent plus fort en l'interrogeant, tandis que celui-là, avec patience, commence par écarter les conjectures irréelles, puis pose celle qui est réelle: «Je suis la voix de celui qui crie dans le désert: Redressez la voie du Seigneur», comme dit Isaïe le prophète» (Jn 1,23). Et puisqu'ils parlaient fort et haut au sujet du Christ, comme pour répondre à la conjecture de ces gens-là, il a recours au prophète, rendant ainsi le discours plus digne de foi. **«Et ceux qui avaient été envoyés étaient d'entre les Pharisiens»** (Jn 1,24), dit-il. **Et ils lui dirent: «Pourquoi donc baptises-tu?**[3]

si tu n'es ni le Christ, ni Élie, ni le Prophète?» (Jn 1,25). Vois comme j'avais raison de dire qu'ils voulaient l'amener à ce point. *Et ils ne le disaient pas dès le début, de peur que tous ne les prennent sur le fait.* Ensuite, parce qu'il a dit "Je ne suis pas le Christ", ces gens-là, voulant encore dissimuler ce qu'ils manigançaient, en viennent à Élie et au Prophète. Mais, lorsqu'il eut affirmé n'être aucun de ceux-là, embarrassés et se démasquant, à visage découvert, ils manifestent leur intention trompeuse en disant: «Pourquoi donc baptises-tu   .....

I: B M K
IIa: A D Syr
IIb: C J N R Migne

---

1. *Add.* Car tandis que les disciples demandaient: Comment donc les scribes disent-ils qu'Élie doit venir d'abord? Il disait: Élie vient et restaurera toutes choses.
2. *Add.* C'est pourquoi ils ne disent pas: Es-tu un prophète? Faisant allusion à un parmi beaucoup. Mais avec l'article: Es-tu le prophète? Celui-là, dit-il, qui a été proclamé à côté de Moïse. Aussi, celui-ci a nié être, non pas un prophète, mais ce prophète-là.
3. Tout le paragraphe suivant est omis par la recension courte, mais fusionne deux textes authentiquement chrysostomiens.

xvi   εἰ σὺ οὐκ εἶ ὁ Χριστός; εἶτα πάλιν συσκιάσαι βουλόμενοι, καὶ
τοὺς ἄλλους προστιθέασι, τὸν Ἠλίαν [ ]¹ καὶ τὸν προφήτην· ἐπειδὴ
110   γὰρ κολακείᾳ οὐκ ἴσχυσαν ὑποσκελίσαι, ἐγκλήματι προσεδόκησαν
αὐτὸν δύνασθαι ἀναγκάζειν εἰπεῖν ὅπερ οὐκ ἦν². ἀλλ᾽ οὐκ ἴσχυσαν.]

'Ω τῆς ἀνοίας! ὦ τῆς ἀλαζονείας καὶ τῆς ἀκαίρου περιεργίας! ἀπ-
εστάλητε μαθησόμενοι παρ᾽ αὐτοῦ τίς εἴη καὶ πόθεν, οὐχὶ καὶ νόμους αὐτῷ
115   θήσοντες³; τοῦτο γὰρ πάλιν ἀναγκαζόντων ἦν ὁμολογῆσαι ἑαυτὸν
Χριστόν. ἀλλ᾽ ὅμως οὐδὲ νῦν ἀγανακτεῖ οὐδὲ λέγει τι τοιοῦτον [ ]⁴ οἷον
εἰκός· ὑμεῖς [ ]⁵ διατάττεσθε [ ]⁶. ἀλλὰ πολλὴν πάλιν τὴν ἐπιείκειαν
ἐπιδείκνυται. ἐγὼ μὲν γάρ, φησίν, βαπτίζω ⁷ ἐν ὕδατι· μέσος δὲ ὑμῶν
ἕστηκεν ὃν ὑμεῖς οὐκ οἴδατε. οὗτός ἐστιν ὁ ὀπίσω μου ἐρχόμενος, ὃς ἔμ-
120   προσθέν μου γέγονεν, οὗ οὐκ εἰμὶ ἱκανὸς⁸ ἵνα λύσω τὸν ἱμάντα τοῦ ὑπο -
δήματος.

[ ]⁹ Ἀπαραίτητος τῶν Ἰουδαίων ἡ¹⁰ κατηγορία, ἀσύγγνωστος ἡ
κατάκρισις· αὐτοὶ¹¹ καθ᾽ ἑαυτῶν τὴν ψῆφον ἐξήνεγκαν. πῶς καὶ τίνι
τρόπῳ; ἀξιόπιστον ἡγήσαντο εἶναι τὸν Ἰωάννην καὶ οὕτως ἀληθῆ ὡς
125   μὴ μόνον ἑτέροις μαρτυροῦντι¹² ἀλλὰ καὶ αὐτῷ περὶ ἑαυτοῦ λέγοντι
πιστεῦσαι. οὐδὲ γὰρ [ ]¹³ εἰ μὴ οὕτω διέκειντο ἔπεμψαν ἂν¹⁴ εἰσόμενοι τὰ
περὶ ἑαυτοῦ παρ᾽ αὐτοῦ¹⁵. ἴστε γὰρ ὅτι μόνοις ἐκείνοις [ ]¹⁶ περὶ ἑαυτῶν
λέγουσι πιστεύομεν οὓς ἂν ἀπάντων ἀληθεστέρους εἶναι νομίζομεν¹⁷.
καὶ οὐ τοῦτο μόνον [ ] ἀλλὰ καὶ¹⁸ μετὰ πολλῆς ἐξῆλθον τῆς προθυμίας
130   πρὸς αὐτόν. [ ]¹⁹ καὶ ἡ ἀπόκρισις δὲ αὐτοῦ πάλιν ἀξιοπιστότερον αὐτὸν
ἐποίει. ὁ γὰρ μὴ ζητῶν τὴν δόξαν τὴν ἑαυτοῦ, φησίν, [ ]²⁰ ἀληθής ἐστιν καὶ

---

1. = A D J R Syr. - Add. λέγω: C N Migne.
2. = A D J R Syr. - 2 3 4 1: C N Migne.
3. θήσετε: Migne.
4. = B M K. - Add. πρὸς αὐτούς: rel.
5. = B*. - Add. ἐμοί: rel. - ἐμοὶ ὑμεῖς: A (Syr ?).
6. = B M K. - Add. καὶ νομοτεθεῖτε: rel.
7. βαπτίζω, φησίν: M
8. = B M. - ἄξιος: rel.
9. = B M K. - Add. τί πρὸς ταῦτα λοιπὸν ἂν ἔχοιεν εἰπεῖν οἱ Ἰουδαῖοι: rel.
10. = B M K. - γὰρ κἀντεῦθεν ἡ κατ᾽ αὐτῶν: rel. (Syr om. κατ᾽ αὐτῶν).
11. Add. γάρ: A Syr.
12. = B M K A D. - μαρτυροῦντα: rel.
13. Add. ἂν: K A R Migne.
14. Om.: K A R.
15. = B M. - 4 5 1 2 3: rel.
16. = B M K R Syr. - Add. μάλιστα: rel.
17. = B M D J. - νομίζωμεν: rel.
18. = B M K. - Add. ἐστὶν τὸ ἀποφράττον αὐτῶν τὰ στόματα ἀλλὰ καὶ ἡ γνώμη μεθ᾽
ἧς πρὸς αὐτὸν παρέβαλον. Puis: καὶ γάρ: rel.
19. = B M K. - Add. εἰ καὶ ὕστερον μετεβάλοντο. ἅπερ ἀμφότερα δηλῶν ὁ Χριστὸς
ἔλεγεν· ἐκεῖνος ἦν ὁ λύχνος ὁ καιόμενος καὶ ὑμεῖς ἠθελήσατε πρὸς ὥραν
ἀγαλλιασθῆναι ἐν τῷ φωτὶ αὐτοῦ: rel.
20. Add. οὗτος· B M (cf. Jn 7,18).

si tu n'es pas le Christ?» *Ensuite, voulant encore dissimuler, ils mettent en avant les autres: Élie et le Prophète. Et puisqu'ils n'ont pas pu le faire trébucher en usant de flatterie, ils s'imaginèrent, en usant de menace, pouvoir le forcer à dire ce qui ne convenait pas. Mais ils ne le purent pas. Oh! la sottise. Oh! l'arrogance et la curiosité indiscrète. Vous avez envoyé apprendre de lui qui il était et d'où il venait; n'était-ce pas lui imposer des lois? C'était encore le fait de gens le forçant à se reconnaître pour Christ. Et cependant, il ne s'en irrite pas, ni ne dit, ce qui aurait été normal: «Vous, vous me donnez des ordres!» Mais il montre encore beaucoup de patience.* «Car moi, dit-il, je baptise dans l'eau. Mais au milieu de vous se tient celui que vous ne connaissez pas. C'est celui qui vient après moi, qui est passé devant moi, dont je ne suis pas digne de dénouer la courroie de sandale» (Jn 1,26-27).

Inévitable, l'accusation contre les Juifs! Inexorable, la condamnation! Eux-mêmes ont porté contre eux la décision. Comment et de quelle façon? Ils avaient tenu Jean pour digne de foi et si sincère qu'il fallait le croire, non seulement lorsqu'il rendait témoignage à d'autres, mais encore lorsqu'il parlait de lui. En effet, s'ils n'avaient pas été ainsi disposés, ils n'auraient pas envoyé (une ambassade) pour savoir de lui ce qui le concernait – Sache en effet que ceux qui parlent d'eux, nous les croyons seulement si nous les tenons pour les plus sincères de tous. – Et non seulement cela, mais encore ils sont allés vers lui avec beaucoup d'empressement. Et la réponse qu'il donna le rendait encore plus digne de foi. «Car celui qui ne recherche pas sa propre gloire, dit (l'évangéliste), est sincère et il n'y a

----

I: B M K
IIa: A D Syr
IIb: C J N R Migne

xvi ἀδικία ἐν αὐτῷ οὐκ ἔστιν. οὗτος δὲ οὐκ ἐζήτησεν ἀλλ' ἐφ' ἕτερον αὐτοὺς
παραπέμπει. καὶ οἱ ἀποσταλέντες δὲ <u>ἀξιόπιστοι</u>¹ [ ]² ὥστε³ μηδαμόθεν
αὐτοῖς εἶναι καταφυγὴν μηδὲ παραίτησιν [ ]⁴. ὑμεῖς ἀπεστάλκατε τοὺς τὰ
135 <u>πρωτεῖα</u>⁵ ἔχοντας, ὑμεῖς ἠρωτήσατε δι' αὐτῶν [ ]⁶. <u>ἐκεῖνοι πᾶσαν</u>⁷ περι-
εργίαν ἐπεδείξαντο, πάντα ἠρεύνησαν, [ ] <u>οὓς ὑποπτεύσατε πάντας</u>
<u>ἀνεῖλε</u>⁸. [ ]⁹ μετὰ παρρησίας πολλῆς ὡμολόγησε μὴ εἶναι μήτε ὁ ¹⁰ Χριστὸς
μήτε Ἠλίας μήτε ὁ προφήτης. [ ]¹¹ διελέχθη [ ]¹² περὶ τῆς τοῦ οἰκείου
βαπτίσματος φύσεως, ὅτι μικρὸν καὶ εὐτελὲς καὶ ὕδατος πλέον <u>ἔχει</u>¹³
140 οὐδέν· <u>εἶπε</u>¹⁴ τὴν ὑπεροχὴν [ ]¹⁵ τοῦ Χριστοῦ [ ]¹⁶. παρήγαγεν [ ]¹⁷
Ἠσαΐαν [ ]¹⁸ μαρτυροῦντα ἄνωθεν καὶ πρὸ πολλοῦ τοῦ χρόνου. [ ]¹⁹ τί
λοιπὸν ἔδει; <u>οὐχὶ</u>²⁰ πιστεῦσαι τῷ μαρτυρηθέντι καὶ προσκυνῆσαι καὶ
ὁμολογῆσαι θεόν; ὅτι γὰρ <u>οὐ</u>²¹ κολακείας ἦν ἡ μαρτυρία, ἀλλ' ἀληθείας.
[ ]²². δῆλον [ ] <u>ἐκεῖθεν</u>²³ [ ]²⁴ οὐδεὶς τὸ πλησίον ἑαυτοῦ προτίθησιν,

---

1. = B M K. - τῶν ἀξιοπίστων: rel.
2. = B M K. - Add. παρ' αὐτοῖς καὶ τὰ πρωτεῖα ἐχόντων: rel.
3. Om.: B*.
4. = B M. - Add. εἰς τὴν ἀπιστίαν ἣν ἠπίστησαν τῷ Χριστῷ. τίνος γὰρ ἕνεκεν οὐκ
   ἐδέξαστε τὰ εἰρημένα περὶ αὐτοῦ παρὰ Ἰωάννου: rel. (et K).
5. = πρῶτα: B. - προτοτοκία: M.
6. = M. - Add. ὑμεῖς ἠκούσατε: B. - Add. ὑμεῖς ἠκούσατε ἅπερ ἀπεκρίνατο ὁ Βαπτιστής: rel. (Bᶜ).
7. = B M. - 2 1: rel.
8. = B M. - καὶ οὓς ὑποπτεύετε πάντας εἶπον: rel..
9. = B M. - Add. καὶ ὅμως: rel.
10. = B M D Migne. - Om.: rel. - (Syr?)
11. = B M. - Add. καὶ οὐδὲ ἐνταῦθα ἔστη ἀλλὰ καὶ ἐδίδαξε τίς εἴη καί: rel.
12. = B M Syr. - Add. καί: rel..
13. = B M. - ἔχον: rel. (Syr?)
14. δεικνύς: Migne.
15. = B M. - Add. τοῦ βαπτίσματος τοῦ παρά: rel.
16. = B M. - Add. διδομένου: rel.
17. = B M. - Add. δὲ καί: Migne. -Add. καί: rel.
18. = B M Syr. - Add. τὸν προφήτην: rel.
19. = B M. - Add. καὶ Κύριον αὐτὸν καλοῦντα καὶ τοῦτον διάκονον αὐτοῦ καὶ
    ὑπηρέτην ὀνομάζοντα: rel.
20. οὐ: B.
21. = B M. - οὐχί: rel.
22. = B M. - Add. ἐδείκνυ μὲν καὶ ὁ τρόπος καὶ ἡ φιλοσοφία τοῦ μαρτυρήσαντος: rel.
23. = B M. - δὲ κακεῖθεν: rel.
24. Add. τοῦτο ὅτι: Migne.

pas d'imposture en lui » (Jn 7,18). *Or ce (Baptiste) ne l'a pas recherchée, mais il
les renvoient vers un autre.* Et ceux qui avaient été envoyés étaient dignes de foi,
en sorte qu'il n'y a pour eux d'aucune façon échappatoire ou excuse. Vous avez
envoyé ceux qui avaient les premiers rangs, vous avez interrogé par leur
intermédiaire. Ils ont montré beaucoup de minutie, ils ont tout scruté. *Tout ce que
vous conjecturiez, il l'a écarté. En toute franchise, il a reconnu n'être ni le Christ,
ni Élie, ni le Prophète. Il a discouru sur la nature de son baptême, qu'il est de peu
d'importance et commun et n'est rien de plus qu'un baptême d'eau. Il a dit la
supériorité du Christ. Il a produit Isaïe, rendant témoignage dès l'origine et il y a
bien longtemps. Que fallait-il alors, sinon croire à celui qui rendait témoignage, et
adorer, et reconnaître Dieu? Car, en effet, le témoignage n'était pas inspiré par la
flatterie, mais par la vérité. D'où il est clair que personne ne met en avant son*
prochain, ...

I: B M
IIa: A D Syr
IIb: C J K N R Migne

xvi οὐδὲ ἐξὸν ἑαυτῷ[1] χαρίσασθαι τὴν[2] τιμήν, ἑτέρῳ ταύτης παραχωρεῖν ἂν[3] ἐθέλοι καὶ [ ][4] τοσαύτην οὖσαν[5]. ὥστε κἂν[6] οὐδὲ ὁ[7] Ἰωάννης μὴ Θεῷ ὄντι τῷ Χριστῷ κατ' αὐτοὺς[8] ταύτης ἂν ἐξέστη τῆς τιμῆς[9]. εἰ γὰρ καὶ ἀφ' ἑαυτοῦ ταύτην ὡς μείζονα οὖσαν τῆς οἰκείας φύσεως διεκρούσατο, ἀλλ' οὐκ ἂν ἑτέρᾳ φύσει πάλιν αὐτὴν ἀνέθηκε ταπεινοτέρᾳ.

150 Καὶ μέσος[10] ὑμῶν ἔστηκεν ὃν ὑμεῖς οὐκ οἴδατε. [ ] εἰκὸς γὰρ[11] ἦν αὐτὸν καὶ ἀναμεμίχθαι τῷ λαῷ ὡς ἕνα τῶν πολλῶν ὄντα[12] [ ][13], πανταχοῦ τὸ ἄτυφον καὶ ἀκόμπαστον ἐπιδεικνύμενον. ὅν, φησίν, ὑμεῖς οὐκ οἴδατε. τὴν εἴδησιν λέγει τὴν ἀληθῆ[14], οἷον τίς ἐστι, καὶ πόθεν. τὸ δέ· ὀπίσω μου ἐρχόμενος, συνεχῶς τίθησι μονονουχὶ λέ-
155 γων· μὴ νομίσητε τὸ πᾶν ἐν τῷ ἐμῷ κεῖσθαι βαπτίσματι. οὐ γάρ[15], εἰ τοῦτο τελεῖον ἦν, ἕτερος ἂν ἦλθε μετ' ἐμέ· [ ][16] παρασκευὴ τοῦτό ἐστιν ἑτέρου[17] καὶ προοδοποίησις· τὰ [ ][18] ἡμέτερα σκιὰ καὶ εἰκών. ἄλλον χρὴ [ ][19] τὴν ἀλήθειαν ἐπιθήσοντα παραγενέσθαι. ὥστε αὐτὸ τὸ ὀπίσω μου ἐλθεῖν τοῦτο μάλιστα δείκνυσι αὐτοῦ[20] τὸ ἀξίωμα. εἰ γὰρ
160 τοῦτο [ ][21] τέλειον οὐκ ἂν δευτέρου ἐζητεῖτο τόπος. ἔμπροσθέν μου γέγονε, τουτέστιν· ἐντιμότερος [ ][22]. εἶτα ἵνα μὴ νομίσωσιν ἀπὸ συγ- κρίσεως εἶναι τὴν ὑπεροχήν, τὸ ἀσύγκριτον βουλόμενος παραστῆσαι[23], φησίν [ ][24] οὐχ ἁπλῶς· ἔμπροσθεν [ ][25], ἀλλ' οὕτως ὡς ἐμὲ μηδὲ ἐν τοῖς ἐσχάτοις τῶν διακόνων τούτου[26] ἀριθμηθῆναι ἄξιον εἶναι. τὸ γὰρ ὑπό-

---

1. = B^c M A. - αὐτῷ: B* rel.
2. = B. - Om.: rel.
3. = B M. - Om.: rel.
4. Add. ταῦτα: Migne.
5. = B M. - τοσαύτης οὔσης: rel.
6. = B. - οὐκ ἂν: rel.
7. = B M C J K R. - Om.: A D N Migne.
8. = B M. - Om.: rel.
9. = B M. - μαρτυρίας: rel.
10. = B M. - μέσος: Syr. - μέσος δέ: rel.
11. τοῦτο εἶπεν ὅτι εἰκός: Migne.
12. = B M D Syr Cr. - Om.: rel.
13. = B M Cr. - Add. ἅτε: rel.
14. = B M (D) Cr. - διδασκόντα. εἴδησιν δὲ ἐνταῦθα [ ] λέγει τὴν ἀκριβῆ: rel. (Migne: γνῶσίν φησι)
15. = B M Syr. - οὐκ ἂν: rel.
16. = B M. - Add. παρέξων ἕτερον. ἀλλά: rel.
17. = B M. - ἐκείνου: rel.
18. Add. δέ: Migne.
19. = M R. - Add. τόν: rel.
20. = M D R. - 2 1: rel.
21. = B. - Add. ἦν: rel.
22. = B M D N. - Add. λαμπρότερος: rel.
23. = B M. - 2 1: rel. - παραστῆσαι θέλων: Migne.
24. ἐπήγαγεν. οὗ οὐκ εἰμὶ ἱκανὸς λῦσαι τὸν ἱμάντα, τουτέστιν: Migne.
25. Add. γέγονεν: Migne.
26. = B M D. - διακονώντων τούτου: K A. - 2 1: Cr rel.

et il n'est pas normal non plus, si l'on veut se conférer l'honneur, de le céder à un autre, surtout s'il est si grand. De sorte que Jean non plus, malgré eux, n'aurait pas accordé cet honneur au Christ s'Il n'avait été Dieu. En effet, s'il a rejeté loin de lui cet (honneur) comme surpassant sa propre nature, il ne l'aurait pas transféré sur une autre nature plus humble.

«**Et au milieu de vous se tient** quelqu'un que vous ne connaissez pas» (Jn 1,26a). **Selon toute vraisemblance, en effet, il était mêlé au peuple comme étant l'un d'entre eux, partout donnant l'exemple de l'effacement et de la modestie. «Quelqu'un, dit (l'évangéliste), que vous ne connaissez pas». (Jn 1,26b). Il veut dire: la connaissance authentique, à savoir qui il est et d'où (il vient). Il place aussitôt après l'expression "venant après moi" (Jn 1,27a), comme s'il disait: ne pensez pas que l'essentiel tient dans mon baptême. car si celui-ci était parfait, un Autre ne serait pas venu après moi. Celui-ci est la préparation d'un autre, et lui fraye la voie. Nos affaires: ombre et image (cf. Hebr 8,5; 10,1).** *Il faut qu'arrive un Autre, établissant la vérité. De sorte que le fait de venir après moi, cela même montre au plus haut point sa dignité. En effet, si celui-ci était parfait, il n'y aurait pas place pour un second* (Cf. Hebr 8,7). **«Il est passé devant moi»** (Jn 1,27b): **c'est-à-dire: (il est) plus digne.** *Ensuite, afin qu'ils ne s'imaginent pas que la supériorité vient d'une comparaison, voulant souligner ce qu'il y a d'incomparable, il dit: non pas simplement "devant", mais que moi, pas même parmi les derniers de ses serviteurs je suis digne d'être compté.*   .....

I: B M
IIa: A D Syr
IIb: C J K N R Migne

xvi δημα λῦσαι τῆς ἐσχάτης διακονίας ἐστί [ ]¹. εἰ δὲ Ἰωάννης οὐκ ἄξιος τὸν
ἱμάντα λῦσαι, Ἰωάννης οὗ μείζων ἐν γεννητοῖς γυναικῶν² οὐ³ γέγονε, ποῦ
τάξομεν ἡμεῖς ἑαυτούς; εἰ ὁ τῆς οἰκουμένης ἀντίρροπος, μᾶλλον δὲ μείζων,
οὐκ ἦν γὰρ αὐτῶν, φησίν, ἄξιος⁴ ὁ κόσμος, οὐδὲ ἐν τοῖς ἐσχάτοις τῶν
δούλων⁵ ἑαυτὸν καταλέγειν τολμᾷ⁶, τί ἐροῦμεν ἡμεῖς⁷ μυρίων γέμοντες
170 κακῶν, οἳ⁸ τοσοῦτον ἀποδέοντες τῆς ἀρετῆς τοῦ Ἰωάννου, ὅσον⁹ ἡ γῆ τοῦ
οὐρανοῦ¹⁰;

---

1. *Add.* πρᾶγμα: Migne.
2. *Om.:* K A R.
3. οὐδεὶς ἐν γενν. γυν. [ ]: Migne.
4. 2 1 3: B. - 2 3 1: M. - 3 1: K.
5. = B M D. - διακονησαμένων: *rel.*
6. = B M. - καταλέγεσθαί φησιν ἄξιον εἶναι: *rel.*
7. = B M. - οἱ: *rel.* - ἡμεῖς οἱ: Migne.
8. ὅτι: K.
9. = M Migne. - *Add.* οὐδέ: *rel.*
10. *Om.* ὅσον... οὐρανοῦ : K (même au même).

Car dénouer la courroie est le fait du plus humble service (Jn 1,27c). *Mais si Jean n'est pas digne de dénouer la sandale, Jean dont il n'a pas surgi de plus grand parmi les enfants des femmes* (cf. Mt 11,11), *où nous placerons-nous nous-mêmes? Si celui qui fait pendant au monde entier, qui est même plus grand, car le monde n'était pas digne d'eux* (cf. Hebr 11,38), *dit-il, s'il n'ose pas se compter parmi les derniers des serviteurs, que dirons-nous, nous remplis de milliers de défauts, qui sommes démunis de la vertu de Jean autant que la terre, du ciel.*

ΛΟΓΟΣ ΙΖ

Ταῦτα[1] ἐγένετο ἐν Βηθανίᾳ[2] πέραν τοῦ Ἰορδάνου ὅπου ἦν Ἰωάννης βαπτίζων. Τῇ ἐπαύριον βλέπει τὸν Ἰησοῦν ἐρχόμενον πρὸς αὐτὸν καὶ λέγει· ἴδε ὁ ἀμνὸς τοῦ Θεοῦ ὁ αἴρων τὴν ἁμαρτίαν τοῦ κόσμου.

5 Μέγα ἀγαθὸν παρρησία καὶ τὸ ἐλευθεροστομεῖν καὶ πάντα δεύτερα τίθεσθαι τῆς ὁμολογίας τῆς εἰς τὸν Χριστόν. οὕτω μέγα καὶ θαυμαστὸν ὡς τὸν υἱὸν τοῦ θεοῦ τὸν μονογενή, τὸν τοιοῦτον ἀνακηρύττειν ἐπὶ τοῦ Πατρός· καίτοι γε οὐκ ἴση ἡ ἀντίδοσις. σὺ μὲν γὰρ ὁμολογεῖς ἐπὶ τῆς γῆς, αὐτὸς δὲ ὁμολογεῖ[3] ἐν τοῖς οὐρανοῖς· καὶ σὺ μὲν ἀνθρώπων παρόντων, αὐτὸς δὲ
10 ἐπὶ τοῦ Πατρὸς καὶ τῶν ἀγγέλων ἁπάντων. τοιοῦτος ὁ Ἰωάννης ἦν, οὐ πλοῦτον[4], οὐ δόξαν, οὐκ ἄλλο οὐδὲν τῶν ἀνθρωπίνων ὑφορώμενος, ἀλλὰ ταῦτα πάντα καταπατῶν, καὶ μετὰ τῆς[5] προσηκούσης ἐλευθερίας τὰ περὶ τοῦ Χριστοῦ πᾶσιν ἀνακηρύττων.

Διὰ γὰρ τοῦτο καὶ τὸν τόπον ἐπισημαίνεται ὁ Ἰωάννης[6] ἵνα τὴν
15 παρρησίαν δείξῃ τοῦ μεγαλοφωνοτάτου[7] κήρυκος. οὐ γὰρ ἐν οἰκίᾳ οὐδὲ ἐν γωνίᾳ οὐδὲ ἐν ἐρημίᾳ[8] ἀλλὰ τὸν Ἰορδάνην καταλαβὼν ἐν μέσῳ τῷ πλήθει, παρόντων ἁπάντων[9] τῶν ὑπ᾽ αὐτοῦ βαπτιζομένων (βαπτίζοντι γὰρ ἐπέστησαν οἱ Ἰουδαῖοι), τὴν θαυμαστὴν ἐκείνην ἔρρηξε φωνήν[10], [ ][11] ὡς [12] οὐκ εἴη ἱκανὸς λῦσαι τὸν ἱμάντα τοῦ ὑποδήματος αὐτοῦ.

---

1. Ce verset 28 est omis par B M. - Le v. 29, qui suit, est omis par Syr.
2. = C K J N R Syr(contre Syrᴾ) Migne. - 2 3 1: A. - Βηθαβορᾷ: A. - Βηθαβαρᾷ: D (cf. Koinè).
3. = B M Migne. - Om.: rel.
4. = B M. - πλῆθος: rel.
5. Om.: M.
6. = M. - εὐαγγελιστής: rel.
7. = B M. - μεγαλοφώνου: Cr rel.
8. = B M D Cr Migne. - Om.: οὐδὲ ἐν ἐρ.: rel.
9. Om.: M (hapl.).
10. = B M (Syr). - ἀνεκήρυττε: Cr. - ἀνεκήρυξεν: rel.
11. = B M Cr. - Add. ὁμολογίαν περὶ τοῦ Χριστοῦ, τὴν τῶν ὑψηλῶν ἐκείνων καὶ ἀπορρήτων γέμουσαν δογμάτων, καί: rel. (Migne: καὶ μεγάλων).
12. Om.: M Syr.

TRAITÉ XVII

Cela se passa à Béthanie, au-delà du Jourdain, où Jean baptisait. Le lendemain, il voit Jésus venir à lui et il dit: Voici l'agneau de Dieu qui enlève le péché du monde (Jn 1,28-29).

C'est un grand bien que la hardiesse, et le fait de parler librement et de tout subordonner à la confession (de foi) envers le Christ. Grand et admirable, comme de proclamer auprès du Père un tel personnage: le Fils de Dieu, l'Unique-engendré! Toutefois, il n'y a pas de commune mesure. Toi, en effet, tu confesses sur la terre, tandis que lui confesse dans les cieux. Et toi, en présence des hommes tandis que lui, auprès du Père et de tous les anges. Tel était Jean: il ne regardait ni la richesse, ni la gloire, ni aucune autre des (vanités) humaines, mais, foulant au pied tout cela, avec la liberté voulue, ce qui concernait le Christ à tous il le proclamait.

Car c'est pour cela que Jean signifie le lieu, afin de montrer la hardiesse du héraut à la voix sublime. En effet, ce n'est pas dans une maison, ni dans un recoin, ni dans un désert mais après s'être installé près du Jourdain, au milieu de la foule, en présence de tous ceux qui étaient baptisés par lui – car les Juifs se tenaient devant celui qui baptisait – qu'il a élevé cette voix admirable[1], comme s'il n'était pas digne de dénouer la courroie de sa sandale (cf. Jn 1,27).

I: B M

IIa: A D Syr

IIb: C K J N R Migne (K: jusqu'à xvii/18, note 13)

---

1. Autre leçon: qu'il a proclamé cette admirable confession de foi au sujet du Christ, elle qui était remplie de ces dogmes sublimes et indicibles.

xvii   [ ] Διὰ τοῦτό φησιν[1]· ταῦτα [ ][2] ἐν Βηθανίᾳ. ὅσα δὲ τῶν
ἀντιγράφων ἀκριβέστερον ἔχει· ἐν τῇ Βηθαβαρᾷ[3], φησίν. ἡ γὰρ
Βηθανία οὐχὶ πέραν τοῦ Ἰορδάνου οὐδὲ ἐπὶ τῆς ἐρήμου ἦν, ἀλλ᾽ ἐγγύς
που τῶν Ἱεροσολύμων. τοὺς δὲ τόπους καὶ δι᾽ ἑτέραν αἰτίαν ἐπισημαίνεται. ἐπειδὴ γὰρ πράγματα ἡμῖν[4] οὐ παλαιὰ διηγεῖσθαι
25   ἔμελλεν, ἀλλὰ πρὸ μικροῦ συμβάντα [ ][5] χρόνου, τοὺς παρόντας καὶ
θεωμένους μάρτυρας ποιεῖται τῶν λεγομένων [ ][6]. θαρρῶν γὰρ ὅτι
μηδὲν[7] παρ᾽ ἑαυτοῦ προσθήσει[8] τοῖς λεγομένοις, ἀλλὰ τὰ ὄντα
ἁπλῶς ἅπαντα μετὰ ἀληθείας ἐξηγεῖτο, τὴν ἀπὸ τῶν τόπων μαρτυρίαν παραλαμβάνει, ἀπόδειξιν [ ][9] οὐ τὴν τυχοῦσαν τῆς ἀληθείας
30   ἐσομένην
        Τῇ ἐπαύριον βλέπει τὸν Ἰησοῦν ἐρχόμενον πρὸς αὐτὸν καὶ λέγει· ἴδε ὁ
ἀμνὸς τοῦ Θεοῦ ὁ αἴρων τὴν ἁμαρτίαν τοῦ κόσμου. Διενείμαντο τοὺς
καιροὺς οἱ εὐαγγελισταί· καὶ ὁ μὲν Ματθαῖος τοὺς πρὶν ἢ δεθῆναι τὸν [ ][10]
Ἰωάννην χρόνους ἐπιτεμών, ἐπείγεται πρὸς τοὺς ἑξῆς, ὁ δὲ [ ][11] Ἰωάννης
35   [ ][12] τούτοις μάλιστα καὶ[13] ἐνδιατρίβει. κἀκεῖνος μὲν μετὰ τὸ ἐλθεῖν τὸν
Ἰησοῦν ἀπὸ τῆς ἐρημίας[14], [ ][15] μεταξὺ σιωπήσας, [ ][16] ὅσα [ ][17] Ἰωάννης
ἐφθέγξατο, ὅσα [ ][18] Ἰουδαῖοι [ ][19] ἔλεγον, καὶ τὰ ἄλλα πάντα συντεμών,
μετεπήδησεν εὐθέως ἐπὶ τὸ δεσμωτήριον· ἀκούσας γὰρ [ ][20] ὅτι Ἰωάννης
παρεδόθη[21], ἀνεχώρησεν ἐκεῖθεν. ὁ δὲ Ἰωάννης οὐχ οὕτως ἀλλὰ τὴν μὲν
40   εἰς τὴν ἔρημον ὁδὸν ἀπεσιώπησεν ἅτε ὑπὸ τοῦ Ματθαίου λεχθεῖσαν τὰ δὲ
μετὰ τὴν κάθοδον τὴν ἀπὸ τοῦ ὄρους γενομένην[22] διηγεῖται καὶ πολλὰ
διελθὼν τότε ἐπάγει· οὔπω γὰρ ἦν βεβλημένος ὁ Ἰωάννης εἰς τὴν φυλακήν.

---

1. πῶς οὖν τοῦτο ποιεῖ; ἐπάγων καὶ λέγων: Migne.
2. = M. - Add. ἐγένετο: rel. - ἐν Βηθ. ἐγ.: Cr
3. = B. - ἐν Βηθαβαρᾷ: M D C^c Cr Migne. - ἐν Βηθαρᾷ: C* J N. - τὴν Βηθαβαρᾶν: (A) Syr.
4. = B M. - Om.: rel.
5. = M A. - Om.: rel.
6. = B M. - Add. καὶ ἀπόδειξιν καὶ ἀπὸ τῶν τόπων παρέχεται: rel.
7. = M D. - οὐδέν: rel.
8. = B M. - προσετίθη: A D J C. - προσετίθει: C R Migne. - προστιθείς: Syr.
9. = B M. - Add. ὅπερ ἔφην: rel.
10. = B M Cr Syr. - Add. βαπτιστήν: rel.
11. = B M Cr. - Add. εὐαγγελιστής: rel.
12. Add. οὐ μόνον οὐκ ἐπιτέμνει ἀλλά: Migne.
13. = B Migne. - Om.: Cr rel.
14. = B M A. - ἐρήμου: rel.
15. = M A. - Add. τά: rel. (cf. xvii/ 184)
16. Add. οἷον: Migne.
17. Add. ὁ: Migne.
18. = M A D C J N. - Add. οἱ: B Migne.
19. = M. - Add. ἀποσταλέντες: Syr. - Add. ἀποστείλαντες: rel.
20. = M. - Add. φησίν: B* R. - Add. φησίν, ὁ Ἰησοῦς: rel.
21. = B M A. - 2 1: rel.
22. γενόμενα: A D.

Pour cela il dit: **Cela à Béthanie. Mais biens des manuscrits ont plus exactement: À Bethabara. En effet, Béthanie n'était pas au-delà du Jourdain, ni dans le désert, mais quelque part près de Jérusalem. Mais les lieux, il les signifie** encore pour une autre raison. **En effet, puisqu'il allait raconter des événements non pas anciens mais qui s'étaient passés peu de temps auparavant, ceux qui étaient présents et qui avaient vu, il les rend témoins de ce qui s'est dit. En effet, sûr que, de lui-même, il n'ajoutera rien à ce qui s'est dit, mais que tous les faits, il les racontait simplement, avec vérité, il admet le témoignage tiré des lieux, preuve future non négligeable de la vérité.**

Le lendemain, il voit Jésus venant vers lui et il dit: «Voici l'agneau de Dieu qui enlève le péché du monde.» Les évangélistes se sont partagé les époques. Matthieu, coupant les moments qui ont précédé l'incarcération de Jean, se hâte vers ce qui suit tandis que Jean s'y attarde principalement. Et celui-là, après que Jésus fût venu du désert, passant sous silence les faits intermédiaires, coupant ce que Jean a raconté, ce que les Juifs ont dit et tout le reste, a bondi aussitôt sur l'emprisonnement: «Car, ayant entendu dire que Jean avait été livré, il se retira de là» (Mt 4,12). Jean, lui, (ne procède) pas ainsi, mais il passa sous silence la retraite au désert, attendu qu'elle avait été dite par Matthieu, tandis qu'il raconte les faits arrivés après la descente de la montagne et, exposant en détail beaucoup de choses, alors il ajoute: «Jean n'avait pas encore été jeté en prison» (Jn 3,24).

I: B M
IIa: A D Syr
IIb: C J N R Migne (K deest)

xvii   <u>Τίνος οὖν</u>¹ ἕνεκεν [ ]² [ ]³ παραγίνεται πρὸς αὐτὸν ὁ Ἰησοῦς, καὶ οὐχ
ἅπαξ ἀλλὰ καὶ δεύτερον τοῦτο [ ]⁴; ὁ μὲν γὰρ Ματθαῖος ἀναγκαίαν αὐτοῦ
45   τὴν παρουσίαν <u>φησὶ γεγενῆσθαι</u>⁵ διὰ τὸ βάπτισμα· [ ] <u>ἐπάγει γὰρ ὁ Ἰησοῦς</u>
[ ]⁶ ὅτι οὕτω πρέπον <u>ἡμῖν ἐστιν</u>⁷ πληρῶσαι πᾶσαν δικαιοσύνην. ὁ δὲ
Ἰωάννης καὶ πάλιν αὐτὸν παραγεγονέναι <u>ἔλεγεν</u>⁸ μετὰ τὸ βάπτισμα καὶ
τοῦτο <u>ἐκεῖθεν</u>⁹ <u>δῆλον</u> [ ]¹⁰· <u>ἐγὼ γάρ</u> φησι¹¹ τεθέαμαι τὸ πνεῦμα καταβαῖνον ὡσεὶ περιστερὰν καὶ <u>μένον</u>¹² ἐπ'αὐτόν.

50   Τίνος οὖν ἕνεκεν παραγίνεται πρὸς τὸν Ἰωάννην; οὐδὲ γὰρ ἁπλῶς
ἦλθεν ἀλλὰ πρὸς αὐτὸν ἐπορεύετο· ἐρχόμενον γὰρ [ ]¹³ πρὸς αὐτὸν βλέπει
αὐτόν. *Τίνος οὖν ἕνεκεν ἤρχετο; ἐπειδὴ αὐτὸς αὐτὸν ἐβάπτισε μετὰ*
πολλῶν, ὥστε μηδένα ὑποπτεύειν ὅτι ἀπὸ τῆς αὐτῆς αἰτίας ἀφ'ἧς καὶ
οἱ ἄλλοι πρὸς τὸν Ἰωάννην <u>ἠπείγοντο</u>¹⁴ οἷον ὡς ἁμαρτήματα <u>λύ-</u>
55   *<u>σων</u>¹⁵ καὶ εἰς μετάνοιαν λουσόμενος ἐν τῷ ποταμῷ.* [ ]¹⁶ παραγίνεται, διδοὺς [ ]¹⁷ τῷ Ἰωάννῃ ταύτην [ ]¹⁸ διορθώσασθαι τὴν ὑπό –
νοιαν. [ ] <u>τὸ γὰρ</u>¹⁹ εἰπεῖν· ἰδὲ ὁ ἀμνὸς τοῦ Θεοῦ ὁ αἴρων τὴν ἁμαρτίαν τοῦ κόσμου πᾶσαν ταύτην ἀναιρεῖ τὴν ὑπόψιαν. ὁ <u>γὰρ</u>²⁰ οὕτω
καθαρὸς ὡς καὶ τὰ ἑτέρων ἁμαρτήματα <u>ἀπολύειν</u>²¹ δύνασθαι, <u>οὐκ</u>
60   <u>ἂν καθαρσίων ἕνεκεν ἐπὶ τὰ νάματα ἤρχετο, ἀλλ' ὥστε δύναμιν αὐ-</u>
<u>τοῖς ἐνθεῖναι καθαρτικήν</u>²².

1. = B M D. - καὶ τίνος: rel.
2. = B M. - Add. φησίν: rel.
3. = M Syr. - Add. νῦν: rel.
4. Add. ποιεῖ: Migne.
5. = B M A D Syr. - γεγενῆσθαιφησί: C J N R. - γεγενῆσθαιλέγει: Migne.
6. διὸ τοῦτο δεικνὺς καὶ ὁ Ἰησοῦς ἐπάγει καὶ λέγει: Migne.
7. = B M. - 2: R. - 2 1: rel.
8. δείκνυσι: Migne.
9. = B M. - ἐντεῦθεν: rel.
10. = B M D. - ἐδήλωσεν [ ]: A C J N R Syr. - ἐδήλωσενλέγων: Migne.
11. Om.: Migne.
12. = B M Syr Migne. - ἔμεινεν: rel.
13. = M. - Add. φησίν: rel.
14. = B M Syr. - ἠπείγετο: rel.
15. = B M. - ἐξομολογησόμενος: rel.
16. Add. διὰ τοῦτο: Migne.
17. Add. ἅμα καὶ: Migne.
18. = B M Syr. - Add. πάλαι: R - Add. πάλιν: rel.
19. = M D Syr. - τῷ γάρ: B. - καὶ γὰρ τῷ: rel.
20. τοίνυν: Migne.
21. = B M D Syr. - ἀπολύεσθαι: C N R Migne. - ἀπολούεσθαι: A J.
22. = B M. - εὔδηλον ὅτι οὐχ ὥστε ἐξομολογήσασθαι ἁμαρτήματα παραγίνεται ἀλλ'
ὥστε δοῦναι ἀφορμὴν ἐκείνῳ τῷ θαυμαστῷ κήρυκι καὶ δευτέρᾳ φωνῇ τοῖς τὰ
πρότερα ἀκηκοόσιν ἀκριβέστερον ἐνθεῖναι τὰ εἰρημένα καὶ προσθεῖναι ἕτερα
πάλιν: rel. (ἁμαρτ.ἐξομ.: A Syr).

Pourquoi donc Jésus arrive-t-il vers lui, et cela, non pas une fois, mais deux. En effet, Matthieu dit que sa présence est impliquée nécessairement lors du baptême. Car Jésus ajoute: «Ainsi il nous convient d'accomplir toute justice» (Mt 3,15). Mais Jean disait qu'il était revenu après le baptême, et c'est clair du fait qu'il dit: «Moi, j'ai vu l'Esprit descendre comme une colombe et demeurer sur lui» (Jn 1,32).

Pourquoi donc arrive-t-il vers Jean? Car il ne vint pas simplement, mais il allait vers lui. En effet: «C'est venant vers lui qu'il le voit» (cf. Jn 1,29). *Pourquoi donc venait-il? Puisque lui-même le baptisait avec beaucoup d'autres, de peur qu'on ne conjecture qu'il (venait) pour la même raison qui poussait les autres à se hâter vers Jean, à savoir: délier les péchés et se laver dans le fleuve en vue de la conversion, il arrive donc pour donner à Jean de redresser cette idée fausse. En effet, le fait de dire "Voici l'agneau de Dieu qui enlève le péché du monde" écarte totalement cette conjecture. En effet, celui qui est pur au point même de pouvoir délier les péchés des autres,* ce n'est pas en vue de purifications qu'il venait aux cours d'eau, mais pour mettre en eux une puissance purificatrice[1].

I: B M
IIa: A D Syr
IIb: C J N R Migne (K deest)

---

1. Autre leçon: après "les péchés des autres": *il est clair qu'il n'arrive pas pour avouer ses péchés, mais pour donner une occasion à ce merveilleux héraut, grâce à une seconde voix, de mettre d'une façon plus précise ce qui a déjà été dit en ceux qui avaient entendu les premières paroles, et d'en ajouter d'autres.*

xvii   Τὸ δέ· ἴδε, [ ] ὡς πολλῶν πολλάκις ἐπιζητούντων αὐτὸν [ ]¹ καὶ ἀπὸ
μακροῦ τοῦ χρόνου. οὕτω [ ]² δεικνὺς αὐτὸν [ ] ἔλεγεν ³· [ ]⁴ οὗτος ὁ
ἀμνός. ἀμνὸν δὲ αὐτὸν καλεῖ τῆς προφητείας ἀναμιμνήσκων [ ]⁵ τῆς
65   Ἡσαίου καὶ τῆς σκιᾶς τῆς κατὰ τὸν Μωϋσέα ἵνα ἀπὸ τοῦ τύπου
μᾶλλον αὐτοὺς προσαγάγηται τῇ ἀληθείᾳ⁶. ἐκεῖνος μὲν οὖν ὁ ἀμνὸς
οὐδενὸς⁷ καθάπαξ ἁμαρτίαν ἀνέλαβεν⁸· οὗτος δὲ τῆς οἰκουμένης ἁπάσης.
κινδυνεύουσαν γὰρ αὐτὴν ἀπολέσθαι ταχέως αὐτὴν⁹ ἀπήλλαξε τῆς ὀργῆς
τοῦ θεοῦ.
70   Οὗτος ἦν περὶ οὗ εἶπον· ὁ ὀπίσω μου ἐρχόμενος ἔμπροσθέν μου
γέγονεν. ὁρᾷς [ ]¹⁰ πῶς [ ]¹¹ ἔμπροσθεν [ ]¹²· τῷ τὰς ἁμαρτίας λαβεῖν τοῦ κόσμου, τῷ¹³ βαπτίσαι ἐν πνεύματι ἁγίῳ. ἡ μὲν γὰρ ἐμὴ
παρουσία πλέον οὐδὲν εἶχε τοῦ κηρῦξαι τὸν κοινὸν τῆς οἰκουμένης
εὐεργέτην καὶ τὸ τοῦ ὕδατος βάπτισμα παρασχεῖν· ἡ δὲ τοῦ Κυρίου¹⁴,
75   τὸ καθᾶραι πάντας ἀνθρώπους καὶ χαρίσασθαι τοῦ Παρακλήτου τὴν
ἐνέργειαν. Οὗτος ἔμπροσθεν [ ]¹⁵ γέγονεν [ ]¹⁶ ὅτι πρῶτός μου ἦν. αἰσ-
χυνέσθωσαν οἱ Παύλου τοῦ Σαμωσατέως τὴν μανίαν διαδεξάμενοι, πρὸς
οὕτω φανερὰν ἀλήθειαν ἀνθιστάμενοι.
    Κἀγὼ οὐκ ᾔδειν αὐτόν, φησίν¹⁷. [ ]¹⁸ ἀνύποπτον ἐνταῦθα τὴν
80   μαρτυρίαν ἐργάζεται, δεικνὺς αὐτὴν οὐκ ἀνθρωπίνης οὖσαν φιλίας,
ἀλλ᾽ ἐξ ἀποκαλύψεως θείας γεγενημένην. οὐκ ᾔδειν [ ]¹⁹ αὐτὸν [ ]²⁰,

---

1. = B* M. - εἴρηται διὰ τὸ πολλοὺς πολλάκις ἐπιζητεῖν αὐτὸν ἀπὸ τῶν εἰρημένων:
    B^c rel. (cf. Cr).
2. = B M. - διὰ τοῦτο παρόντα: rel.
3. δείκνυσιν αὐτὸν οὗτος καὶ λέγει: Migne.
4. = B M. - Add. ἴδε, [ ] οὗτός ἐστιν ὁ πάλαι ζητούμενος: rel. (Syr: om. ἴδε).
5. = B M Cr. - Add. Ἰουδαίους: rel.
6. = B M Cr. - πρὸς τὴν ἀλήθειαν: rel.
7. = Om.: B* M (hapl.) (contra: B^c Cr).
8. = M. - ἔλαβεν: Cr rel. (hapl.)
9. = B M Cr Migne. - Om.: rel.
10. = B M. - Add. κἀνταῦθα: rel.
11. = B* M A. - Add. τό: B^c rel.
12. = B M Cr. - Add. ἑρμηνεύει· εἰπὼν γὰρ ἀμνόν, καὶ ὅτι αἴρει τὴν ἁμαρτίαν τοῦ
    κόσμου, τότε φησὶν ὅτι ἔμπροσθέν μου γέγονε, δηλῶν ὅτι τοῦτό ἐστιν τὸ
    ἔμπροσθεν: rel.
13. = B M (bis). - τό (bis): rel.
14. = B M A D Cr. - τούτου: rel.
15. = B* M D C. - Add. μου: B^c rel.
16. = B M. - Add. τουτέστιν ἐδείχθη μου λαμπρότερος: rel.
17. λέγει: Cr. - Om.: Migne.
18. Add. ὅρα πῶς: Migne.
19. = B M D. - Add. γάρ: rel.
20. Add. ἐγώ: Migne.

Le mot "Voici" implique que beaucoup l'attendaient, souvent et depuis longtemps. **Ainsi, pour le désigner, il disait: «Celui-ci (est) l'Agneau.» Or il l'appelle "Agneau" pour rappeler la prophétie d'Isaïe (cf. Is 53,7) et l'ombre du temps de Moïse (cf. Ex 12,3-8) afin que, à partir du type, il les amenât plus facilement à la vérité.** *Cet agneau-ci, donc, n'a enlevé le péché de personne en une seule fois, tandis que celui-là, du monde tout entier. Alors qu'il était en danger d'être détruit, il l'a éloigné rapidement de la colère de Dieu (cf. Jn 3,36).*

"C'était lui dont j'ai dit: Celui qui vient derrière moi est passé devant moi." (Jn 1,15). Vois, comment "devant"?[1] En enlevant les péchés du monde, en baptisant dans l'Esprit saint. *Car ma venue avait pour seul but de proclamer le commun bienfaiteur du monde entier et de conférer le baptême d'eau. Mais celle du Seigneur, de purifier tous les hommes et de faire don de la force de l'Esprit. "Celui-ci est passé devant parce qu'il était avant moi." Que soient confondus ceux qui ont hérité la folie de Paul de Samosate, s'opposant ainsi à la claire vérité.*

"Et moi, je ne le connaissais pas", dit-il. Ici, il rend le témoignage incontestable, montrant qu'il ne vient pas d'une amitié humaine mais qu'il provient d'une révélation divine. "Je ne le connaissais pas", dit-il. Comment donc

----

I: B M
IIa: A D Syr
IIb: C J N R Migne. (K deest)

---

1. Autre leçon: Vois comment il interprète le mot "devant". Ayant dit "Agneau", et qu'il enlève le péché du monde, alors il dit "qu'il est passé devant moi", montrant que c'est cela "devant".

xvii   φησί. πῶς οὖν ἂν εἴης ἀξιόπιστος μάρτυς; πῶς [ ] ἂν [ ]¹ ἑτέρους διδάξῃς²
       αὐτὸς ἀγνοῶν; οὐκ εἶπεν· οὐκ οἶδα αὐτόν, ἀλλ᾽ οὐκ ᾔδειν αὐτόν· ὥστε
       ταύτῃ μάλιστα ἀξιόπιστος ἂν γένοιτο. πῶς γὰρ ἂν ἐχαρίσατο τῷ
    85 ἀγνοουμένῳ; ἀλλ᾽ ἵνα φανερωθῇ τῷ Ἰσραήλ, διὰ τοῦτο ἦλθον βαπτίζων
       ἐν³ ὕδατι. οὐ τοίνυν αὐτὸς βαπτίσματος ἐδεῖτο οὐδὲ ἄλλην τινὰ αἰτίαν
       εἶχεν ἐκεῖνο τὸ λουτρὸν ἢ τὸ προοδοποιῆσαι τὴν τοῦ Χριστοῦ πίστιν⁴ τοῖς
       λοιποῖς ἅπασιν. οὐ γὰρ εἶπεν· ἵνα καθάρω τοὺς βαπτιζομένους οὐδ᾽ ἵνα
       ἀπαλλάξω ἁμαρτημάτων ἦλθον βαπτίζων ἀλλ᾽ ἵνα φανερωθῇ τῷ Ἰσραήλ.
    90 τί γάρ, εἰπέ μοι, τοῦ βαπτίσματος χωρὶς οὐκ ἐνῆν κηρῦξαι καὶ ἐπαγαγέσθαι
       τοὺς ὄχλους; [ ]⁵ [ ]⁶ οὐδαμῶς. οὐδὲ γὰρ ἂν οὕτω συνέδραμον ἅπαντες εἰ
       βαπτίσματος χωρὶς τὸ κήρυγμα ἐγένετο⁷. οὐκ ἂν ἔμαθον τὴν ἀπὸ τῆς
       συγκρίσεως ὑπεροχήν· τὸ γὰρ⁸ πλῆθος ἐξήρχετο οὐκ ἀκουσόμενον ὧν
       ἔλεγεν ἀλλὰ τί; βαπτίσασθαι ἐξομολογούμενοι τὰς ἁμαρτίας αὐτῶν.
    95 παραγενόμενοι δὲ ἐδιδάσκοντο [ ]⁹ περὶ τοῦ Χριστοῦ καὶ τοῦ βαπτίσματος
       τὸ μέσον¹⁰. [ ]¹¹ σεμνότερον γὰρ ἐγίνετο¹² · καὶ τοῦτο τοῦ συνήθους¹³. καὶ
       διὰ τοῦτο πάντες ἔτρεχον¹⁴. [ ] ὅμως δὲ¹⁵ καὶ οὕτως ἀτελὲς ἦν.
          Καὶ¹⁶ πῶς οὖν [ ]¹⁷ ἔγνως αὐτόν; διὰ τῆς τοῦ Πνεύματος καθ–
       όδου, φησίν. ἵνα δὲ μή τις νομίσῃ πάλιν ὅτι ἐν χρείᾳ καθειστήκει τοῦ
   100 πνεύματος καθάπερ ἡμεῖς, ἄκουσον πῶς καὶ ταύτην ἀναιρεῖ τὴν ὑποψίαν
       δεικνὺς ὅτι ἡ τοῦ Πνεύματος κάθοδος ὑπὲρ τοῦ κηρῦξαι τὸν Χριστὸν [ ]¹⁸
       ἐγένετο¹⁹. εἰπὼν γάρ· κἀγὼ οὐκ ᾔδειν αὐτόν, ἐπήγαγεν· ἀλλ᾽ ὁ πέμψας με
       βαπτίζειν ἐν ὕδατι, ἐκεῖνός μοι εἶπεν· ἐφ᾽ ὃν ἂν ἴδῃς τὸ Πνεῦμα καταβαῖνον
       καὶ μένον ἐπ᾽ αὐτόν, ἐκεῖνός ἐστιν ὁ βαπτίζων ἐν Πνεύματι ἁγίῳ. ὁρᾷς ὅτι

       _____

       1. δὲ ἂν καί: Migne.
       2. διδάξαις: Migne. - Add. ὁ: A D.
       3. Add. τῷ: A D.
       4. = B M. - τῇ τοῦ Χριστοῦ πίστει: D Cr. - τῇ εἰς Χριστὸν πίστει: rel.
       5. Add. ἀλλά: D Migne.
       6. = B M. - Add. ῥᾳδίως οὕτως: rel.
       7. = B* M D Migne. - ἐγίνετο: Bᶜ rel.
       8. = B M. - γοῦν: rel.
       9. = B M Syr. - Add. τά: rel.
       10. διάφορον: Migne.
       11. = B M. - Add. καίτοι τοῦ Ἰουδαϊκοῦ τοῦτο: rel.
       12. = B M. - [ ] ἦν: rel.
       13. = B M. - Om.: rel.
       14. = B M. - ἐπέτρεχον: rel.
       15. = B M D. - ἀλλ᾽ ὅμως: rel.
       16. = B M. - Om.: rel.
       17. Add. σύ: Migne.
       18. Add. μόνον: Cr Migne.
       19. = B* M Migne. - παρεγένετο: Bᶜ rel.

peut-il être un témoin digne de foi? Comment pourrais-tu enseigner les autres si toi, tu ignores? Il n'a pas dit: "Je ne le connais pas", mais "Je ne le connaissais pas", en sorte qu'il soit parfaitement digne de foi. **Mais comment a-t-il fait don de la connaissance à celui qui ignorait?** *"Mais c'est pour qu'il fût manifesté à Israël que je suis venu baptiser dans l'eau." Lui, certes, n'avait pas besoin du baptême, et ce bain n'avait pas d'autre raison d'être que de frayer la voie à la foi dans le Christ pour tous les autres. Car il n'a pas dit: afin que je purifie les baptisés ou afin que j'éloigne les péchés, je suis venu baptiser, mais afin qu'il fût manifesté à Israël. Et quoi, dis-moi, n'était-il pas possible de prêcher sans baptême et de rassembler les foules? Pas du tout! Tous ne seraient pas ainsi accourus s'il y avait eu une proclamation sans baptême. Ils n'auraient pas appris la supériorité à partir de la comparaison. Car la foule ne partait pas pour écouter ce qu'il disait, mais pourquoi? Pour être baptisés en avouant leurs péchés* (cf. Mt 3,5-6). *Or lorsqu'ils arrivaient, on leur enseignait le Christ, et la différence du baptême, car il devenait plus sacré,* et celui-ci, *(meilleur)* que l'habituel. *Et c'est pour cela que tous accouraient; et pourtant, il était sans effet.*

Comment donc l'as-tu connu? **Par la descente de l'Esprit, dit-il.** *Mais de peur qu'on ne pense encore qu'il se trouvait avoir besoin de l'Esprit, tout comme nous, écoute comment il écarte aussi cette idée fausse en montrant que la descente de l'Esprit eut lieu pour proclamer le Christ. En effet, après avoir dit "Et moi je ne le connaissais pas", il ajouta: «mais celui qui m'a envoyé baptiser dans l'eau, celui-là m'a dit: Celui sur qui tu verras l'Esprit descendre et demeurer sur lui, c'est celui-là qui baptise dans l'Esprit saint»* (Jn 1,32). *Tu vois que* .....

I: B M

IIa: A D Syr

IIb: C J N R Migne (K deest)

xvii τὸ¹ ἔργον τοῦ Πνεύματος ἦν [ ]² κηρῦξαι³ τὸν Χριστόν. ἦν μὲν οὖν⁴ καὶ ἡ
τοῦ Ἰωάννου μαρτυρία ἀνυπόπτατος⁵· βουλόμενος δὲ αὐτὴν ἀξιοπιστο-
τέραν ποιῆσαι, ἀνήγαγεν αὐτὴν ἐπὶ τὸν Θεὸν καὶ τὸ Πνεῦμα τὸ ἅγιον.
ἐπείδη γὰρ ἐμαρτύρησεν [ ]⁶ οὕτω μέγα [ ]⁷ καὶ θαυμαστόν, καὶ ἱκανὸν τοὺς
ἀκούοντας ἐκπλῆξαι πάντας, [ ]⁸ ὅτι τῆς οἰκουμένης ἁπάσης⁹ τὰς ἁμαρτίας
110 λαμβάνει μόνος αὐτός, καὶ [ ]¹⁰ πρὸς τοσοῦτον ἀρκεῖ λύτρον τῆς δωρεᾶς τὸ
μέγετος¹¹, κατασκευάζει λοιπὸν ταύτην τὴν ἀπόφασιν. ἡ δὲ κατασκευή, ὅτι
Υἱός ἐστιν τοῦ Θεοῦ, καὶ ὅτι οὐκ ἐδεῖτο τοῦ¹² βαπτίσματος, καὶ ὅτι καὶ
τοῦτο ἐκ¹³ τῆς τοῦ Πνεύματος καθόδου [ ] δῆλον [ ]¹⁴. οὐδέ¹⁵ γὰρ ἦν τῆς
τοῦ¹⁶ Ἰωάννου δυνάμεως Πνεῦμα διδόναι· καὶ δηλοῦσι τοῦτο¹⁷ οἱ ὑπ᾽αὐ-
115 τοῦ βαπτισθέντες¹⁸ λέγοντες· ἀλλ᾽ οὐδὲ εἰ Πνεῦμα ἅγιον ἔστιν ἀκηκό-
αμεν¹⁹. Οὐκ ἄρα οὖν²⁰ τοῦ²¹ βαπτίσματος ἐδεῖτο ὁ Χριστός [ ]²² ἀλλὰ
μᾶλλον²³ τὸ βάπτισμα ἔχρῃζε τῆς δυνάμεως τοῦ Χριστοῦ. τὸ γὰρ ἐλλεῖπον
τοῦτο ἦν τὸ κεφάλαιον πάντων τῶν ἀγαθῶν [ ]²⁴. ταύτην οὖν τὴν τοῦ
Πνεύματος χορηγίαν προσέθηκε παραγενόμενος. [ ]²⁵.
120 Συνεχῶς δὲ τὸ οὐκ ᾔδειν αὐτὸν τίθησιν [ ]²⁶. διὰ τί ;²⁷ συγγενὴς
αὐτοῦ ἦν²⁸ κατὰ σάρκα. ἰδοὺ γάρ [ ]²⁹, Ἐλισάβετ ἡ συγγενής σου
καὶ αὐτὴ συνελειφυῖα [ ]³⁰. ἵνα οὖν μὴ δόξῃ χαρίζεσθαι διὰ τὴν

---

1. = B M D. - τοῦτο: rel.
2. = B M D. - Add. τό: rel.
3. = B M Syr. - δεῖξαι: rel.
4. = B M D. - γάρ: A C J N R Syr. - Om. Migne.
5. = M. - ἀνύποπτος: rel.
6. Add. ὁ Ἰωάννης: B M Migne.
7. = B M. - Add. τι: rel.
8. Add. οἷον: Migne.
9. Om.: M (hapl.).
10. Add. ὅτι: Migne.
11. Om.: τὸ μέγετος: M, par erreur.
12. = B M. - Om.: rel.
13. = B M (D). - ἔργον: rel.
14. = B M. - γέγονε, τὸ δῆλον αὐτὸν ποιῆσαι μόνον: rel.
15. = B M A D Syr. - οὐ: rel.
16. = M Migne. - Om.: rel.
17. = B M Migne. - Om.: rel.
18. = B M. - 2 1: A. - βαπτιζόμενοι ὑπ᾽αὐτοῦ: rel. - (Syr?)
19. = C J N R. - ἠκούσαμεν: rel. (cf. Act 19,2).
20. = B M Syr. - Om.: rel.
21. Om.: A D.
22. = B M. - Add. οὐκ ἐκείνου οὐχ ἑτέρου τινός: rel.
23. = B M Migne. - Om.: rel.
24. = B M. - Add. τοῦ Πνεύματος ἀξιωθῆναι τὸν βαπτιζόμενον: rel. (C J N R Migne: τοῦ/τό).
25. = B M. - Add. Jn 1,32-34: rel. Variantes sur Migne au v. 32: om. ὁ: A J C N R. -
μένον/ἔμεινεν: A D C J N R. - v. 33: ἐκεῖνος/αὐτός: A (N).
26. Add. οὐχ ἁπλῶς οὐδὲ εἰκῇ ἀλλ᾽: Migne.
27. = B M. - διό τι: Cr. - τίνος ἕνεκεν καὶ διὰ τί: A D C J N R Syr. - ἐπείδη: Migne.
28. 2 1: A D.
29. = M. - Add. φησίν:rel.
30. = M. - Add. υἱόν: rel.

le rôle de l'Esprit était de proclamer le Christ. Et donc, même le témoignage de Jean était des plus certain. Mais voulant le rendre encore plus digne de foi, il l'éleva vers Dieu et vers l'Esprit saint. En effet, il a ainsi attesté un fait grand et admirable et digne de frapper de stupeur tous les auditeurs, à savoir que lui seul prend les péchés du monde entier et que la grandeur du don suffit pour un tel rachat. Il prépare donc ainsi cette déclaration. Et la préparation, c'est qu'Il est Fils de Dieu et qu'Il n'avait pas besoin du baptême et que c'était clair par suite de la descente de l'Esprit. En effet, il n'était pas dans la puissance de Jean de donner l'Esprit. Et ils le montrent bien ceux qui furent baptisés par lui lorsqu'ils disent: «Mais nous n'avons même pas entendu dire qu'il y eût un Esprit» (Act 19,2). Donc, certes, le Christ n'avait pas besoin du baptême, mais c'était plutôt le baptême qui avait besoin de la puissance de l'Esprit. Et ce manque était le couronnement de tous les biens. C'est donc ce don de l'Esprit qu'il a ajouté en paraissant.

Sans plus tarder, il place le "Je ne le connaissais pas". **Pourquoi? Il lui était apparenté selon la chair. "Voici en effet que ta parente Élisabeth, elle aussi, a conçu» (Lc 1,36). Donc, c'est de peur que l'on ne pense qu'il lui faisait une faveur en raison**   .....

I: B M

IIa: A D Syr

IIb: C J N R Migne (K deest)

xvii   συγγένειαν[1] [ ] φησίν· [ ][2] οὐκ ᾔδειν αὐτόν. καὶ κατ᾽ οἰκονομία[3] [ ][4]
τοῦτο συνέβαινε· [ ] τὸν γὰρ[5] ἅπαντα χρόνον ἐπὶ τῆς ἐρήμου διέ-
125 τριβεν καὶ[6] τῆς πατρῴας οἰκίας ἐκτὸς ἦν[7]. πῶς οὖν, εἰ οὐκ ᾔδει αὐτὸν πρὸ τῆς τοῦ Πνεύματος καθόδου, καὶ εἰ τότε πρῶτον αὐτὸν ἐγνώρισε,
πρὸ τοῦ βαπτίσματος διεκώλυεν αὐτὸν λέγων· ἐγὼ χρείαν ἔχω ὑπὸ σοῦ
βαπτισθῆναι; τοῦτο γὰρ τεκμήριον τοῦ σφόδρα αὐτὸν εἰδέναι [ ][8] εἰ[9] καὶ
εἰκότως αὐτὸν οὐκ ᾔδει[10]. τὰ μὲν γὰρ θαύματα ὥστε[11] παιδὸς ὄντος
130 ἐγένετο, οἷον τὰ περὶ τοὺς Μάγους[12] λέγω[13] καὶ τὰ ἄλλα ὅσα τοιαῦτα, πρὸ πολλοῦ συμβεβήκει τοῦ χρόνου, τοῦ Ἰωάννου καὶ αὐτοῦ
σφόδρα[14] παιδὸς ὄντος· ἐν δὲ τῷ μεταξὺ [ ][15] πᾶσιν ἄγνωστος ἦν[16].

Ἐπεὶ εἰ γνώριμος ἦν, οὐκ ἂν[17] εἶπεν· ἵνα φανερωθῇ[18] τῷ Ἰσραήλ,
διὰ τοῦτο ἦλθον βαπτίζων. ἐντεῦθεν ἡμῖν λοιπὸν[19] δῆλον[20] ὅτι [ ][21] τὰ
135 σημεῖα ἐκεῖνα ἃ παιδικὰ εἶναί φασι[22] τοῦ Χριστοῦ, ψεῦδος[23] καὶ πλάσ-
ματά τινων ἐπεισαγόντων [ ][24]. εἰ γὰρ ἐκ πρώτης ἀρξάμενος ἡλικίας[25]
ἐθαυματούργει, οὐκ ἂν οὔτε Ἰωάννης αὐτὸν ἠγνόησεν, οὔτ᾽ ἂν[26] τὸ λοιπὸν πλῆθος[27] ἐδεήθησαν[28] διδασκάλου τοῦ φανερώσοντος αὐτόν. νῦν δὲ
αὐτός φησι διὰ τοῦτο παραγεγονέναι[29] ἵνα φανερωθῇ τῷ Ἰσραήλ. πῶς οὖν

---

1. *Add.* αὐτῷ: A D.
2. συνεχῶς φησι τό: Migne.
3. = Cr (cf. commentaire). - κατὰ λόγον: *rel.*
4. *Add.* δέ: Migne.
5. καὶ γὰρ τόν: Migne. - ὅθεν καὶ τόν: Cr.
6. ὦν: (Syr) Migne.
7. = B M. - *Om.*: *rel.*
8. = B M. - *Add.* ἦν· ἀλλ᾽ οὐκ ἔμπροσθεν οὐδὲ πρὸ πολλοῦ τοῦ χρόνου: *rel.* (καί: C J N R Migne).
9. = B M. - *Om.*: *rel.*
10. = B M D. - *Om.*: *rel.*
11. = B M. - ὅσαπερ: *rel.*
12. = *rel.* - τὸ περὶ τοῦ οἴνου: B M.
13. = B M A D Syr. - *Om.*: C J N R Migne. - *Add.* καὶ τὸν ἀστέρα: A D Syr.
14. = B M A D C Syr. - 3 1 2: J N R Migne.
15. = B M. - *Add.* πολλοῦ γενομένου τοῦ χρόνου, εἰκότως: *rel.*
16. = ἐτύγχανεν: Migne.
17. *Add.* ὁ Ἰωάννης: B M.
18. φανῇ: Cr.
19. = M Migne. - *Om.*: *rel.*
20. = B M Cr Migne. - δηλῶν: *rel.*
21. = B M Cr.- *Add.* καί: *rel.*
22. *Om.*: M.
23. = B M D Cr. - ψευδῆ: *rel.*
24. = B* M. - *Add.* ἐστίν: *rel.*
25. *Om.*: B* M.
26. = B A Cr. - οὐκ᾽ ἄν: M. - οὐδέ: *rel.* - (Syr?)
27. 3 1 2: M.
28. = B M. - ἐδέησαν: C J N R. - ἐδεήθη ἄν: Migne,
29. = B M Migne. - παραγέγονεν: *rel.*

de leur parenté qu'il dit: «Je ne connaissais pas". Et c'est bien ce qui est arrivé par disposition (de Dieu), car il demeura tout le temps au désert, et il était hors de la maison familiale. Mais s'il ne le connaissait pas avant la descente de l'Esprit et si c'est alors seulement qu'il l'a fait connaître, comment donc l'empêchait-il (de le baptiser) en disant: «C'est moi qui ai besoin d'être baptisé par toi!» (Mt 3,15). C'est en effet la preuve qu'il le connaissait fort bien, même si vraisemblablement il ne le connaissait pas. Et en effet, les prodiges qui arrivèrent alors qu'il était encore enfant - je veux dire ceux comme en faisaient les Mages et tous les autres analogues - ils se produisirent il y avait bien longtemps, tandis que Jean lui-même était très jeune; mais entre-temps, il était (devenu) inconnu de tous.

S'il avait été connu, il n'aurait pas dit: «Afin qu'il fût manifesté à Israël, pour cette raison je suis venu baptiser» (Jn 1,31). Du reste, il est clair pour nous que ces signes que l'on dit être de l'enfance du Christ ne sont que mensonge et œuvres de gens qui les ont introduits récemment. Si en effet il avait fait œuvre de thaumaturge dès sa plus tendre enfance, ni Jean ne l'aurait ignoré, ni la foule n'aurait eu besoin d'un didascale pour le manifester. Or lui-même dit qu'il est venu afin qu'Il fût manifesté à Israël. *Comment donc* .....

I: B M
IIa: A D Syr
IIb: C J N R Migne (K deest)

xvii ἔλεγεν [ ]¹· ἐγὼ χρείαν ἔχω ὑπὸ σοῦ βαπτισθῆναι; ὕστερον δὲ ἅτε
σαφέστερον μαθὼν τοῖς ὄχλοις αὐτὸν ἐκήρυττε λέγων· οὗτος ἦν ὃν εἶπον·
ὀπίσω μου ἔρχεται ἀνὴρ² ὃς ἔμπροσθέν μου γέγονεν.³

[ὅτι [ ]⁴ ὁ πέμψας αὐτὸν⁵ βαπτίζειν ἐν ὕδατι, καὶ διὰ τοῦτο πέμψας
ἵνα φανερωθῇ τῷ Ἰσραήλ, αὐτὸς αὐτῷ καὶ πρὸ τῆς τοῦ Πνεύματος
145   καθόδου αὐτὸν ἀπεκάλυψε. διὸ καὶ πρὶν ἢ παραγενέσθαι ἔλεγεν·
ὀπίσω μου ἔρχεται ὃς ἔμπροσθέν μου γέγονεν. οὐ τοίνυν ᾔδει αὐτὸν
πρὸ τοῦ ἐλθεῖν ἐπὶ τὸν Ἰορδάνην καὶ πάντας βαπτίζειν· ἀλλ᾽ ὅτε
ἔμελλε βαπτίζεσθαι τότε αὐτὸν ἔγνω καὶ ταῦτα τοῦ Πατρὸς αὐτὸν
ἀποκαλύψαντος τῷ προφήτῃ καὶ τοῦ πνεύματος δείξαντος βαπτιζό-
150   μενον Ἰουδαίοις δι᾽ οὓς καὶ ἡ κάθοδος τοῦ πνεύματος γέγονεν. ἵνα
γὰρ ἡ Ἰωάννου μὴ καταφρονηθῇ μαρτυρία λέγοντος ὅτι πρῶτός μου
ἦν καὶ ὅτι ἐν πνεύματι βαπτίζει καὶ ὅτι κρινεῖ τὴν οἰκουμένην καὶ ὁ
Πατὴρ φωνὴν ἀφίησιν ἀνακηρύττων τὸν Υἱόν, καὶ τὸ πνεῦμα ἔπεισι,
τὴν φωνὴν ἕλκον ἐπὶ τὴν κεφαλὴν τοῦ Χριστοῦ. ἐπείδη γὰρ ὁ μὲν
155   ἐβάπτιζεν ὁ δὲ ἐβαπτίζετο, ἵνα μή τις τῶν παρόντων περὶ Ἰωάννου
νομίσῃ λέγεσθαι τὸ εἰρημένον, ἔρχεται τὸ Πνεῦμα διορθούμενον τὴν
τοιαύτην ὑπόνοιαν. ὥστε ὅταν λέγῃ· οὐκ ᾔδειν αὐτόν, τὸν ἔμπροσθεν
λέγει χρόνον οὐ τὸν ἐγγὺς τοῦ βαπτίσματος. ἐπεὶ πῶς αὐτὸν ἐκώλυε
λέγων· ἐγὼ χρείαν ἔχω ὑπὸ σοῦ βαπτισθῆναι; πῶς [ ]⁶ τοιαῦτα περὶ
160   αὐτοῦ ἔλεγε;]

[ ]⁷ **Τί οὖν⁸ μόνος Ἰωάννης εἶδεν τὸ Πνεῦμα ἐν εἴδει περιστερᾶς
τῶν δὲ ἄλλων οὐδείς;⁹** εἶδον μὲν οἱ παρόντες ἅπαντες,¹⁰ οὐ μὴ ἅπαντες
ἐπίστευον¹¹. τὰ γὰρ¹² τοιαῦτα οὐχὶ τῶν τοῦ σώματος ὀφθαλμῶν δεῖται
μόνον ἀλλὰ πρὸ τούτων τῆς κατὰ διανοίαν ὄψεως ὥστε μὴ φαντασίαν πε-
165   ριττὴν τὸ πρᾶγμα νομίσαι. εἰ γὰρ¹³ θαυματουργοῦντα ὁρῶντες καὶ ἁπτό-
μενον ταῖς οἰκείαις χερσὶν τῶν νενοσηκότων καὶ τῶν τεθνηκότων¹⁴ καὶ
οὕτως αὐτοὺς πρὸς ζωὴν ἐπανάγοντα καὶ ὑγείαν τοσοῦτον ἐμέθυον ὑπὸ τῆς

---

1. καὶ διὰ τοῦτο ἔλεγε πάλιν: Migne.
2. *Om.*: A D Syr.
3. La longue section suivante, mise entre crochets et en retrait, est absente de la recension
   courte (B M). Nous la donnons selon le texte A D Syr, en indiquant les variantes par
   rapport au texte de Migne.
4. = A D Syr. - *Add.* καί: C J N R Migne.
5. = A D Syr. - με: C J N R Migne.
6. *Add.* δὲ καί: Migne.
7. = B M Cr. - *Add.* πῶς οὖν οὐκ ἐπίστευσαν Ἰουδαῖοι, φησίν: rel.
8. = B M. - τί δέ: D. - οὐδὲ γάρ: A C J N Syr Migne. - οὐχί: Cr.
9. = B M D. - *Om.*: Cr rel.
10. = B M D. - *Om.*: A C J N R Syr. - ἀλλὰ καὶ πάντες οἱ τότε παρόντες ἐκεῖσε: Cr. - ὅτι
    εἰ καὶ εἶδον ἀλλά: Migne.
11. = B M D. - εἰ καὶ μὴ πάντες ἐπίστευσαν: Cr. - *Om.*: rel.
12. = B M D Cr. - ὅτι τά: A C J N R Syr. - ἀλλὰ τά: Migne.
13. γοῦν: Migne.
14. *Om.* καὶ τῶν τεθνηκότων (hapl.): A D.

disait-il: «*C'est moi qui ai besoin d'être baptisé par toi*»? (Mt 3,15). *Plus tard, étant donné qu'il avait appris plus clairement, il le proclamait aux foules en disant:* «C'était lui dont j'ai dit: derrière moi vient un homme qui est passé devant moi» (Jn 1,30).

C'est que, celui qui l'a envoyé baptiser dans l'eau, et qui l'a envoyé pour cette raison: qu'il fût manifesté à Israël, lui-même Le lui a manifesté avant même la descente de l'Esprit. Aussi, avant même qu'Il n'arrive, il disait: «derrière moi vient celui qui est passé devant moi» (Jn 1,27). *Certes, il ne le connaissait pas avant qu'il ne vint au Jourdain et qu'il ne baptisât tout le monde, mais lorsqu'Il allait être baptisé, alors il Le connut, et grâce au Père qui le lui a manifesté en tant qu'il était prophète, et grâce à l'Esprit qui a montré le baptisé à ces foules pour lesquelles eut lieu la descente de l'Esprit. En effet, de peur que ne soit méprisé le témoignage de Jean disant qu'Il était avant moi, et qu'Il baptise dans l'Esprit, et qu'Il jugera le monde entier* (cf. Mt 3,12), *le Père fait entendre une voix pour proclamer le Fils, et l'Esprit est là, qui attire la voix sur la tête du Christ.* En effet, puisque l'un baptisait et que l'autre était baptisé, de peur que l'un des assistants ne pensât que ce qui était dit concernait Jean, l'Esprit vient pour redresser une telle idée fausse. *Ainsi, lorsqu'il dit "Je ne le connaissais pas", il parle du temps de jadis, et non de celui proche du baptême. Autrement, comment l'aurait-il empêché en disant:* «C'est moi qui ai besoin d'être baptisé par toi»? (Mt 3,15). *Comment aurait-il dit de telles choses à son sujet?* (cf. Jn 1,27.30).

Pourquoi donc[1] *Jean, seul, vit-il l'Esprit en forme de colombe,* **mais aucun des autres?** Certes, tous les assistants le virent, mais ils ne croyaient pas tous. *Pour de tels phénomènes en effet, les yeux du corps ne suffisent pas, il faut encore la vue de l'intelligence, en sorte que l'événement ne soit pas tenu pour un spectacle superflu. En effet, ceux qui Le voyaient faire des prodiges et toucher de ses mains les malades et les morts, et ainsi les ramener à la vie et à la santé, ces gens étaient tellement intoxiqués* .....

I: B M

IIa: A D Syr

IIb: C J N R Migne (K deest)

---

1. Texte de l'homélie: *Comment donc les Juifs ne crurent-ils pas, dit-il? Car ce n'est pas Jean seul qui vit l'Esprit en forme de colombe. Pour de tels phénomènes etc.*

xvii βασκανίας ὥστε ἐναντία τοῖς ὁρωμένοις φθέγγεσθαι[1], πῶς ἂν ἀπὸ τῆς
ἐπιφοιτήσεως τοῦ πνεύματος μόνης ἀπεκρούσαντο τὴν ἀπιστίαν; τινὲς δέ
170 φασιν οὐ[2] πάντας αὐτὸ[3] τεθεᾶσθαι ἀλλὰ [ ][4] Ἰωάννην καὶ τοὺς
εὐγνωμονέστερον διακειμένους. εἰ γὰρ καὶ αἰσθητοῖς ὀφθαλμοῖς δυνα-
τὸν ἦν ἰδεῖν ὡς ἐν εἴδει περιστερᾶς κατίον τὸ πνεῦμα[5], ἀλλ' ὅμως
καὶ[6] διὰ τοῦτο πᾶσα ἀνάγκη πᾶσι κατάδηλον εἶναι τὸ πρᾶγμα. καὶ
γὰρ καὶ[7] Ζαχαρίας ἐν αἰσθητῷ εἴδει πολλὰ τεθέαται. καὶ Δανιὴλ
175 καὶ Ἰεζεκιὴλ καὶ κοινωνὸν τῆς θέας οὐδένα ἔσχον· καὶ Μωυσῆς δὲ
πολλὰ εἶδεν[8] [ ][9] οἷα τῶν ἄλλων οὐδείς. καὶ τῆς μεταμορφώσεως δὲ τῆς
ἐπὶ τοῦ ὄρους οὐ πάντες ἀπήλαυσαν[10] οἱ μαθηταί, ἀλλ' οὐδὲ τῆς κατὰ τὴν
ἀνάστασιν ὄψεως ἐκοινώνησαν ἅπαντες· καὶ τοῦτο δηλοῖ σαφῶς ὁ Λουκᾶς
εἰπὼν ὅτι ἔδειξεν ἑαυτὸν [ ][11] μάρτυσι τοῖς προκεχειροτονημένοις ὑπὸ
180 τοῦ Θεοῦ ἡμῖν[12]. [ ][13].

Ποῦ δὲ[14] ἐμαρτύρησεν [ ][15] ὅτι οὗτός ἐστιν ὁ υἱὸς τοῦ Θεοῦ; ἀμνὸν
μὲν [ ][16] αὐτὸν ἐκάλεσε, καὶ ὅτι Πνεύματι βαπτίζειν ἔμελλεν εἶπεν, υἱὸν δὲ
[ ][17] οὐδαμοῦ. καίτοι γε μετὰ τὸ βάπτισμα οὐδὲν αὐτὸν ἀναγράφουσιν
εἰρηκότα οἱ ἄλλοι εὐαγγελισταί, ἀλλὰ [ ][18] μεταξὺ σιωπήσαντες, τὰ μετὰ
185 τὴν σύλληψιν Ἰωάννου γενόμενα τοῦ Χριστοῦ θαύματα λέγουσιν. ἀφ' ὧν
στοχάζεσθαι εἰκὸς ὅτι καὶ ταῦτα καὶ πολλῷ ἕτερα πλείονα παραλέλειπται.
καὶ τοῦτο αὐτὸς οὗτος ὁ εὐαγγελιστὴς πρὸς τῷ τέλει τῆς συγγραφῆς
ἐδήλωσε[19]. τοσοῦτον γὰρ ἀπέσχον τοῦ πλάσαι τι [ ][20] περὶ αὐτοῦ ὅτι τὰ
μὲν δοκοῦντα ἐπονείδιστα εἶναι πάντα[21] [ ][22] μετὰ ἀκριβείας ἔθηκαν

---

1. = B M. - ἀποφαίνεσθαι: rel.
2. = B M. - οὐδέ: rel.
3. = B M. - αὐτούς: rel.
4. = B M. - Add. ἤ: A D Syr. - Add. ἤ μόνον: C J N R Migne.
5. = B. - 2 3 1: rel.
6. = B. - οὐ: rel.
7. Om.: M.
8. = A C J N R Syr. - οἶδε: B M D Migne.
9. Add. καί: Migne.
10. = B M A D Syr. - ἀπήλαυον: C J N R. - ἠξιώθησαν: Migne.
11. Add. τοῖς: Migne.
12. = B M. - Om.: rel.
13. = B M. - Add. κἀγὼ ἑώρακα καὶ μεμαρτύρηκα ὅτι οὗτός ἐστιν ὁ Υἱὸς τοῦ Θεοῦ: rel.
14. = B M D. - καὶ ποῦ: rel.
15. = Add. ὁ Ἰωάννης: B M.
16. = M. - Add. γάρ: rel.
17. = B M. - Add. Θεοῦ: rel.
18. = B* M* A. - Add. τά: rel.
19. = B M Syr Migne. - Add. εἰπών: rel.
20. = M - Add. μέγα: rel.
21. = B M. - πάντες: rel.
22. = B M. - Add. ὁμοφώνως καί: rel.

par la jalousie qu'ils disaient le contraire de ce qu'ils voyaient; s'il en est ainsi, comment, par la seule manifestation de l'Esprit, auraient-ils pu rejeter l'incrédulité? Mais certains disent que ce n'est pas tous qui le virent, mais Jean, et ceux qui se trouvaient avoir l'esprit le mieux disposé. **S'il était possible, avec les yeux des sens, de voir l'Esprit descendre en forme de colombe, mais de la même façon, et pour cela, il aurait été absolument nécessaire pour tous que l'événement fût manifeste. Et en effet, Zacharie aussi a vu bien des choses sous forme sensible. Et Daniel, et Ézéchiel: et ils n'avaient personne qui participât à la vision. Et Moïse vit bien des choses telles qu'aucun des autres (ne les vit).** *Et la transfiguration arrivée sur la montagne, ce n'est pas tous les disciples qui en bénéficièrent, ni non plus la vision consécutive à la résurrection, ce n'est pas tous qui y participèrent. Et cela, Luc le rend parfaitement clair en disant: «Il s'est montré aux témoins que Dieu avait choisis d'avance, à nous» (Act 10,41).*

Mais où Jean a-t-il témoigné que celui-ci est le Fils de Dieu? (cf. Jn 1,34). Il l'a appelé "Agneau", et il a dit qu'il allait baptiser dans l'Esprit, mais nulle part (il ne l'a appelé) "Fils". Certes, les autres évangélistes n'écrivent rien qu'il aurait dit après le baptême, mais, ayant passé sous silence (ce qui était arrivé) dans l'intervalle, ils parlent des prodiges accomplis par le Christ après l'arrestation de Jean. D'où l'on peut conjecturer qu'ont été laissés de côté, et ces événements, et beaucoup d'autres encore. Et cela, cet évangéliste lui-même l'a montré vers la fin de son écrit (cf. Jn 20,30). Car ils étaient tellement éloignés d'inventer quelque chose à son sujet qu'ils ont mis par écrit, avec exactitude, tout ce qui pouvait paraître blamâble .....

I: B M
IIa: A D Syr
IIb: C J N R Migne (K deest)

190   [ ]¹ καὶ οὐκ ἂν εὕροις οὐδένα αὐτῶν παραλιπόντα οὐδὲν τῶν τοιούτων².
τῶν δὲ θαυμάτων τὰ μὲν <u>ἀλλήλοις</u>³ εἴασαν, τὰ δὲ πάντες <u>ἐσιώπησαν</u>⁴.

---

1. = B M. - *Add.* ἁπάσης: *rel.*
2. *Om.* τῶν τοιούτων: B M (hapl.).
3. ἄλλοις: Migne.
4. = B* M. - ἀπεσιώπησαν: *rel.* - (Syr?)

et tu ne trouverais aucun d'eux qui ait délaissé l'un de ces faits. Quant aux prodiges, les uns ils les ont laissés aux autres, les autres ils les ont passés sous silence.

ΛΟΓΟΣ ΙΗ

xviii   Τῇ ἐπαύριον πάλιν¹ εἰστήκει ὁ Ἰωάννης καὶ ἐκ τῶν μαθητῶν αὐτοῦ
δύο. [ ]².

    Ῥᾴθυμόν πως ἡ ἀνθρωπίνη φύσις καὶ <u>ὀξύρροπος</u>³ πρὸς ἀπώλειαν οὐ
5 παρὰ τὴν τῆς φύσεως κατασκευήν, ἀλλὰ διὰ⁴ τὴν ἐκ προαιρέσεως
ῥᾳθυμίαν· διὸ πολλῆς <u>δεῖ</u>⁵ τῆς ὑπομνήσεως. <u>διὰ τοῦτο</u>⁶ καὶ [ ]⁷ Παῦλος [ ]⁸
ἔλεγε· τὰ αὐτὰ γράφειν ἐμοὶ μὲν οὐκ ὀκνηρόν, ὑμῖν δὲ⁹ ἀσφαλές. ἡ μὲν γὰρ
γῆ τὰ σπέρματα παραλαβοῦσα ἅπαξ εὐθέως <u>ἐκδίδωσι</u>¹⁰ τοὺς καρποὺς καὶ
οὐ δεῖται δευτέρας καταβολῆς· ἐπὶ δὲ τῆς ψυχῆς τῆς ἡμετέρας, οὐχ οὕτως
10 ἀλλ᾽ ἀγαπητὸν πολλάκις σπείραντα καὶ πολλὴν ἐπιδειξάμενον ἐπιμέλειαν
ἅπαξ γοῦν δυνηθῆναι [ ]¹¹ καρπὸν ἀπολαβεῖν. πρῶτον μὲν γὰρ δυσκόλως
ἐνιζάνει τῇ διανοίᾳ τὰ λεγόμενα διὰ τὸ πολλὴν μὲν ὑποκεῖσθαι τὴν
σκληρότητα, μυρίαις δὲ συνέχεσθαι ταῖς ἀκάνθαις, <u>πολλοὺς δὲ</u>¹² εἶναι
τοὺς ἐπιβουλεύοντας καὶ τὰ σπέρματα διαρπάζοντας. ἔπειτα ὅταν <u>ἐμπαγῇ</u>
15 [ ]¹³ τῆς αὐτῆς πάλιν <u>δεῖ</u>¹⁴ σπουδῆς ὥστε πρὸς ἀκμὴν ἐλθεῖν [ ]¹⁵, καὶ
ἐλθόντα πάλιν¹⁶ μεῖναι [ ]¹⁷ καὶ μηδὲν παραβλαβῆναι παρὰ μηδενός. ἐπὶ
μὲν γὰρ τῶν σπερμάτων, ὅταν ὁ στάχυς ἀπαρτισθῇ καὶ τὴν οἰκείαν ἰσχὺν
ἀπολάβῃ, καὶ ἐρυσίβης καὶ αὐχμοῦ καὶ τῶν ἄλλων ἁπάντων εὐκόλως
καταφρονεῖ. ἐπὶ δὲ τῶν δογμάτων οὐχ οὕτως ἀλλὰ καὶ μετὰ τὸ τελείως
20 <u>κατεργασθῆναι</u>¹⁸ τὸ πᾶν πολλάκις ἐπελθὼν χειμὼν εἷς καὶ κλυδώνιον

---

1. *Om.*: R.
2. = B M. - *Add.* v. 36: Syr. - *Add.* vv. 36-37: A D C J N (Migne).
3. = B M. - ὀξύρροπον: rel.
4. = B M. - *Om.*: J. - παρά: rel.
5. = B M A. - δεῖται: rel.
6. = B M. - δίο: A D (Syr). - *Om.*: rel.
7. = B M A. - *Add.* ὁ: rel.
8. *Add.* δὲ διὰ τοῦτο γράφων τοῖς Φιλιππησίοις: Migne.
9. *Add.* τό: B.
10. ἀποδίδωσι: Migne.
11. *Add.* τὸν: Migne.
12. = B M D. - καὶ πολλούς: rel.
13. = B M. - παγῇ καὶ ῥιζωθῇ: rel.
14. = B M A D. - δεῖται: rel. - (Syr?)
15. = B M D. - *Add.* αὐτά: rel.
16. = B M. - *Om.*: rel.
17. = B* M. - *Add.* ἀσινῇ: rel.
18. = B M D. - ἐργασθῆναι: rel.

TRAITÉ XVIII

Le lendemain, de nouveau, Jean se tenait là ainsi que deux de ses disciples (Jn 1,35).

La nature humaine est insouciante et prompte à se perdre, non par disposition naturelle, mais en raison de l'insouciance venant d'un parti pris. Aussi, faut-il réveiller souvent sa mémoire. C'est pourquoi Paul aussi disait: «Vous adresser les mêmes avis ne m'est pas à charge, et pour vous c'est une sûreté» (Phil 3,1). La terre, en effet, ayant reçu une seule fois les semences, produit aussitôt les fruits et elle n'a pas besoin de secondes semailles. Mais s'il s'agit de notre âme, il n'en va pas de même: souvent, on doit s'estimer heureux si, après avoir semé et montré beaucoup de soin, on peut en une seule fois recueillir du fruit. En effet, d'abord les paroles s'installent difficilement dans l'esprit du fait d'une rudesse sous-jacente, et de la présence de myriades d'épines, et parce qu'il y en a beaucoup qui conspirent pour disperser les semences (cf. Mt 13,18-22). Ensuite, lorsqu'elles sont implantées, il faut de nouveau beaucoup d'effort pour qu'elles atteignent leur grandeur normale et, une fois celle-ci obtenue, qu'elles restent sans que rien ne leur nuise. En effet, s'il s'agit des semences, lorsque l'épi est prêt et a obtenu sa force normale, il se rit facilement et de la rouille, et de la sécheresse, et de tout le reste. Mais s'il s'agit des dogmes, il n'en va pas de même: une fois que tout a été achevé, survient un seul orage et une tempête, ...

I: B M
IIa: A D Syr
IIb: C J N R Migne (K deest)

xviii [ ]¹ πάντα διελυμήνατο². ταῦτα δὲ ἡμῖν οὐχ ἁπλῶς εἴρηται, ἀλλ᾽ ἵνα ὅταν
ἀκούσῃς τοῦ Ἰωάννου τὰ αὐτὰ φθεγγομένου μὴ φλυαρίαν³ καταγνῷς
μηδὲ περιττόν τινα εἶναι νομίσῃς καὶ φορτικόν· ἐβουλέτο μὲν γὰρ ἅπαξ
εἰπὼν ἀκουσθῆναι· ἐπειδὴ δὲ οὐ πολλοὶ τοῖς λεγομένοις προσεῖχον ἐξ ἀρ-
25 χῆς διὰ τὸν πολὺν ὕπνον, καὶ δευτέραν αὐτοῖς πάλιν ἐφυπνίζει φωνήν⁴.

[ ] Εἰπὼν⁵ [ ]⁶· ὁ ὀπίσω μου ἐρχόμενος ἔμπροσθέν μου γέγονεν, καὶ
ὅτι· οὐκ ἱκανός εἰμι⁷ λῦσαι τὸν ἱμάντα τοῦ ὑποδήματος [ ]⁸, καὶ ὅτι· αὐτὸς
βαπτίζει⁹ ἐν πνεύματι ἁγίῳ [ ]¹⁰, καὶ ὅτι τεθέαται τὸ Πνεῦμα καταβαῖνον ἐπ᾽ αὐτόν ὡσεὶ περιστερὰν¹¹, καὶ μεμαρτύρηκεν ὅτι αὐ-
30 τός¹² ἐστιν ὁ Υἱὸς τοῦ Θεοῦ, οὐδεὶς προσέσχεν, οὐδεὶς¹³ ἠρώτησεν
οὐδὲ¹⁴ εἶπε· τί ταῦτα λέγεις; καὶ ὑπὲρ τίνος; καὶ διατί; εἶπε πάλιν·
ἴδε ὁ ἀμνὸς τοῦ θεοῦ ὁ αἴρων τὴν ἁμαρτίαν τοῦ κόσμου, οὐδὲ οὕτω
καθήψατο τῆς ἀναισθησίας αὐτῶν. διὰ τοῦτο [ ]¹⁵ ἀναγκάζεται τὰ αὐτὰ
λέγειν [ ]¹⁶ καθάπερ [ ]¹⁷ σκληρὰν καὶ ἀνένδοτον γῆν τῇ νεώσει μαλάτ-
35 των καὶ τῷ λόγῳ καθάπερ¹⁸ ἀρότρῳ πεπηλωμένην ἀνεγείρων τὴν διανοίαν
ὥστε εἰς [ ]¹⁹ βάθος τὰ σπέρματα καταβαλεῖν.

Διὰ δὴ τοῦτο οὐδὲ μακρὸν ἐκτείνει [ ]²⁰ λόγον ὅτι [ ]²¹ μόνον ἐσπού-
δαζε προσαγαγεῖν αὐτοὺς καὶ κολλῆσαι τῷ Χριστῷ. ᾔδει γὰρ ὅτι τοῦτο
καταδεξάμενοι καὶ πεισθέντες οὐ δεήσονται τοῦ μαρτυρήσοντος αὐτῷ
40 λοιπόν. ὅπερ οὖν καὶ γέγονεν. Εἰ γὰρ οἱ Σαμαρεῖται λέγουσι μετὰ τὴν
ἀκρόασιν [ ]²² τῇ γυναικί· οὐ χρείαν ἔχομεν σοῦ²³, αὐτοὶ γὰρ ἀκη-

---

1. B M. - Add. ἀπώλεσε καὶ πραγμάτων δυσκολίας προσβαλούσης καὶ ἀνθρώπων
   ἀπατᾶν εἰδότων ἐπιβουλευσάντων καὶ ἑτέρων πειρασμῶν ποικίλων ἐπ-
   ενεχθέντων: rel. (Migne: om. ἀπώλεσε καὶ πραγμάτων).
2. = B M. - [ ] ἐλυμήνατο: rel. - Add. καὶ: M.
3. = B M A D Cr. - φλυαρίας: rel.
4. = M. - δευτέρα πάλιν αὐτοὺς ἀφυπνίζει φωνῇ: rel.
5. = B M (Syr: εἶπεν). - σκόπει δέ· εἶπεν: rel.
6. Add. ὅτι: Syr Migne.
7. = D C J N R. - εἰμὶ ἱκανός: B M A. - ἱκανός ἐστιν: Migne.
8. Add. αὐτοῦ: Syr Migne.
9. = A D C J N R Syr Migne. - βαπτίσει ὑμᾶς: B M (cf. Mt 3,11).
10. = B M. - Add. καὶ πυρί: rel.
11. = R Syr. - τὸ Πνεῦμα τεθέαται καταβαῖνον ὡσεὶ περιστερὰν (add. καὶ μένον: B
    M Migne) ἐπ᾽αὐτόν: rel. (cf. Jn 1,32).
12. = B M. - οὗτος: rel.
13. = B M. - οὐδέ: rel.
14. οὐδείς: M.
15. Add. πάλιν: M. - Add. λοίπον: Migne.
16. = B M D. - Add. πάλιν: rel.
17. = M Syr. - Add. τινά: rel.
18. οἷόν τινι: Migne.
19. = B M. - Add. τό: rel.
20. = ἀποτείνει [ ]: B. - ποιεῖ τόν: Migne.
21. = B M. - Add. ἕν: rel. (om. μόνον: Syr).
22. = B M. - Add. αὐτοῦ: rel.
23. = B M. - οὐκ ἔτι διὰ τὴν σὴν λαλιὰν πιστεύομεν: rel.

et tout est détruit. Or cela ne nous est pas dit sans raison, mais afin que, lorsque tu entends que Jean redit les mêmes choses (cf. Jn1,29.36), *tu ne l'accuses pas de bavardage et que tu n'estimes pas que c'est superflu et fatigant. En effet, il aurait bien voulu être entendu en ne parlant qu'une fois. Mais, du fait que, fort en-sommeillés, beaucoup n'ont pas fait tout de suite attention à ses paroles, il éveille pour eux une seconde voix.*

Ayant dit: «Celui qui vient derrière moi est passé devant moi» (Jn 1,27a), *et que «Je ne suis pas digne de dénouer la courroie de (sa) sandale»* (Jn 1,27b), *et que «Lui baptise dans l'Esprit saint»* (cf. Mt 3,11), *et* **que «J'ai vu l'Esprit descendre sur lui comme une colombe»** (Jn 1,32), *et il a témoigné que Lui est* **le Fils de Dieu** (cf. Jn 1,34), **personne n'a fait attention, personne n'a demandé ni n'a dit: «Pourquoi dis-tu cela, et au sujet de qui, et pour quelle raison?»** *Il dit à nouveau: «Voici l'agneau de Dieu qui enlève le péché du monde»* (Jn 1,29.36), *il n'a pas non plus touché ainsi leur insensibilité. C'est pourquoi il est forcé de dire les mêmes choses, comme s'il amollissait une terre en jachère dure et ingrate et réveillait l'esprit boueux par la parole comme par une charrue en sorte qu'il puisse jeter les semences en profondeur.*

Il ne prolonge pas son discours pour la raison que son unique effort était de les amener et de les faire s'attacher au Christ. Il savait en effet que, ayant accepté cela et convaincus, ils n'auraient plus besoin de quelqu'un Lui rendant témoignage. Et c'est ce qui est arrivé. Si en effet les Samaritains disent à la femme après L'avoir entendu: «Nous n'avons plus besoin de toi; car nous-mêmes .....

I: B M
IIa: A D Syr
IIb: C J N R Migne (K deest)

xviii κόαμεν καὶ¹ οἴδαμεν ὅτι οὗτός ἐστιν ὁ σωτὴρ τοῦ κόσμου ὁ Χριστός,
πολλῷ μᾶλλον οἱ μαθηταὶ τοῦτο ἂν εἶπον². ἀπελθόντες γοῦν³ καὶ
ἀκούσαντες αὐτοῦ⁴ μίαν ἑσπέραν, οὐκ ἔτι πρὸς Ἰωάννην ὑπέστρεψαν ἀλλ᾽
45 οὕτως αὐτῷ προσηλώθησαν ὡς⁵ τὴν Ἰωάννου διακονίαν ἀναδέξασθαι⁶
καὶ αὐτοὶ κηρύττειν αὐτόν. εὑρίσκει γάρ [ ]⁷, φησί, [ ]⁸ Σίμωνα καὶ λέγει
αὐτῷ [ ]⁹.

Θέα δὲ [ ]¹⁰ καὶ τὸ θαυμασθὸν ἕτερον¹¹· ὅτε μὲν ἔλεγεν· ὁ ὀπίσω
μου ἐρχόμενος ἔμπροσθέν μου γέγονε, καὶ ὅτι· οὐκ εἰμὶ ἱκανὸς λῦσαι
50 τὸν ἱμάντα τοῦ ὑποδήματος [ ]¹², οὐδένα εἶλεν¹³. ὅτε δὲ περὶ τῆς
οἰκονομίας διελέχθη καὶ ἐπὶ τὸ ταπεινότερον τὸν λόγον κατήγαγε¹⁴,
τότε ἠκολούθησαν οἱ μαθηταί. οὐ τοῦτο δὲ μόνον ἔστι κατιδεῖν ἀλλ᾽ ὅτι
[ ]¹⁵ οὐχ οὕτως οἱ πολλοὶ προσάγονται ὅταν τι μέγα καὶ ὑψηλὸν περὶ Θεοῦ
λέγηται, ὡς ὅταν ταπεινόν¹⁶, ὅταν χρηστὸν καὶ φιλάνθρωπον καὶ εἰς τὴν
55 τῶν ἀκουόντων¹⁷ [ ]¹⁸ σωτηρίαν ἂν¹⁹ ἧκον. ἤκουσαν [ ]²⁰ ὅτι αἴρει τὴν
ἁμαρτίαν τοῦ κόσμου καὶ εὐθέως ἐπέδραμον. εἰ γάρ ἐστιν ἀπολούσασθαι
τὰ ἐγκλήματα, τίνος ἕνεκεν, φησίν, ἀναβαλλόμεθα; πάρεστιν ὁ χωρὶς
πόνων ἐλευθερώσων ἡμᾶς, πῶς [ ]²¹ οὐκ ἐσχάτης ἀνοίας ὑπερτίθεσθαι τὴν
δωρεάν; ἀκουέτωσαν οἱ κατηχούμενοι, καὶ πρὸς ἐσχάτας ἀναπνοὰς
60 τὴν οἰκείαν ἀναβαλλόμενοι σωτηρίαν.

Πάλιν εἱστήκει ὁ Ἰωάννης φησίν²². [ ]²³. οὕτω καὶ ἐπὶ τοῦ νυμφίου
γίνεται. οὐκ αὐτός τι λέγει πρὸς τὴν νύμφην [ ]²⁴, ἀλλὰ παρέστι μὲν σιγῇ

---

1. = B M. - *Om.*: rel.
2. = B M. - τάχιον ἐχειρώθησαν ἂν ὃ δὴ καὶ γέγονεν: rel.
3. ἐλθόντες γάρ: Syr Migne.
4. = B M J Syr. - *Post* ἑσπέραν: A C N R Syr. - *Om.*: Migne.
5. = B M A. - ὥστε: rel.
6. δέξασθαι: B M (hapl.).
7. = B M. - *Add.* οὗτος: rel.
8. = Syr. - *Add.* τὸν ἀδελφὸν τὸν ἴδιον: rel.
9. *Add.* εὑρήκαμεν τὸν Μεσσίαν ὅ ἐστι μεθερμηνευόμενον ὁ Χριστός: Migne.
10. = B M Syr. - *Add.* μοι: rel.
11. = B*. - καὶ θαυμαστόν: Bᶜ M. - ἐκεῖνο ἕτερον ὅτι: Syr. - κἀκεῖνο ὅτι: A C J N
    R. - κἀκεῖνο πῶς: Migne.
12. = B* M A. - *Add.* αὐτοῦ: rel.
13. εἶδεν: M. - ἄνειλεν: A.
14. ἤγαγε: Migne.
15. *Add.* καί: Syr Migne.
16. = B M. - *Om.*: rel. (même au même)
17. *Om.*: Syr.
18. = B M Syr. - *Add.* ἀνθρώπων: rel.
19. *Om.*: Migne.
20. = B M. - *Add.* γοῦν: rel.
21. = B M A Syr. - *Add.* οὖν: rel.
22. = B M. - 3 1 2: Migne. - 1 2: rel..
23. = B M. - *Add.* καὶ λέγει ἴδε ὁ ἀμνὸς τοῦ Θεοῦ οὐδὲν ὁ Χριστὸς διαλέγεται ἀλλὰ
    πάντα ἐκεῖνος: rel.
24. = B* M. - *Om.*: rel.

nous avons entendu et nous savons que Celui-ci est le sauveur du monde, le Christ» (Jn 4,42), combien plus les disciples ont-il dû le dire. *Étant donc partis et l'ayant écouté pendant une soirée, ils ne revinrent plus vers Jean mais ils s'attachèrent à lui au point d'hériter du service que rendait Jean et de Le proclamer eux-mêmes. Car, dit (l'évangéliste), il trouve Simon et il lui dit* (Jn 1,41).

Mais vois encore cet autre fait étonnant. **Lorsqu'il disait: «Celui qui vient derrière moi est passé devant moi»** (Jn 1,27), et: **«Je ne suis pas digne de dénouer la courroie de (sa) sandale»** (Jn 1,27b), **il n'a capté personne. Mais lorsqu'il discourut sur l'économie (du salut) et qu'il abaissa le discours sur une réalité plus humble (cf. Jn 1,36), alors les disciples suivirent** (Jésus) (Jn 1,37). Mais il faut remarquer, non seulement ce fait, mais encore que *la plupart des gens se laissent mener, non pas tant lorsqu'on leur dit quelque chose de grand et de sublime sur Dieu, que lorsque l'on en vient à ce qui est utile, et philanthropique, et touchant le salut des auditeurs. Ils entendirent qu'il enlève le péché du monde et aussitôt ils accoururent. Si, en effet, il s'agit de se laver des accusations, pour quelle raison, dit-il, différer? Il est là celui qui va nous délivrer sans douleur, comment alors ne serait-il pas de la dernière sottise de remettre à plus tard le don? Qu'ils écoutent bien, les catéchumènes, eux qui repoussent jusqu'à leur dernier souffle leur propre salut.*

De nouveau, Jean se tenait là (Jn 1,35). *Ainsi en est-il de l'époux. Lui-même ne dit encore rien à l'épouse, mais il est présent, en silence,* .....

I: B M
IIa: A D Syr
IIb: C J N R Migne (K deest)

xviii ἕτεροι δὲ αὐτὸν δηλοῦσι καὶ τὴν νύμφην ἐγχειρίζουσιν [ ]¹ ἕτεροι. αὐτὴ δὲ
      φαίνεται μόνον καὶ οὐκ ἀφ᾽ ἑαυτοῦ ἄπεισιν ταύτην² λαβών, ἀλλ᾽ ἑτέρου
   65 παραδόντος αὐτήν. ὅταν δὲ λάβῃ παραδοθεῖσαν, οὕτως αὐτὴν διατίθεσιν
      ὡς μηκέτι μεμνῆσθαι τῶν κατεγγυησάντων. τοῦτο καὶ ἐπὶ τοῦ Χριστοῦ
      γέγονεν. ἦλθεν ἁρμοσόμενος τὴν ἐκκλησίαν οὐδὲν αὐτὸς εἶπεν ἀλλὰ
      παρεγένετο μόνον· ὁ δὲ³ φίλος αὐτοῦ [ ]⁴ Ἰωάννης τὴν δεξιὰν ἐνέθηκε⁵ [ ]⁶,
      διὰ τῶν λόγων ἐγχειρίσας αὐτῷ τὰς ψυχὰς [ ]⁷ καὶ οὕτως αὐτοὺς διέθηκεν
   70 λαβὼν⁸ ὡς μηκέτι πρὸς τὸν ἐγχειρίσαντα ἀπελθεῖν.

      Οὐ τοῦτο δὲ μόνον αὐτοῦ⁹ ἀλλὰ καὶ ἕτερον ἔστι [ ]¹⁰ παρατηρῆσαι.
      καθάπερ γὰρ ἐπὶ τῶν γάμων οὐχ ἡ κόρη πρὸς τὸν νυμφίον ἄπεισιν ἀλλ᾽
      αὐτὸς¹¹πρὸς αὐτὴν ἐπείγεται, κἂν βασιλέως υἱὸς ᾖ, κἂν εὐτελῆ τινα καὶ
      ἀπερριμμένην, κἂν θεραπαινίδα κατεγγυάσθαι¹² μέλλῃ, οὕτω καὶ ἐνταῦθα
   75 γέγονεν¹³. οὐκ εἰς τὸν οὐρανὸν ἀνῆλθε τῶν ἀνθρώπων ἡ φύσις, ἀλλ᾽ αὐτὸς
      πρὸς τὴν εὐκαταφρόνητον ταύτην ἦλθε καὶ εὐτελῆ γενέαν¹⁴. καὶ
      γενομένων τῶν γάμων¹⁵, οὐκ εἴασεν ἐνταῦθα μένειν [ ]¹⁶ λοίπον ἀλλὰ
      παραλαβὼν πρὸς τὸν οἶκον ἤγαγε¹⁷ τὸν πατρικόν.

      Τί δήποτε [ ]¹⁸ οὐ κατ᾽ ἰδίαν λαμβάνει τοὺς μαθητὰς τοὺς ἑαυτοῦ
   80 καὶ περὶ τούτων αὐτοῖς διαλέγεται ὁ Ἰωάννης καὶ οὕτως αὐτοὺς
      παραδίδωσι¹⁹ τῷ Χριστῷ, ἀλλὰ δημοσίᾳ μετὰ πάντων αὐτοῖς φησιν· ἴδε ὁ
      ἀμνὸς τοῦ θεοῦ; ἵνα μὴ δόξῃ συσκευῆς εἶναι τὸ ἔργον. εἰ μὲν γὰρ παρ᾽ αὐ-
      τοῦ καὶ²⁰ κατ᾽ ἰδίαν παρακληθέντες καὶ χάριν αὐτῷ διδόντες οὕτως
      ἀπήεσαν²¹, ταχέως ἂν ἴσως καὶ ἀπεπήδησαν. νῦν δὲ ἐκ τῆς κοινῆς γινομέ-

---

1. Add. δέ: N Migne.
2. = B M. - 2 1: rel.
3. Om. A C J N R.
4. Add. ὁ: C N Migne.
5. ἔθηκε: M (haplographie).
6. = B M. - Add. τῆς νύμφης: rel.
7. = B M. - Add. τῶν ἀνθρώπων: rel.
8. = B M. - λαβὼν αὐτὸς λοιπὸν οὕτως αὐτοὺς διέθηκεν: rel.
9. = B M. - Om.: rel.
10. = B M. - Add. ἐνταῦθα: rel.
11. = B M Syr. - οὗτος: rel.
12. = B M A D. - κατεγγυήσασθαι: rel.
13. συνέβη: Migne.
14. = B M. - καὶ εὐτελῆ [ ] παραγέγονε: rel.
15. = B M A D R Syr Migne. - πραγμάτων: C J N.
16. = M J. - Add. αὐτήν: rel.
17. = B M. - ἀνήγαγε: rel.
18. Add. δέ: Syr Migne.
19. δίδωσι: C N Migne.
20. = B M. - Om.: rel.
21. = B M. - ἀπήεσαν καὶ ὡς χάριν αὐτῷ παρέχοντες: rel.

tandis que d'autres le montrent et que d'autres remettent l'épouse. Elle-même paraît seulement et il s'en va, non pas en l'ayant prise de lui-même, mais tandis qu'un autre la lui donne. Mais lorsqu'il a reçue celle qui lui a été donnée, il la traite si bien qu'elle ne se souvient plus de ceux qui se sont portés garants d'elle. C'est ce qui est arrivé à propos du Christ. Il est venu pour s'unir à l'église, il n'a rien dit lui-même mais il s'est contenté d'arriver tandis que son ami, Jean (cf. Jn 3,29), a mis sa droite sur (l'épouse), Lui ayant remis les âmes grâce à ses paroles, (et Lui), après les avoir reçus, il les a si bien traités qu'ils ne sont plus repartis vers celui qui les lui avait remis.

Mais ici, ce n'est pas cela seulement qu'il y a à observer, mais une autre chose encore. En effet, lors des noces, ce n'est pas la jeune fille qui s'en va vers l'époux, mais c'est lui qui se hâte vers elle, qu'il soit fils de roi, qu'elle soit de condition humble et modeste, qu'elle doive être fiancée comme petite servante, et c'est ce qui est arrivé ici. La nature humaine n'est pas montée au ciel, mais c'est Lui qui est venu vers cette race méprisable et d'humble condition. Et une fois les noces arrivées, il ne l'a pas laissée demeurer ici-bas, mais il la prit et la conduisit vers la maison paternelle (cf. Jn 14,2).

Mais pourquoi Jean ne prend-il pas à part ses disciples pour parler avec eux de ces choses-là et ainsi les remettre au Christ, mais est-ce en présence de tout le monde qu'il leur dit: «Voici l'agneau de Dieu»? Afin que l'action ne semble pas être d'un subterfuge. Si, en effet, ils étaient partis après avoir été appelés auprès de lui en privé et lui avoir rendu grâce, peut-être auraient-ils vite quitté (le Christ). Mais en fait, s'étant mis à la suite (de Jésus) .....

I: B M
IIa: A D Syr
IIb: C J N R Migne (K deest)

xviii νης[1] διδασκαλίας καταδεξάμενοι τὴν ἀκολούθησιν βέβαιοι λοιπὸν ἔμενον
μαθηταὶ ὡς οὐ διὰ τὴν εἰς τὸν διδάσκαλον χάριν ἀκολουθήσαντες, ἀλλ᾽
εἰλικρινῶς καὶ πρὸς τὸ κέρδος ὁρῶντες [ ][2].

Οἱ μὲν οὖν προφῆται καὶ οἱ ἀπόστολοι πάντες ἀπόντα αὐτὸν[3]
ἐκήρυττον, οἱ μὲν πρὸ τῆς κατὰ σάρκα παρουσίας, οἱ δὲ μετὰ τὴν ἀνά-
90 λημψιν· οὗτος δὲ μόνος παρόντα. διὸ καὶ φίλον αὐτὸν τοῦ νυμφίου φησίν,
ἐπειδὴ καὶ ἐν τοῖς γάμοις μόνος <u>παρεγένετο αὐτός</u>[4], καὶ[5] [ ][6] αὐτὸς πάντα
ἐποίησεν καὶ ἀπετέλεσεν, αὐτὸς[7] τῷ πράγματι τὴν ἀρχὴν παρέσχε.

Καὶ ἐμβλέψας, φησίν[8] [ ][9]. [ ] <u>οὐδὲ γὰρ</u>[10] τῇ[11] φωνῇ μόνον, ἀλλὰ καὶ
τοῖς ὀφθαλμοῖς <u>μαρτυρεῖ</u>[12] καὶ [ ][13] ἐθαύμαζε τὸν <u>ἄνδρα</u>[14] χαίρων καὶ ἀγ-
95 αλλόμενος. καὶ οὐ <u>ποιεῖ</u>[15] τὸν λόγον παρακλητικὸν τέως, ἀλλὰ καὶ [16]
θαυμάζει μόνον καὶ ἐκπλήττεται [ ][17] καὶ τὴν δωρεὰν [ ][18] αὐτοῖς <u>πᾶσαν</u>[19]
ἐφ᾽ ἣν παρεγένετο <u>ἐδήλωσεν</u>[20] καὶ τὸν τρόπον τοῦ <u>καθαρμοῦ</u>[21]. ὁ γὰρ
ἀμνὸς ἀμφότερα ταῦτα ἐμφαίνει. καὶ οὐκ εἶπεν· ὁ ληψόμενος, **ἢ ὁ**
ἄρας[22], ἀλλ᾽ ὁ αἴρων τὰς ἁμαρτίας τοῦ κόσμου[23], **ὡς ἀεὶ**[24] τοῦτο
100 ποιοῦντος αὐτοῦ. οὐ γὰρ τότε μόνον ἔλαβεν ὅτε ἔπαθεν ἀλλ᾽ ἐξ
ἐκείνου μέχρι τοῦ παρόντος αἴρει τὰς ἁμαρτίας, οὐκ ἀεὶ
σταυρούμενος – μίαν γὰρ ὑπὲρ <u>ἁμαρτιῶν</u>[25] προσήνεγκε θυσίαν –
ἀλλ᾽ ἀεὶ καθαίρων διὰ τῆς μιᾶς ἐκείνης. ὥσπερ οὖν [ ][26] εἶπον ὅτι ὁ
<u>Λόγος</u>[27] τὸ ἐξαίρετον δείκνυσι καὶ ὁ Υἱὸς τὸ ἐξηλλαγμένον πρὸς τοὺς

---

1. = B M R. - γενομένης: rel.
2. = B* M. - Add. τὸ ἑαυτῶν: rel.
3. Om.: M.
4. = B M. - 2 1: rel.
5. Om.: A C J N.
6. Add. γάρ: R Migne.
7. Om. πάντα ἐποίησεν... αὐτός: B M (même au même).
8. = B M. - Om.: rel.
9. = B* M. - Add. τῷ Ἰησοῦ περιπατοῦντι λέγει· ἴδε ὁ ἀμνὸς τοῦ Θεοῦ: rel..
10. τοῦτο εἶπε δεικνὺς ὅτι οὐ [ ]: Migne.
11. Om.: M.
12. = M. - ἐμαρτύρει: rel.
13. Add. γάρ: R Migne.
14. = B M. - Χριστόν: rel.
15. ποιεῖται: B.
16. = B M. - Om.: rel.
17. = B M. - Add. τὸν παρόντα: rel.
18. Add. δέ: Migne.
19. = B. - πᾶσιν: rel.
20. = B M Syr. - δηλοῖ: rel.
21. καθαρίσμου: M[c] A
22. Om. : B M Syr (cf. commentaire).
23. Om. τὰς ἁμαρτίας τοῦ κόσμου: Syr.
24. ὡσανεί: J N.
25. ἁμαρτίας: M.
26. Add. ἡμῖν: Migne.
27. = B M. - εἰπὼν ὁ λόγος: D C J N. - εἰπὼν λόγον: A Syr. - [ ] ὁ λόγος: R Migne.

en raison de l'enseignement donné à tous, ils restaient de fidèles disciples puisqu'ils l'avaient suivi, non pas par reconnaissance envers le didascale, mais en toute connaisance de cause et après avoir vu le profit (qu'ils en tiraient).

Les prophètes et tous les apôtres le proclamaient tandis qu'il était absent, les uns avant sa venue selon la chair, les autres après son ascension, mais seul celui-ci tandis qu'il était présent. Aussi il le dit ami de l'époux (cf. Jn 3,29) puisque lui seul fut présent aux noces: c'est lui qui a tout accompli et mené à terme, c'est lui qui a engagé l'affaire.

Et ayant regardé, dit (l'évangéliste) (Jn 1,35a). Donc, ce n'est pas seulement de la voix, mais aussi des yeux qu'il rend témoignage et qu'il admirait le "mari", plein de joie et d'allégresse (cf. Jn 3,29). Et il ne prolonge pas la parole d'encouragement, mais il se contente d'exprimer admiration et stupéfaction et de leur montrer le don tout entier pour lequel Il est venu, et quelle sera la purification. En effet, l'agneau rend visible ces deux réalités. **Et il n'a pas dit: qui enlèvera, ou qui a enlevé, mais qui enlève les péchés du monde, en tant qu'il le fait toujours. Car il n'a pas enlevé seulement alors qu'il a souffert, mais il enlève les péchés depuis ce moment-là jusqu'au temps présent, non pas toujours crucifié - car il a offert un seul sacrifice pour les péchés (Hebr 5,1; 10,12) - mais purifiant toujours grâce à cet unique (sacrifice). Donc, de même que, je l'ai dit, l'expression "le Verbe" indique ce qui sépare, et "le Fils" ce qui distingue** .....

I: B M
IIa: A D Syr
IIb: C J N R Migne (K deest)

xviii ἄλλους [ ]¹, οὕτω καὶ ὁ² ἀμνὸς καὶ ὁ Χριστὸς καὶ ὁ προφήτης καὶ τὸ
φῶς τὸ ἀληθινὸν καὶ ὁ ποιμὴν ὁ καλὸς καὶ ὅσα ἂν ἐπ' αὐτοῦ λέγηται
διὰ³ τῆς τοῦ ἄρθρου προσθήκης πολὺ δείκνυσι τὸ διωρισμένον. καὶ
γὰρ ἀμνοὶ ἦσαν πολλοὶ καὶ προφῆται καὶ χριστοὶ καὶ υἱοί, ἀλλὰ
πάντων ἐκείνων αὐτὸν ἀφίστησι πολλῷ τῷ μέσῳ. καὶ οὐδὲ τῷ ἄρθρῳ
110 τούτῳ ἠσφαλίσατο μόνῳ⁴ ἀλλὰ καὶ τῇ τοῦ Μονογενοῦς προσθήκῃ· οὐδὲν
γὰρ αὐτῷ κοινὸν πρὸς τὴν κτίσιν.

Εἰ δέ τινι παρὰ καιρὸν εἶναι δοκεῖ τὸ ὥρᾳ δεκάτῃ ταῦτα λέγεσθαι (καὶ γὰρ οὗτος ὁ καιρὸς τότε τῆς ἡμέρας ἦν), [ ]⁵ ἐσφάλθαι
σφόδρα μοι ὁ τοιοῦτος⁶ δοκεῖ. ἐπὶ μὲν γὰρ ἡμῶν⁷ [ ]⁸ εἰκότως ὁ μετὰ
115 τὴν ἑστίασιν καιρὸς οὐκ ἔστιν [ ]⁹ ἐπιτήδειος πρός τι τῶν ἀναγκαίων
διὰ τὸ τὴν καρδίαν [ ]¹⁰ σιτίοις βαρύνεσθαι. ἔνθα δὲ ἀνὴρ ἦν οὐδὲ
τῆς κοινῆς μετέχων τροφῆς ἀλλὰ καὶ τὴν ἑσπέραν μετὰ τοσαύτης δι-
άγων νήψεως, μεθ' ὅσης ἡμεῖς [ ]¹¹ τὴν ἕω, μᾶλλον δὲ καὶ μετὰ πολλῷ
πλείονος (ἐπὶ μὲν γὰρ ἡμῶν πολλάκις τῆς ἑσπερινῆς τροφῆς λείψανα ἐναπο-
120 λειφθέντα, φαντάζει τὴν ψυχήν, ἐκεῖνος δὲ οὐδενὶ τούτῳ¹² τὸ πλοῖον
ἐβάρυνεν). ἐνταῦθα¹³ εἰκότως καὶ καίρῳ τῆς ¹⁴ ὀψίας περὶ τούτων¹⁵
ἐφθέγγετο. ἔπειτα καὶ ἐν ἐρήμῳ διέτριβε παρὰ τὸν Ἰορδάνην ἔνθα πάντες
μετὰ πολλοῦ τοῦ δρόμου¹⁶ πρὸς τὸ βάπτισμα ἀπήντων, τῶν βιωτικῶν
βραχὺ φροντίζοντες [ ]¹⁷, ἐπεὶ καὶ τῷ Χριστῷ τρεῖς ἡμέρας προσεκαρτέρη-
125 σαν καὶ ἦσαν ἄσιτοι. τοῦτο γὰρ σφοδροῦ κήρυκος [ ]¹⁸ μὴ πρότερον
ἀποστῆναι ἕως οὗ κατασχόντα ἤδη¹⁹ τὸν φυτευθέντα λόγον.

---

1. = B M. - Add. ἐμφαίνει: rel.
2. Om.: B*.
3. μετά: Migne.
4. = B R. - μόνον: M rel.
5. = B M. - Add. ὥρα γὰρ ἦν ὡς δεκάτη φησίν: rel.
6. = B M. - 2 3 1: rel.
7. = B M. - τῶν πολλῶν: rel.
8. = B M. - Add. καὶ τῇ σαρκὶ δουλευόντων: rel.
9. = B M. - Add. σφόδρα: K rel.
10. = B M A D K. - Add. τοῖς: C J N R Migne.
11. = B M. - Add. ὑπό: rel.
12. = B* M. - τούτων: rel.
13. = B M. - Om.: rel.
14. = B M. - δείλης: rel.
15. = B M J. - τοιούτων: rel.
16. = B M. - τρόμου: rel.
17. = B M. - Add. τότε: rel.
18. = B M. - Add. καὶ ἐπιμελοῦς γεωργοῦ: rel.
19. = B. - οὗ καὶ πασχόντα εἴδη: M. - ἂν ἴδῃ κατασχόντα: A (D) C J K N R Syr. -
ἂν ἴδῃ κατασχεθέντα: Migne.

des autres, ainsi les expressions "l'Agneau" et "le Christ" et "le Prophète" et "la Lumière véritable" et "le bon Pasteur" et tout ce que l'on dit de lui avec addition de l'article indique ce qu'il y a d'exceptionnel. Car il y avait beaucoup d'agneaux et de prophètes et de christs et de fils, mais il le sépare de tous ceux-là, et la différence est grande. Et il n'a pas rendu cela certain seulement grâce à cet article, mais encore en ajoutant le titre de "Unique Engendré"; en effet, il n'a rien de commun avec la créature.

Mais si quelqu'un estime déplacé le fait que ces choses furent dites "à la dixième heure" (cf. Jn 1,39c) - c'était en effet ce moment du jour - j'estime qu'une telle personne se trompe complètement. Pour nous, il est vrai, le temps qui suit un repas n'est pas favorable pour traiter des choses importantes du fait que l'esprit est alourdi par les aliments. Ici toutefois il s'agit d'un homme qui ne partageait pas la nourriture ordinaire mais qui passait la soirée en état d'abstinence telle que nous au petit matin, et même beaucoup plus rigoureuse. Pour nous, en effet, souvent les restes de la nourriture prise le soir laissent des traces qui illusionnent l'âme tandis que lui, il n'alourdissait le navire par rien de tel. *Alors, avec raison il parlait de ces choses même le soir venu. De plus, il demeurait aussi dans le désert, près du Jourdain, là où tous accouraient pour le rencontrer en vue du baptême, sans se soucier des nécessités vitales puisqu'ils s'étaient aussi attachés au Christ durant trois jours, privés de nourriture (cf. Mt 15,32). C'était en effet le propre du fougueux héraut de ne pas se retirer avant d'avoir vu germer la parole qu'il avait semée.*

I: B M

IIa: A D Syr

IIb: C J K N R Migne (K:]τὴν ἑστίασιν καιρὸς.., en xviii/115)

xviii   Τί δήποτε δὲ¹ οὐ περιῆλθε πανταχοῦ τῆς Ἰουδαίας κηρύττων² αὐ –
τὸν ἀλλ᾽ εἱστήκει παρὰ τὸν ποταμὸν περιμένων αὐτὸν ἐλθεῖν³ καὶ δεῖξαι
αὐτὸν⁴ παραγενόμενον; ὅτι διὰ τῶν ἔργων ἐκεῖνο γενέσθαι ἐβούλετο. τὸ
130   δὲ⁵ σπουδαζόμενον τέως γνώριμον.⁶ ποιῆσαι μόνον καὶ πεῖσαί τινας
ἀκοῦσαι τῆς αἰωνίου ζωῆς. τὴν δὲ μείζονα αὐτῷ κατελίμπανε⁷ μαρτυρίαν
τὴν διὰ τῶν ἔργων καθάπερ καὶ αὐτός φησιν· ἐγὼ οὐ παρὰ ἀνθρώπων⁸
λαμβάνω τὴν μαρτυρίαν· τὰ γὰρ⁹ ἔργα ἃ δέδωκέ¹⁰ μοι ὁ Πατὴρ ἵνα ποιήσω
αὐτὰ μαρτυρεῖ¹¹ περὶ ἐμοῦ. ὅρα γοῦν πῶς τοῦτό ἐστιν ἀληθές¹²· ἐπειδὴ
135   γὰρ μικρὸν ἐνέβαλε σπινθῆρα, ἀθρόως ἡ πυρὰ πρὸς τὸ ὕψος ἤρετο. οἱ
γοῦν¹³ πρὸ τούτου μὴ¹⁴ προσέχοντες τοῖς λεγομένοις ὕστερον λέγουσιν
ὅτι¹⁵ πάντα ὅσα εἶπεν Ἰωάννης¹⁶ ἀληθῆ ἐστι. καὶ πρὸς τούτοις δὲ¹⁷ εἰ
περί τινος τῶν γνωρίμων αὐτῷ¹⁸ ταῦτα ἔλεγεν, ἔδοξεν ἂν ἐκ σπουδῆς
τινος ἀνθρωπίνης γίνεσθαι τὰ λεγόμενα¹⁹ καὶ ὑποψίας εἶναι²⁰ μεστὸν τὸ
140   κήρυγμα.
        [ ]²¹ Ἤκουσαν αὐτοῦ [ ]²² καὶ ἠκολούθησαν [ ]²³. καίτοι γε²⁴ καὶ
ἕτεροι ἦσαν αὐτῷ μαθηταί, ἀλλ᾽ ἐκεῖνοι οὐ μόνον οὐκ ἠκολούθησαν, ἀλλὰ
καὶ ζηλοτύπως πρὸς αὐτὸν διετέθησαν. ῥαββὶ γάρ, φησίν, ὃς ἦν μετὰ σοῦ
πέραν τοῦ Ἰορδάνου, ᾧ σὺ μεμαρτύρηκας, ἴδε οὗτος βαπτίζει καὶ πάντες
145   ἔρχονται πρὸς αὐτόν. καὶ πάλιν [ ]²⁵ φαίνονται οἱ Φαρισαῖοι ο:²⁶ ἐνκα –
λοῦντες· διατί ἡμεῖς νηστεύομεν καὶ οἱ μαθηταὶ Ἰωάννου οἱ δὲ μαθηταί²⁷

---

1. Om.: M.
2. = B M A D K. - κηρύσσων: A C J N R Migne.
3. = B M A D J K. - 2 1: C N R Migne.
4. = B M. - Om.: rel.
5. Om.: M.
6. = B M A D J K. - 2 1: C N R Migne.
7. καταλίμπάνει: Migne. - καταλελίμπανε: R.
8. = B M D K. - ἀνθρώπου: rel. (cf. Jn 5,34).
9. = B M Migne. - Om.: rel.
10. = B M. - ἔδωκε: rel.
11. = B M Syr. - ταῦτά ἐστι τὰ μαρτυροῦντα: rel.
12. = B M. - ἐνεργέστερον ἦν: rel.
13. = B M. - γάρ: rel.
14. = B M. - μηδέ: rel.
15. = B M. - Om.: rel.
16. Add. περὶ αὐτοῦ: B M A D Syr (cf. Jn 10,41).
17. = B M. Om. δέ: A C J K N R. - ἄλλως δὲ καί: Syr Migne.
18. = B M. - περινοστῶν: rel.
19. = B M. - γινόμενα: rel.
20. ἦν: Migne.
21. Add. καί: Bᶜ Syr Migne.
22. = B* M. - Add. δύο ἐκ τῶν μαθητῶν αὐτοῦ: Syr. - Add. οἱ μαθηταὶ αὐτοῦ οἱ δύο: rel.
23. = B M. - Add. αὐτῷ: rel.
24. = B M D Migne. - Om.: A C J K N R.
25. Add. οὗτοι: Migne.
26. = B M. - Om.: rel. (cf. Mt 9,14).
27. = B M. - Om.: rel.

Mais pourquoi ne circulait-il pas partout en Judée pour le proclamer et se tenait-il près du Jourdain, attendant qu'il vienne et qu'il puisse le montrer tandis qu'il arrivait? Parce qu'il voulait que cela provienne des œuvres. Ce qui pressait, c'était seulement de le rendre connu et de persuader des gens d'entendre la vie éternelle. Il lui laissait le témoignage plus important, celui des œuvres, comme Lui-même le dit: «Moi, ce n'est pas des hommes que je reçois le témoignage; en effet, les œuvres que le Père m'a données à faire me rendent témoignage» (Jn 5,34.36). Vois donc combien c'est vrai. En effet, après qu'il eût jeté une petite étincelle, le feu a pris en masse et s'est élevé. Même ceux qui avant cela ne se sont pas attachés aux paroles, plus tard disent: «Tout ce qu'a dit Jean est vrai» (Jn 10,41). Et de plus, *s'il avait ainsi parlé de l'une de ses connaissances, on aurait pensé que ce qu'il disait provenait d'un empressement humain et que la proclamation était suspecte.*

Ils l'entendirent et suivirent (cf. Jn 1,37). *Bien qu'il eût d'autres disciples, ceux-ci non seulement ne suivirent pas, mais encore agirent envers Lui avec jalousie: «Rabbi, dit en effet (l'évangéliste), celui qui était avec toi au-delà du Jourdain, à qui tu as rendu témoignage, voici qu'il baptise et tous viennent à lui»* (Jn 3,26). *Et encore apparaîssent les Pharisiens qui lui reprochent: «Pourquoi jeûnons-nous, nous et les disciples de Jean, tandis que tes disciples* .....

I: B M
IIa: A D Syr
IIb: C J K N R Migne

xviii σου οὐ νηστεύουσιν; ἀλλ᾽ οἱ τῶν ἄλλων βελτίους οὐδὲν τοιοῦτον ἔπαθον, ἀλλ᾽ ὁμοῦ τε ἤκουσαν καὶ ἠκολούθησαν. ἠκολούθησαν δὲ[1] οὐχ ὡς τοῦ διδασκάλου καταφρονήσαντες ἀλλ᾽ὡς αὐτῷ μάλιστα πεισθέντες καὶ δεῖγ-
150 μα μέγιστον τοῦ κρίσει λογισμῶν ὀρθῇ τοῦτο ποιεῖν ἐξενεγκόντες. οὐδὲ γὰρ παρεκέλεσεν αὐτοὺς [ ][2], ὅπερ ὕποπτον ἦν, ἀλλὰ [ ][3] προεῖπε μόνον τὸ μέλλον· ὅτι βαπτίσει ἐν Πνεύματι ἁγίῳ [ ][4]. Οὐ τοίνυν ἀπέστησαν τοῦ διδασκάλου ἀλλ᾽ ἐβουλήθησαν μαθεῖν τί πλέον φέρει τοῦ Ἰωάννου. καὶ ὅρα τὴν σπουδὴν μετὰ αἰδοῦς γενομένην[5]. οὐδὲ γὰρ
155 εὐθέως προσελθόντες ἠρώτησαν[6] τὸν Ἰησοῦν· ὑπὲρ γὰρ[7] ἀναγκαίων καὶ μεγίστων πραγμάτων, οὐ[8] δημοσίᾳ παρόντων πάντων[9] ἁπλῶς καὶ ὡς ἔτυχεν, ἀλλ᾽ἰδίᾳ διαλεχθῆναι [ ][10] ἐσπούδαζον. ᾔδεισαν γὰρ οὐ ταπεινοφροσύνης ἀλλ᾽ ἀληθείας ὄντα τοῦ διδασκάλου τὰ ῥήματα.

160   Ἦν Ἀνδρέας, φησίν[11], ὁ ἀδελφὸς Σίμωνος Πέτρου εἷς ἐκ τῶν δύο τῶν ἀκουσάντων[12] Ἰωάννου καὶ ἀκολουθησάντων αὐτῷ. τίνος οὖν[13] ἕνεκεν καὶ τὸ τοῦ ἑτέρου οὐκ ἐγνώρισεν ὄνομα; τινές φασιν ὅτι[14] διὰ τὸ αὐτὸν εἶναι τὸν γράφοντα τὸν ἠκολουθηκότα. τινὲς δὲ οὐχ οὕτως, ἀλλ᾽ ὅτι ἐκεῖνος οὐχὶ τῶν ἐπισήμων ἦν. οὐδὲν
165 οὖν πλέον τῶν ἀναγκαίων λέγειν[15] ἐχρῆν. τί γὰρ ὄφελος ἐκ τοῦ μαθεῖν ἐκείνου τὴν προσηγορίαν ἐπεὶ οὐδὲ τῶν ἑβδομήκοντα δύο[16] λέγει τὰ ὀνόματα; τοῦτο καὶ Παῦλος ἐποίησε[17]· συνεπέμψαμεν γὰρ αὐτῷ, φησίν, τὸν ἀδελφὸν [ ][18] οὗ ὁ ἔπαινος ἐν τῷ εὐαγγελίῳ. τοῦ δὲ Ἀνδρέου μέμνηται καὶ δι᾽ἑτέραν αἰτίαν· ποίαν δὴ ταύτην; ἵνα, ὅταν ἀκού-

---

1. *Om.* ἠκολ. δέ: M.
2. = B M. - παρακληθέντες αὐτὸ ἐποίησαν: *rel.*
3. = B M. - ἀλλ᾽ ἐπειδή: *rel.*
4. = B M. - *Add.* ἠκολούθησαν αὐτῷ: *rel.*
5. = B M. - *Om.*: Syr. - γινομένην: *rel.*
6. = B M A Cr. - ἐπηρώτησαν: *rel.*
7. = B* M A D Syr. - *Om.*: Cr *rel.*
8. οὐδέ: Migne.
9. = B M. - ἁπάντων: Cr *rel.*
10. = B M A D K Cr. - *Add.* αὐτῷ: C J N Migne. - *Add.* αὐτόν: R.
11. = B M Migne. - *Om.*: Cr *rel.*
12. *Add.* παρά: M A D. - *Om.* Ἰωάννου: K.
13. = B M Migne. - *Om.*: *rel.*
14. = B M Syr. - *Om.*: *rel.*
15. *Om.*: M.
16. *Om.*: A R.
17. παρὰ Παύλῳ ἔστιν ἰδεῖν: Migne.
18. = B M Syr. - *Add.* ἐν πολλοῖς πολλάκις σπουδαῖον ὄντα: *rel.*

ne jeûnent pas?» (Mt 9,14). *Mais eux, meilleurs que les autres, n'eurent pas de tels sentiments, mais dès qu'ils entendirent, ils suivirent. Or s'ils suivirent, ce n'est pas qu'ils méprisassent le Maître, mais c'est qu'ils lui faisaient pleinement confiance et qu'ils montraient au mieux qu'ils le faisaient en connaissance de cause. En effet, ils ne les a pas exhortés, ce qui aurait été suspect, mais il leur a simplement dit à l'avance ce qui allait arriver: qu'Il baptiserait dans l'Esprit saint.* **Ainsi, ils ne quittèrent pas le maître, mais ils voulurent apprendre ce qu'Il apportait de plus que Jean. Et vois comment leur hâte était mêlée de crainte respectueuse. En effet, ce n'est pas aussitôt arrivés près de lui qu'ils interrogèrent Jésus. Des actions nécessaires et importantes, ils avaient hâte d'en discuter, non pas en public, alors que tous les gens étaient là, à la bonne franquette, mais en privé. Ils savaient en effet que les paroles du maître n'étaient pas de pusillanimité, mais de vérité.**

André, dit (l'évangéliste), le frère de Simon Pierre, était l'un des deux qui avaient entendu Jean et L'avaient suivi. **Pourquoi donc ne nous a-t-il pas fait connaître le nom du second? Au dire de certains, c'est parce que celui qui a suivi était le même que celui qui a écrit (l'évangile). Mais d'autres le contestent: ce serait parce que cet homme n'était pas parmi les gens remarquables. Il fallait donc ne rien dire de plus que ce qui était nécessaire. A quoi bon, en effet, apprendre comment il s'appelait alors que l'on ne dit pas non plus le nom des soixante-douze?** (cf. Lc 10,1). Cela, Paul aussi l'a fait: «Car nous avons envoyé avec lui, dit-il, le frère dont on fait louange dans l'évangile» (cf. 2 Cor 8,18). *Quant à André, il en fait mémoire* pour une autre raison. Quelle est-elle? *Afin que, lorsque tu entendras que Simon,* .....

I: B M
IIa: A D Syr
IIb: C J K N R Migne

xviii σης ὅτι Σίμων ἀκούσας μετ᾽ αὐτοῦ· δεῦτε [ ]¹ καὶ ποιήσω ὑμᾶς ἁλιεῖς
ἀνθρώπων, οὐ διηπόρησε² πρὸς τὴν παράδοξον ταύτην ὑπόσχεσιν,
μανθάνεις³ ὅτι τὰς ἀρχὰς τῆς πίστεως ὁ ἀδελφὸς ἤδη προκατεβάλλετο⁴.

Στραφεὶς δὲ ὁ Ἰησοῦς καὶ ἰδὼν αὐτοὺς [ ] λέγει [ ]⁵· τί ζητεῖτε; ἐντεῦθεν παιδευόμεθα ὅτι οὐ προφθάνει⁶ τὰς βουλήσεις ἡμῶν ὁ θεὸς ταῖς
175 δωρεαῖς, ἀλλ᾽ ὅταν ἡμεῖς ἀρξώμεθα, ὅταν τὸ θέλειν παράσχωμεν, τότε [ ]⁷
αὐτὸς ἡμῖν πολλὰς δίδωσι⁸ τῆς σωτηρίας τὰς ἀφορμάς. [ ]⁹ ὁ γὰρ¹⁰ εἰδὼς
τὰς καρδίας¹¹ τῶν ἀνθρώπων, ὁ τοῖς λογισμοῖς ἡμῶν ἐμβατεύων, οὗτος
ἐρωτᾷ [ ]¹² οὐχ ἵνα μάθῃ – πῶς γάρ; – ἀλλ᾽ ἵνα¹³ διὰ τῆς ἐρωτήσεως
μᾶλλον αὐτοὺς οἰκειώσηται καὶ πλείονος μεταδῷ τῆς παρρησίας καὶ δείξῃ
180 τῆς ἀκροάσεως ὄντας ἀξίους. εἰκὸς γὰρ ἦν ἐρυθριᾶν καὶ δεδοικέναι, ἅτε
ἀγνῶτας ὄντας καὶ τοιαῦτα περὶ αὐτοῦ τοῦ διδασκάλου μαρτυροῦντος
ἀκηκοότας, τὰ¹⁴ οὖν ἄπαντα λύων, τὴν αἰδὼ, τὸν φόβον, ἐρωτᾷ καὶ οὐκ
εἴασε σιγῇ μέχρι τῆς οἰκίας ἐλθεῖν· καίτοι τὸ αὐτὸ ἂν ἐγένετο [ ]¹⁵. παρ-
έμειναν γὰρ ἂν¹⁶ ἀκολουθοῦντες [ ]¹⁷, καὶ κατὰ πόδας βαδίζοντες ἐπ-
185 έστησαν τῇ οἰκίᾳ. τίνος οὖν ἕνεκεν ἐρωτᾷ τοῦτο; διὰ τοῦτο¹⁸, ὅπερ εἶπον,
κατασκευάζων¹⁹ καταπραύνων τε²⁰ αὐτῶν²¹ τὸν λογισμὸν [ ]²² καὶ παρ-
έχων θαρρεῖν. οὐ διὰ τῆς ἀκολουθήσεως δὲ μόνον τὸν πόθον ἀλλὰ καὶ διὰ
τῆς ἐρωθήσεως ἐνέφησαν²³. οὐδὲν²⁴ γὰρ οὐδέπω μαθόντες παρ᾽ αὐτοῦ,
οὐδὲ²⁵ ἀκούσαντες διδάσκαλον αὐτὸν καλοῦσιν εἰς τοὺς μαθητὰς εἰσ-
190 ωθοῦντες ἑαυτοὺς καὶ τὴν αἰτίαν δεικνύντες δι᾽ ἣν ἠκολούτουν ὥς τι τῶν
χρησίμων ἀκουσόμενοι.

---

1. Add. ὀπίσω μου: Syr Migne.
2. καὶ μὴ διαπορήσας: R Syr.
3. μάθῃς: A J Migne.
4. προκατελάλετο: M.
5. = BM. - Add. ἀκολουθοῦντας et αὐτοῖς: rel.
6. = B M. - φθάνει: rel.
7. = Add. καί: Syr Migne.
8. = B M A D. - 2 3 1: rel. - (Syr?)
9. = B M. - Add. τί ζητεῖτε τί τοῦτο: rel. (R: τίνα).
10. = B M D. - Om.: rel.
11. = B M Syr Migne. - τὴν καρδίαν: A D C J N.
12. = B M A D C J N Cr Syr. - Add. ἀλλ᾽: Migne.
13. Om.: M.
14. = M D Syr. - ταῦτ᾽: rel.
15. = B M. - Add. καὶ εἰ μὴ ἠρώτησε: rel.
16. ἵνα: B.
17. = B M. - Add. αὐτῷ: rel.
18. = B M. - 2 3: Syr. - 1: rel. (même au même).
19. Om.: B M (hapl.). - Add. καί: A D J.
20. Om.: A.
21. = B M Syr. - αὐτοῖς: rel.
22. = B M. - Add. ἐρυθριῶντα ἔτι καὶ ἀγωνιῶντα: rel.
23. = B M Cr. - ἐνέφαινον: A D Syr. ἐνέφαινεν: K. - ἐφανέρωσαν: rel.
24. οὐδέ: Migne.
25. οὐδέν: M.

ayant entendu avec lui: «Venez, et je ferai de vous des pêcheurs d'hommes» (Mt 4,19), *n'a pas été embarrassé par cette déclaration paradoxale, tu apprennes que son frère avait déjà jeté à l'avance (en lui) les principes de la foi.*

Jésus, s'étant retourné et les ayant vus, dit: «Que cherchez-vous?» (Jn 1,38). *Ici, on nous apprend que Dieu ne prévient pas de ses dons nos intentions, mais, lorsque nous prenons l'initiative, lorsque nous montrons de la bonne volonté, alors lui-même nous donne beaucoup d'occasions de salut. En effet, celui qui connaît le cœur des hommes, celui qui sonde nos pensées, il interroge, non pas pour apprendre – et comment? - mais pour les familiariser davantage en les interrogeant et pour leur donner plus de confiance et pour montrer qu'ils sont dignes d'être écoutés. En effet, ils étaient sans doute pleins de honte et de peur, du fait qu'ils étaient des inconnus et qu'ils avaient entendu le maître attester de telles choses à son sujet. Donc, abolissant tout, la pudeur et la crainte, il interroge et il ne les a pas laissé aller en silence jusqu'à la maison. Cependant, il en aurait été de même (s'il ne les eut pas interrogé). En effet, ils auraient continué à suivre et, marchant à pied, ils seraient arrivés à la maison. Pourquoi donc demande-t-il cela? Pour cette raison que j'ai dite: préparer et calmer leur esprit et leur donner confiance. Ce n'est pas seulement par le fait de suivre qu'ils ont manifesté leur désir, mais encore par le fait d'interroger. En effet, tandis qu'ils n'avaient encore rien appris de lui, rien entendu, ils l'appellent "Maître" (cf. Jn 1,38b), s'insérant eux-mêmes parmi les disciples et montrant le motif pour lequel ils le suivaient, à savoir: entendre quelque chose de profitable.*

I: B M

IIa: A D Syr

IIb: C J K N R Migne

xviii   Θέα δέ μοι καὶ τὴν σύνεσιν· οὐκ εἶπον· δίδαξον ἡμᾶς περὶ δογμάτων
ἤ τινος ἑτέρου τῶν ἀναγκαίων ἀλλὰ τί; ποῦ μένεις; μετὰ γὰρ ἡσυχίας, [ ]¹
καὶ εἰπεῖν [ ]² πρὸς αὐτὸν, καὶ ἀκοῦσαι [ ]³ παρ᾽ αὐτοῦ πάντα⁴ [ ]⁵ ἤθελον.
195 διόπερ οὐδὲ ἀνεβάλοντο οὐδὲ εἶπον· ἤξομεν πάντως αὔριον καὶ ἀκου-
σόμεθα διαλεγομένου σου⁶ δημοσίᾳ, ἀλλὰ τὴν σπουδὴν τὴν πολλὴν⁷ ἣν
εἶχον περὶ τὴν ἀκρόασιν ἐπιδείκνυνται τῷ μηδὲ ὑπὸ τῆς ὥρας
ἀποτραπῆναι. καὶ γὰρ ἔτυχε [ ]⁸ πρὸς δυσμὰς ὁ ἥλιος ὤν [ ]⁹. διὰ τοῦτο καὶ
ὁ Χριστὸς οὐ λέγει τὰ σημεῖα τῆς οἰκίας οὐδὲ τὸν τόπον, ἀλλ᾽ ἐπισπᾶται
200 πλέον αὐτοὺς πρὸς τὴν ἀκολούθησιν δεικνὺς ὅτι αὐτοὺς ἀπεδέξατο. [ ]¹⁰
διὰ τοῦτο οὐδὲ αὐτὸς τοιοῦτόν τι¹¹ εἶπεν· ἄκαιρόν ἐστιν εἰς οἰκίαν [ ]¹²
ὑμᾶς¹³ ἐλθεῖν¹⁴, ἀκούσεσθε αὔριον εἴ τι βούλεσθε, ἀναχωρήσατε οἴκαδε
νῦν. ἀλλ᾽ ὡς πρὸς φίλους καὶ πολὺν αὐτῷ συγγεγονότας χρόνον οὕτω διαλέγεται.
205   Τί¹⁵ οὖν φησὶν [ ]¹⁶· ὁ δὲ Υἱὸς τοῦ ἀνθρώπου οὐκ ἔχει ποῦ τὴν
κεφαλὴν κλίνῃ, ἐνταῦθα δέ φησιν¹⁷· ἔρχεσθε καὶ ἴδετε ποῦ μένω· ὅτι τό·
οὐκ ἔχω ποῦ [ ]¹⁸ κεφαλὴν κλίνω¹⁹, δηλωτικόν ἐστιν τοῦ μηδὲ ἴδιον
καταγώγιον κεκτῆσθαι, οὐχ ὅτι ἐν οἰκίᾳ οὐκ ἔμενεν²⁰· καὶ γὰρ καὶ ἡ
παραβολὴ τοῦτο βούλεται. ὅτι μὲν οὖν [ ]²¹ ἔμειναν τὴν ἡμέραν ἐκείνην
210 ἐκεῖ²², εἶπεν ὁ εὐαγγελιστής· τίνος δὲ ἕνεκεν; οὐκ ἔτι προσέθηκεν, ὡς
δήλου τῆς αἰτίας οὔσης. οὐδὲ γὰρ ἑτέρου τινὸς ἕνεκεν οὔτε αὐτοὶ²³
ἠκολούθησαν, οὔτε ὁ Χριστὸς αὐτοὺς ἀπεσπήσατο, ἀλλ᾽ ἢ διὰ τὴν διδασκαλίαν. [ ]²⁴.

---

1. = B M Cr. - Add. ὅπερ ἔμπροσθεν ἔφην: rel.
2. = B M. - Add. πάντα: Syr. - Add. τι: rel.
3. = B M D Cr Syr. - Add. πάντα: A. - Add. τι: rel.
4. Om.: A Syr Migne.
5. = Add. καὶ μαθεῖν: Migne.
6. = B M Migne. - Om.: rel. (haplographie)
7. = B M Syr. - Om. τὴν πολλήν: Cr. - πολλὴν σπουδήν: rel.
8. = B M Cr. - Add. λοιπόν: rel.
9. = B M Cr. - Add. ὥρα γὰρ ἦν ὡς δεκάτη καί: rel. (Migne: καί/φησί).
10. = B M . - Add. καί: rel.
11. = B M Migne. - Om. τοιοῦτόν τι: rel.
12. = B* M. - Add. νῦν: rel.
13. - ἡμᾶς: K R. - Om.: N. - Ante εἰς οἰκίαν: A.
14. = B N. - συνελθεῖν: R. - εἰσελθεῖν: rel.
15. = B M. - πῶς: rel.
16. Add. ἀλλαχοῦ: B M (Migne).
17. = B M. - λέγει: rel. - (Syr?).
18. = B. - ἔχει ποῦ τήν: rel.
19. = B M. - κλίνῃ: rel.
20. = B M. - οὐ κατέμενεν: rel.
21. = B M K. - Add. παρ᾽ αὐτοῦ: rel.
22. = B M. - Om.: rel.
23. = B M. - αὐτῷ: rel.
24. = B M. - Add. ἧς οὕτω δαψιλῶς καὶ προθύμως ἀπέλαυσαν καὶ ἐν νυκτὶ μιᾷ ὡς
εὐθέως θατέρους καὶ ἐφ᾽ ἑτέρων θήραν ἐλθεῖν: rel.

Vois-moi aussi l'intelligence! Ils n'ont pas dit: «Enseigne-nous les dogmes, ou quelqu'une des choses nécessaires», mais quoi? «Où demeures-tu?» (Jn 1,38b). *C'est en toute tranquillité en effet qu'ils voulaient lui parler et entendre tout de lui. C'est pourquoi ils ne remettent pas à plus tard ni ne disent: «Nous viendrons certainement demain et nous t'écouterons discourir en public», mais la très grande hâte qu'ils avaient d'écouter, ils la montrent en ne renonçant pas en raison de l'heure. Le soleil en effet se trouvait être à son couchant* (cf. Jn 1,39c). *Aussi, le Christ ne dit pas non plus comment reconnaître la maison, ni le lieu, mais il les invite plutôt à le suivre* (cf. Jn 1,39a), *montrant qu'il les a accueillis. Aussi, lui non plus n'a pas dit quelque chose comme: «Ce n'est pas le moment de venir à la maison, vous écouterez demain si vous le voulez; retirez-vous d'ici maintenant», mais c'est comme à des amis et à de vieilles connaissances qu'il parle.*

Pourquoi donc dit-il: «Le Fils de l'homme n'a pas où reposer la tête» (Mt 8,20), *tandis qu'il dit ici: «Venez et voyez où je demeure»* (Jn 1,39a)? *C'est que la formule "Je n'ai pas où reposer la tête" montre qu'il ne possède pas de domicile fixe, et non qu'il ne demeurait pas dans une maison. C'est ce que voulait dire la parole mystérieuse. Et donc, qu'ils demeurèrent là ce jour-là, l'évangéliste l'a dit* (Jn 1,39b). *Mais pourquoi? Il ne l'a pas ajouté, comme si la raison en était claire. Car si eux-mêmes ont suivi et si le Christ les a attirés, le seul motif en est l'enseignement.*

I: B M
IIa: A D Syr
IIb: C J K N R Migne

ΛΟΓΟΣ ΙΘ

Εὑρίσκει οὗτος¹ πρῶτος² τὸν ἀδελφὸν τὸν ἴδιον Σίμωνα καὶ λέγει αὐτῷ· εὑρήκαμεν τὸν Μεσσίαν ὅ ἐστιν μεθερμηνευόμενον Χριστός· καὶ ἤγαγεν αὐτὸν πρὸς τὸν Ἰησοῦν³.

5 Ὁ Θεὸς παρὰ τὴν ἀρχὴν ποιήσας τὸν ἄνθρωπον, οὐκ ἀφῆκεν εἶναι μόνον ἀλλ᾽ ἔδωκεν αὐτῷ βοηθὸν τὴν γυναῖκα καὶ συνοικεῖν ἐποίησεν, εἰδὼς ἀπὸ τῆς συνοικησίας⁴ ταύτης πολὺ τὸ κέρδος ἐσόμενον. καὶ⁵ γὰρ εἰ μὴ πρὸς τὸ δέον ἐχρήσατο τῇ εὐεργεσίᾳ ταύτῃ ἡ γυνή, ἀλλ᾽ ὅμως εἰ τοῦ πράγματος αὐτοῦ τὴν φύσιν τις καταμάθοι, πολλὴν ἀπὸ τῆς συναυλίας [ ]⁶
10 ὄψεται τὴν ὠφέλειαν⁷ [ ]⁸. οὐκ ἐπὶ γυναικὸς δὲ μόνον καὶ ἀνδρὸς ἀλλὰ κἂν ἀδελφοὶ τοῦτο ποιῶσι καὶ αὐτοὶ τῆς εὐεργεσίας ἀπολαύσονται. διὸ καὶ ὁ προφήτης ἔλεγε· τί καλὸν ἢ τί τερπνὸν ἀλλ᾽ ἢ τὸ κατοικεῖν ἀδελφοὺς ἐπὶ τὸ αὐτό; καὶ ὁ Παῦλος παρήνει μὴ ἐγκαταλιπεῖν τὴν ἐπισυναγωγὴν τὴν ἑαυτῶν. καὶ [ ]⁹ τοῦτό ἐστιν ᾧ τῶν θηρίων διεστήκαμεν. διὰ τοῦτο [ ]
15 ᾠκοδομήσαμεν¹⁰ καὶ ἀγορὰς καὶ οἰκίας ἵνα ὁμοῦ καὶ μετ᾽ ἀλλήλων ὦμεν οὐ κατὰ τὴν οἴκησιν μόνον ἀλλὰ καὶ κατὰ τὸν τῆς ἀγάπης σύνδεσμον. ἐπειδὴ γὰρ ἐνδεὴς ἡμῶν¹¹ ἡ φύσις παρὰ τοῦ πεποιηκότος ἐγένετο, καὶ οὐκ αὐτάρκης [ ]¹² ἑαυτῇ, συμφερόντως ᾠκονόμησεν ὁ Θεὸς τὴν ἐντεῦθεν ἔνδειαν [ ]¹³ ἐκ τῆς κατὰ τὴν σύνοδον παρ᾽ ἀλλήλων γενομένης¹⁴ ὠφελείας
20 διορθωθῆναι [ ]¹⁵, ὥστε τὸ λεῖπον ἑτέρῳ παρ᾽ ἑτέρου πληροῦσθαι καὶ τὸν¹⁶ ἐνδεῆ γίνεσθαι¹⁷ οὕτως αὐτάρκη καθάπερ οὖν¹⁸ καὶ θνητὴν γενο-

---

1. οὕτω: Migne.
2. Om.: R (hapl.?)
3. Om. ὅ ἐστιν... Ἰησοῦν: Syr.
4. = B M D J Syr. - συσκηνίας: A C K N R Migne.
5. = M. - τί: rel.
6. = B M. - συνοικήσεως ταύτης: rel.
7. φωνήν: M*.
8. = B M. - Add. ἐπὶ τῶν νοῦν ἐχόντων γινομένην: rel.
9. Add. γάρ: Syr Migne.
10. = B M. - καὶ πόλεις ἐδειμάμεθα: rel.
11. = B M. - Om.: Syr. - ἡμῖν: rel.
12. Add. ἐστίν: Migne.
13. Add. λοιπόν: Migne.
14. = M. - γινομένης: rel.
15. Add. διὰ τοῦτο γάμος οἰκονομεῖται: Migne.
16. = B M. - τήν: rel.
17. = B M N. - γενέσθαι: A D C J Migne.
18. ὡς αὐτὴν ἔχειν: Migne.

T R A I T É   X I X

Celui-ci trouve le premier son frère Simon et il lui dit: «Nous avons trouvé
le Messie», ce qui veut dire Christ. Et il le mena à Jésus (Jn 1,41-42a)

Dieu, ayant fait l'homme vers le commencement, ne le laissa pas seul mais
il lui donna la femme comme aide et il les fit habiter ensemble, sachant bien qu'il
y aurait grand profit à cette cohabitation. En effet, même si la femme n'a pas usé
de ce bienfait comme il convenait, si cependant on examine avec soin la nature de
Son action, on verra que grand est l'avantage venant de cette vie en commun. Ceci
ne concerne par seulement l'homme et la femme, mais si des frères agissent de
même, eux aussi tireront profit du bienfait. C'est pourquoi le prophète disait:
«Quoi de meilleur, quoi de plus plaisant que, pour des frères, habiter ensemble?»
(Ps 132,1). Et Paul avertit (les frères) de ne pas déserter leur propre assemblée (cf.
Hebr 10,25). Et c'est par cela que nous nous distinguons des animaux. Aussi, nous
avons bâti et des lieux de réunion et des maisons afin que nous soyons ensemble et
les uns avec les autres, non seulement quant à la résidence, mais aussi quant au
lien de l'amour. En effet, puisque notre nature, de par celui qui l'a faite, est
indigente et ne se suffit pas à elle-même, Dieu a pris soin de remédier d'une façon
heureuse à cette indigence grâce au profit que procure le fait d'être assemblés les
uns auprès des autres. Ainsi, ce qui manque à l'un est comblé par un autre et
l'indigence en vient à se suffire comme si, bien que mortelle   .....

I: B M
IIa: A D Syr
IIb: C J K N R Migne

xix   μένην¹ τῇ φύσει² τῇ διαδοχῇ μέχρι πολλοῦ τὴν ἀθανασίαν διατηρεῖ³. καὶ
ἦν μὲν μακρότερον ἐπεξελθεῖν τούτῳ τῷ λόγῳ, δεικνύντα ὅσα ἐκ⁴ τῆς
πρὸς ἀλλήλους συνόδου τῆς γνησίας καὶ εἰλικρινοῦς τὰ κέρδη τοῖς συν-
25   ερχομένοις γίνεται·
    Ἀλλ᾽ ἕτερόν ἐστι τὸ κατεπεῖγον νῦν, οὗ δὴ καὶ ἕνεκεν ἡμῖν ταῦτα
εἴρηται. ὁ γὰρ Ἀνδρέας μείνας παρὰ τῷ Ἰησοῦ καὶ μαθὼν ἅπερ ἔμαθεν, οὐ
κατέσχε παρ᾽ ἑαυτῷ τὸν θησαυρὸν ἀλλ᾽ ἐπείγεται καὶ τρέχει ταχέως, τρέχει
πρὸς⁵ τὸν ἀδελφόν, μεταδώσων αὐτῷ τῶν ἀγαθῶν [ ]⁶. Τίνος δὲ ἕνεκεν
30   οὐκ εἶπεν ὁ Ἰωάννης τίνα ἐστὶν ἃ διελέχθη πρὸς αὐτοὺς ὁ Χριστός; πόθεν
δὲ καὶ δῆλόν ἐστιν ὅτι διὰ τοῦτο ἔμειναν παρ᾽ αὐτῷ; ἀπεδείχθη μὲν ἡμῖν
τοῦτο καὶ πρώην· ἔξεστι δὲ καὶ ἐκ τῶν τήμερον ἀναγνωσθέντων μαθεῖν.
    [ ] Τί γάρ⁷ φησιν [ ]⁸ πρὸς τὸν ἀδελφόν· εὑρήκαμεν τὸν Μεσσίαν, ὃ⁹
ἑρμηνεύεται Χριστός;¹⁰
35   [εἶδες πῶς ὅσα ἐν βραχεῖ¹¹ ἔμαθεν ἔδειξεν¹² [ ]¹³ καὶ¹⁴ τὴν τοῦ
διδασκάλου σοφίαν¹⁵ [ ]¹⁶ πείσαντος [ ]¹⁷ καὶ τὴν αὐτῶν προθυμίαν
ἔδειξεν¹⁸ ἄνωθεν καὶ ἐξ ἀρχῆς ταῦτα μεριμνώντων.]
    Τοῦτο [ ]¹⁹ τὸ ῥῆμα ψυχῆς ἐστιν ὠδινούσης τὴν παρουσίαν αὐτοῦ καὶ
προσδοκώσης τὴν ἄφιξιν ἄνωθεν καὶ περιχαροῦς γεγενημένης μετὰ τὸ
40   συμβῆναι²⁰ τὸ προσδοκώμενον καὶ ἐπειγομένης²¹ ἑτέροις μεταδοῦναι τῶν
εὐαγγελίων. τοῦτο ἀδελφικῆς εὐνοίας, τοῦτο φιλίας συγγενικῆς, τοῦτο
εἰλικρινοῦς ἐστιν²² διαθέσεως ἐν τοῖς πνευματικοῖς σπουδάζειν χεῖρα
ὀρέγειν ἀλλήλοις.
    Ἄκουσον δὲ καὶ τούτων μετὰ τῆς τοῦ ἄρθρου προσθήκης λε-

---

1. = M Migne. - θνητὴ γενομένη: rel.
2. = B M. - Om.: rel.
3. = B M A K. - διατηρεῖν: rel. - (Syr?)
4. = B M. - ἀπό: rel. - (Syr?)
5. = B M. - [ ] παρά: rel.
6. = B M. - Add. ὠνειλήφει: rel.
7. [ ] τί δέ: Syr. - ὅρα γὰρ τί: Migne.
8. = B M. - Add. οὗτος: rel.
9. = B M. - ὅς: rel.
10. Omettent le passage entre crochets: B M.
11. 2 3 1: A D Syr.
12. ἐδίδαξεν: A.
13. Add. ἐντεῦθεν: R Migne.
14. Add. γὰρ καί: R Migne.
15. ἰσχύν: Migne.
16. Add. παρίστησι: R (Syr) Migne.
17. Add. αὐτούς: Syr Migne.
18. Om.: Migne.
19. = B M. - Add. γάρ: rel.
20. φανῆναι: Migne.
21. ἐπειγομένοις: M.
22. = B M. - Om.: rel.

par nature, elle conservait l'immortalité par la succession indéfinie. Et il était important de s'étendre sur ce sujet pour montrer combien de profits apporte à ceux qui sont unis le fait d'être assemblés les uns auprès des autres, d'une façon sincère et pure.

Mais maintenant, venons-en vite à ce pour quoi cela nous est dit. En effet, André, après être demeuré auprès de Jésus et avoir appris ce qu'il a appris, n'a pas conservé pour lui seul le trésor, mais il se hâte et court aussitôt, il court vers son frère pour lui communiquer les biens (qu'il a reçus). Mais pourquoi Jean ne nous a-t-il pas dit de quoi le Christ s'est entretenu avec eux? N'est-il pas clair que c'est pour cela qu'ils sont restés avec lui? Cela nous a été montré la fois précédente. Mais il est permis de l'apprendre aussi de ce qui a été lu aujourd'hui.

En effet, pourquoi celui-ci dit-il à son frère: «Nous avons trouvé le Messie, ce qui veut dire Christ» (Jn 1,41)?

[Tu vois comment, ce que (André) a brièvement appris, il l'a montré, et c'est la sagesse persuasive du didascale, comme aussi leur empressement à rappeler dès le début ces événements, que (l'évangéliste) a montrés.]

Cette parole est d'une âme désirant ardemment sa parousie, et attendant sa venue d'en haut, et devenue toute joyeuse une fois l'attente comblée, et se hâtant de communiquer à d'autres les bonnes nouvelles. C'est d'une bienveillance fraternelle, c'est d'une amitié familiale, c'est d'un sincère penchant, chez les spirituels, à tendre la main aux autres.

Mais écoute-les parler avec addition de l'article.   .....

I: B M
IIa: A D Syr
IIb: C J K N R Migne

xix γόντων. οὐ γὰρ εἶπον¹ Μεσσίαν, ἀλλὰ τὸν Μεσσίαν· οὕτως ἕνα τινὰ προσεδόκων Χριστὸν² οὐδὲν κοινὸν πρὸς τοὺς³ ἄλλους ἔχοντα. θέα δέ μοι καὶ⁴ ἐξ αὐτῆς τῆς ἀρχῆς τὴν εὐπειθῆ καὶ εὐήνιον τοῦ Πέτρου διάνοιαν· εὐθέως γὰρ ἐπέδραμε [ ]⁵. ἀλλὰ μηδεὶς εὐκολίαν αὐτοῦ καταγινωσκέτω εἰ μὴ πολλὰ ζητήσας οὕτω τὸν λόγον παρεδέξατο⁶.
50 εἰκὸς γὰρ⁷ καὶ τὸν ἀδελφὸν ἀκριβέστερον εἰρηκέναι αὐτῷ⁸ ταῦτα [ ]⁹. ἀλλ' οἱ εὐαγγελισταὶ πανταχοῦ τοῦτο¹⁰ ἐπιτέμνουσι βραχυλογίας ἐπιμελόμενοι¹¹. ἄλλως δὲ οὐδὲ εἴρηται ὅτι ἐπίστευσεν ἁπλῶς ἀλλ'ὅτι ἤγαγεν αὐτὸν πρὸς τὸν Ἰησοῦν¹² [ ]¹³. καὶ γὰρ καὶ¹⁴ ὁ ἕτερος μαθητὴς συνῆν καὶ συνεβάλετο πρὸς ταῦτα¹⁵. εἰ γὰρ¹⁶ [ ]¹⁷ Ἰω-
55 άννης εἰπὼν ὅτι ὁ¹⁸ ἀμνός ἐστιν καὶ ὅτι ἐν Πνεύματι βαπτίζει¹⁹ τὴν σαφεστέραν περὶ τούτων²⁰ διδασκαλίαν ἐπέτρεψε παρ' ἐκείνου μαθεῖν, πολλῷ μᾶλλον Ἀνδρέας [ ]²¹ τοῦτο ἐποίησεν, ἐαυτὸν²² μὲν²³ οὐχ ἡγούμενος πρὸς τὴν ἐξήγησιν [ ]²⁴ ἐξαρκεῖν, εἰς δὲ αὐτὴν²⁵ τοῦ φωτὸς ἕλκων τὴν²⁶ πηγὴν μετὰ τοσαύτης σπουδῆς καὶ χαρᾶς ὡς μηδὲ τὸ τυχὸν ἀνα-
60 βαλέσθαι συγχωρεῖν²⁷.

Καὶ ἐμβλέψας αὐτῷ, φησίν, ὁ Ἰησοῦς λέγει· σὺ εἶ Σίμων ὁ υἱὸς Ἰωνᾶ, σὺ κληθήση Κηφᾶς, ὁ ἑρμηνεύεται Πέτρος. ἄρχεται λοιπὸν ἐντεῦθεν²⁸

---

1. τούτων... λεγόντων... εἶπον = (B*) M. - τούτου... λέγοντος... εἶπε: rel. (B: εἶπε).
2. = B M A. - 2 1: rel.
3. Om.: M.
4. Add. τήν: C N R.
5. = B M. - Add. μηδὲν μελλήσας· ἤγαγεν γὰρ αὐτόν, φησίν, πρὸς τὸν Ἰησουν: rel.
6. = B M A D K Cr. - ἐδέξατο: C J N R Migne - (Syr?).
7. Add. ἦν: M.
8. Om.: D C J N.
9. = B M. - Add. καὶ διὰ μακρότερον: A D. - Add. καὶ διὰ μακρῶν: rel.
10. = B* M Cr. - πολλά: rel.
11. = B M Nᶜ. - ἐπιμελούμενοϊ: A D C J N* Cr Migne.
12. Χριστόν: M.
13. = B M. - Add. ἐκείνῳ λοιπὸν παραδώσων ὥστε τὸ πᾶν παρ'ἐκείνου μαθεῖν: rel.
14. Om.: M.
15. Om. καὶ γὰρ καὶ... πρὸς ταῦτα: A Syr.
16. δέ: Migne.
17. = B M. - Add. ὁ βαπτιστής: rel.
18. = B* M. - Om.: rel.
19. βαπτίσει: M (cf. Mt 3,11).
20. = B M A D K. - τούτου: Syr rel.
21. = B* M. - Add. ἄν: rel.
22. = B M. - αὐτός: rel.
23. Add. οὖν: A D.
24. = B M. Add. πᾶσαν: (A) rel.
25. αὐτόν: M.
26. Om.: M.
27. = B M. - καὶ μελλῆσαι ἐκείνον: rel.
28. = B M A D Syr Cr. - ἐνταῦτα: rel.

En effet, ils n'ont pas dit "un Messie", mais "le Messie". On attendait ainsi un Christ unique, n'ayant rien de commun avec les autres. Mais regarde-moi aussi l'esprit de Pierre, dès le début bien disposé et bien docile. En effet, il accourut aussitôt. Mais ne l'accuse pas de légèreté s'il accueillit la parole sans enquête plus approfondie. En effet, il est vraisemblable que son frère lui avait parlé de tout cela d'une façon plus précise. Mais les évangélistes omettent partout ce (genre de détails), soucieux de concision. D'ailleurs, il n'est pas dit qu'il crut tout uniment, mais qu'il le mena à Jésus (cf. Jn 1,42a). *Et en effet, l'autre disciple aussi était avec lui et donna son avis sur ces choses. Car, si Jean, ayant dit qu'il est l'Agneau et qu'il baptise dans l'Esprit, a laissé (les disciples) apprendre de Celui-là l'enseignement plus clair au sujet de ces choses, combien plus André le fit-il, n'estimant pas pouvoir donner une explication suffisante, mais tirant (son frère) vers la source même de la lumière avec tant de hâte et de joie qu'il n'y avait plus lieu de temporiser.*

Et l'ayant regardé, dit (l'évangéliste), *Jésus dit: «Tu es Simon, le fils de Jonas, tu t'appelleras Kèphas», ce qui veut dire Pierre* (Jn 1,42). *Ici, il commence à*

I: B M
IIa: A D Syr
IIb: C J K N R Migne

xix ἀποκαλύπτειν τὰ τῆς θεότητος καὶ κατὰ μικρὸν αὐτὴν παρανοίγειν ἀπὸ
τῶν προρρήσεων. οὕτω καὶ ἐπὶ τοῦ Ναθαναὴλ ἐποίησε καὶ ἐπὶ τῆς γυ-
65 ναικὸς τῆς Σαμαρείτιδος. τῶν γὰρ σημείων οὐχ ἧττον αἱ προφητεῖαι
προσάγονται¹ καὶ τὸ ἀκόμπαστον δὲ² ἔχουσι. τὰ μὲν γὰρ θαύματα κἂν
διαβληθείη παρὰ τοῖς ἀνοήτοις – ἐν Βεελζεβοὺλ γάρ, φησίν, ἐκβάλλει τὰ
δαιμόνια – περὶ δὲ τῆς προφητείας οὐδὲν τοιοῦτον ἐλέχθη ποτέ. ἐπὶ μὲν γὰρ³
τοῦ Σίμωνος καὶ τοῦ Ναθαναὴλ τούτῳ τῆς διδασκαλίας τῷ τρόπῳ κέ-
70 χρηται· ἐπὶ δὲ Ἀνδρέου καὶ τοῦ⁴ Φιλίππου τοῦτο οὐκ⁵ ἐποίησε. τί δήποτε;
ὅτι ἐκεῖνοι μὲν εἶχον τὴν μαρτυρίαν Ἰωάννου οὐ μικρὰν παρασκευήν· ὁ δὲ
Φίλιππος τοὺς πολίτας⁶ ὁρῶν ἀξιόπιστον τεκμήριον ἀνελάμβανεν⁷
πίστεως.

Ἀκούων⁸· σὺ εἶ Σίμων [ ]⁹ υἱὸς Ἰωνᾶ [ ]¹⁰, ἀπὸ τοῦ παρόντος
75 καὶ τὸ μέλλον πιστοῦται. ὁ γὰρ τὸν παρέρα εἰπών, δῆλον ὅτι καὶ τὸ
μέλλον προῄδει. καὶ μετ' ἐγκωμίου ἡ πρόρρησις. τοῦτο δὲ οὐ
κολακεύοντος ἦν, ἀλλὰ τὸ μέλλον προλέγοντος. καὶ δῆλον ἐκεῖθεν.
ἄκουσον¹¹ τὸ¹² ἐπὶ τῆς Σαμαρείτιδος, πῶς μετὰ σφοδρῶν¹³ ἐλέγχων
ποιεῖται¹⁴ τὴν πρόρρησιν· πέντε γὰρ, φησίν¹⁵, ἄνδρας ἔσχε, καὶ νῦν
80 ὃν ἔχεις οὐκ ἔστι σου ἀνήρ. οὕτω καὶ ὁ Πατὴρ αὐτοῦ πολὺν περὶ
προφητείας ποιεῖται τὸν¹⁶ λόγον πρὸς τὴν τῶν εἰδώλων δόξαν
ἐξανιστάμενος¹⁷. ἀπαγγειλάτωσαν γὰρ ὑμῖν, φησί¹⁸, τί μέλλει ἐφ' ὑμᾶς
ἔρχεσθαι· καὶ πάλιν· ἀπήγγειλα καὶ ἔσωσα καὶ οὐκ ἦν ἐν ὑμῖν ἀλλότριος.
καὶ δι' ὅλης τοῦτο τῆς προφητείας εἰς μέσον ἄγει. τοῦτο γὰρ μάλιστα ἔργον

---

1. *Om.*: M (même au même).
2. = B* A D. - *Om.*: rel.
3. = B M D. - οὖν: Syr Migne. - *Om.*: A C J K N R.
4. = B D. - *Om.*: rel.
5. *Om.*: B* (par erreur).
6. = B M A D K Syr. - παρόντας: C J N R Migne.
7. = B* M. - ἐλάμβανε: rel.
8. = B M. - *Om.*: rel.
9. = A D C K R. - *Add.* ὁ: B M J N Cr Migne.
10. *Add.* σὺ κληθήσῃ Κηφᾶς, ὃ ἑρμηνεύεται Πέτρος: B M Migne.
11. σκόπει: Migne.
12. = B M. - γάρ: Syr. - γοῦν: rel.
13. = B M A Syr. - πολλῶν: D. - σπουδῆς: rel.
14. = B M A D Migne. - ποιεῖ: C J K N R. - (Syr?).
15. *Om.*: M. - Post ἔσχε: D.
16. = B M C. - *Om.*: rel.
17. = B. - ἱστάμενος: rel.
18. = B M. - *Om.*: rel.

dévoiler ce qui touche à sa divinité et à l'entrouvrir quelque peu à partir des proclamations. Il agit de même à propos de Nathanaël et de la femme samaritaine. En effet, les prophéties ne sont pas moins convaincantes que les signes, et sont plus discrètes. En effet, les prodiges peuvent être décriés auprès des sots - c'est par Beelzeboul, dit (l'évangéliste), qu'il chasse les démons (Lc 11,15) - on n'a jamais rien dit de tel des prophéties. *C'est à propos de Simon et de Nathanaël qu'il utilise ce mode d'enseignement; mais il n'agit pas de même à propos d'André et de Philippe. Pourquoi donc? C'est que ceux-ci avaient eu le témoignage de Jean pour les bien préparer, et Philippe, en voyant ses compatriotes, reçut une preuve capable de le mener à la foi.*

Par ces mots: «Tu es Simon, fils de Jonas'' (Jn 1,42), le futur aussi est assuré par le présent. En effet, celui qui a dit (qui était) le père, il est clair qu'il connaît aussi à l'avance le futur. Et la proclamation est faite avec éloge. Ce n'était pas de quelqu'un qui châtie, mais de quelqu'un qui dit à l'avance le futur. Écoute le cas de la Samaritaine, comment la proclamation est faite avec de vigoureux reproches: «Tu as eu, dit (l'évangéliste), cinq maris et celui que tu as maintenant n'est pas ton mari» (Jn 4,18). Ainsi, son Père aussi parle beaucoup de la prophétie lorsqu'il s'élève contre la renommée des idoles: «Qu'elles vous annoncent, dit-il, ce qui va vous arriver» (Is 47,13), et encore: «J'ai annoncé et j'ai sauvé, et il n'y avait pas d'étranger parmi vous» (Is 43,12). Et il agit de même grâce à toute la prophétie. Car c'est au plus haut point œuvre de   .....

I: B M
IIa: A D Syr
IIb: C J K N R Migne

xix Θεοῦ ὅπερ <u>οὐδὲ</u>[1] μιμήσασθαι δύναιτ' ἂν οἱ δαίμονες, κἂν σφόδρα
φιλονεικῶσιν. ἐπὶ μὲν γὰρ τῶν θαυμάτων καὶ <u>φαντασίαι γένοιντο</u>[2] ἂν. [ ]
<u>τὰ δὲ</u>[3] μέλλοντα <u>προειπεῖν</u>[4] μετὰ ἀκριβείας [5], τῆς ἀκηράτου φύσεως
ἐκείνης <u>μόνης</u>[6] ἐστίν. εἰ δέ που καὶ δαίμονες τοῦτο πεποιήκασιν, ἀλλ'
ἀπατῶντες <u>τοὺς ἀνθρώπους</u>[7] τοὺς ἀνοητοτέρους· ὅθεν καὶ εὐφώρατα
90 αὐτῶν πανταχοῦ τὰ μαντεῖα.
   Ὁ δὲ Πέτρος οὐδὲν πρὸς ταῦτα ἀποκρίνεται. οὐδέπω γὰρ
οὐδὲν ᾔδει σαφῶς ἀλλὰ τέως ἐμάνθανεν. ὅρα δὲ οὐδὲ ὁλόκληρον τὴν
πρόρρησιν κειμένην. <u>οὐ</u>[8] γὰρ εἶπεν· ἐγώ σε μετονομάσω Πέτρον [ ][9], ἀλλά·
σὺ κληθήσῃ Κηφᾶς. ἐκεῖνο γὰρ αὐθεντίας ἦν καὶ ἐξουσίας μείζονος. ὁ δὲ
95 <u>Ἰησοῦς</u>[10] οὐκ εὐθέως οὐδὲ ἐξ ἀρχῆς τὰ τῆς ἐξουσίας ἐπιδείκνυται πάντα
ἀλλὰ τέως ταπεινότερον φθέγγεται.[11]
   [ὅτε γοῦν ἔδωκε τῆς αὑτοῦ θεότητος ἀπόδειξιν, [ ][12]
αὐθεντικώτερον αὐτὸ τίθησι λέγων· [ ][13] <u>ἐγώ</u>[14] σοι λέγω· σὺ εἶ
Σίμων, σὺ κληθήσῃ Κηφᾶς ὃ ἑρμηνεύεται Πέτρος[15].]
100 *Καὶ τοῦτον μὲν*[16] *οὕτως ὠνόμασε, τοὺς δὲ περὶ Ἰάκωβον υἱοὺς*
βροντῆς. τίνος οὖν ἕνεκεν τοῦτο ποιεῖ; δεικνὺς ὅτι αὐτός ἐστιν ὁ καὶ τὴν
παλαιὰν δεδωκώς, <u>αὐτὸς ὁ</u>[17] καὶ[18] τὰ ὀνόματα μεταρρυθμίζων, ὁ τὸν
Ἄβραμ Ἀβραὰμ καλέσας, καὶ τὴν Σάραν Σάρραν καλέσας[19], καὶ τὸν
Ἰακὼβ Ἰσραήλ. πολλοῖς μὲν <u>οὖν</u>[20] ἐκ γενετῆς τὰ ὀνόματα <u>τέθεικεν</u>[21], ὡς
105 τῷ Ἰσαάκ, ὡς τῷ Σαμψών, ὡς <u>τῷ τοῦ Ζαχαρίου παιδί</u>[22]. τοῖς δὲ μετὰ τὴν
παρὰ τῶν γονέων προσηγορίαν, ὡς <u>τοῖς τε</u>[23] <u>προειρημένοις</u>[24], καὶ τῷ Ἰησοῦ

1. οὐδαμῶς: A D. - (Syr?).
2. = B M*. - φαντασία γένοιτο: rel.
3. = B M. - τὸ δὲ τά: rel.
4. εἰπεῖν: A N.
5. Om. μετὰ ἀκριβείας: Syr.
6. = M Syr. - Om.: rel. (hapl.). - Om. ἐκείνης μόνης: A.
7. = B M. - Om.: rel.
8. οὐδέ: A D.
9. = B M. - Add. καὶ οἰκοδομήσω μου τὴν ἐκκλησίαν ἐπὶ τῇ πέτρᾳ ταύτῃ: rel.
10. = M. - Χριστός: rel.
11. Le passage qui suit, entre crochets et en retrait, est omis par B M.
12. Add. λοιπόν: Migne.
13. Add. μακάριος εἶ... καὶ πάλιν: Migne.
14. = C. - καὶ ἐγώ: A D. - κἀγώ: J K N R Migne.
15. Πέτρος καὶ ἐπὶ... ἐκκλησίαν: Migne. (Syr omet ὃ ἑρμηνεύεται Πέτρος = Syr^P).
16. = B M. - [ ] τοῦτον μέν: C J K N R. - [ ] τοῦτον μὲν οὖν: A D Syr Migne.
17. αὐτοῖς: M. - Om.: Migne.
18. = B M. - Om.: rel.
19. = B M. - Om.: rel.
20. καί: Migne. - δέ: Syr.
21. = B M A D K. - ἔθηκεν: rel.
22. = B M. - ἐν τοῖς Ἡσαΐᾳ καὶ τῷ Ὡσηέ: A R. - τοῖς ἐν τῷ Ἡσαΐᾳ καὶ Ὡσηέ: rel.
23. = B M K Migne. - καὶ τοῖς: A. - τοῖς τότε: D C J N R.
24. = B M. - εἰρημένοις: rel.

Dieu, ce que les démons ne pourraient imiter même s'ils voulaient rivaliser avec lui. Quant aux prodiges, en effet, il pourrait y avoir illusion; mais dire à l'avance avec précision les choses futures, c'est le propre de cet Être sans mélange. S'il est arrivé que des démons le fassent, c'est en trompant les gens les plus sots. D'ailleurs, leurs oracles sont toujours reconnus faux.

Pierre ne répond rien à ces paroles. C'est qu'il ne savait encore rien clairement mais jusque là, il apprenait. Vois que la proclamation n'est pas complète. En effet, Il n'a pas dit: «Je te surnommerai Pierre», mais «Tu t'appeleras Kèphas.» C'était en effet le fait d'un pouvoir absolu et d'une plus grande puissance. Mais Jésus ne montre pas tout de suite ni dès le début tout ce qui relève de sa puissance: maintenant, il parle plus modestement.

Ainsi, après avoir donné une preuve de sa divinité, il exerce un pouvoir plus absolu en disant: «Moi, je te le dis, tu es Simon, tu t'appelleras Kèphas», ce qui veut dire Pierre (cf. Mt 16,18; Jn 1,42).

Il nomma donc celui-ci, et Jacques et son frère "fils du tonnerre" (cf. Mc 3,17). *Pourquoi donc le fait-il?* Pour montrer qu'il est lui-même celui qui a donné l'ancienne (alliance), celui qui a changé les noms, celui qui a appelé Abram Abraham, et qui a appelé Sara Sarra, et Jacob Israël. À beaucoup donc, dès leur naissance il a imposé leurs noms, comme à Isaac, comme à Samson, comme à l'enfant de Zacharie. À d'autres, c'est après qu'ils eussent été nommés par leurs parents, comme aux susnommés, et à Jésus (le fils)   .....

I: B M
IIa: A D Syr
IIb: C J K N R Migne

xix τοῦ Ναυή[1]. ἔθος δὲ καὶ τοῦτο[2] τοῖς παλαιοῖς ἦν ἀπὸ τῶν πραγμάτων τὰ ὀνόματα τίθεσθαι, ὅπερ οὖν[3] καὶ Ἡλίας πεποίηκε. τοῦτο δὲ οὐχ ἁπλῶς γίνεται ἀλλ᾽ ἵνα τὴν προσηγορίαν ἔχωσιν ὑπομνήματα[4] τῆς εὐεργεσίας
110 τοῦ Θεοῦ [ ][5]. οὕτω καὶ τὸν Ἰωάννην ἄνωθεν ἐκάλεσεν. οἷς μὲν γὰρ ἔμελλεν ἐκ πρώτης ἡλικίας ἡ ἀρετὴ διαλάμπειν, ἐκεῖθεν τὰ ὀνόματα ἐλάμβανον· τοῖς δὲ μετὰ ταῦτα μέλλουσιν ἐπιδιδόναι, μετὰ ταῦτα καὶ ἡ προσηγορία ἐτίθετο.

---

1. = B M A D R. - *Om.* τοῦ Ναυή: C J K N. - *Om.* καὶ τῷ Ἰησοῦ τοῦ Ναυή: Syr.
2. = B M C^c Syr Migne. - *Om.:* rel.
3. δήπου· Migne. - *Om.:* Syr.
4. = M. - ὑπόμνημα: rel.
5. = B M. - *Add.* ἵνα μνήμη διηνεκὴς τῆς διὰ τῶν ὀνομάτων προφητείας ἐνηχῆται τοῖς ἀκούουσιν: rel.

de Navè. C'était d'ailleurs la coutume chez les anciens d'imposer des noms d'après leurs actions, ce que fit Élie. Ceci n'allait pas sans raison, mais *afin qu'ils aient leur dénomination comme rappel de la bienfaisance de Dieu*[1]. Ainsi a-t-il nommé Jean dès le début. Ceux dont le mérite devait resplendir dès le plus jeune âge, ils en recevaient les noms. Mais ceux qui devaient progresser plus tard, à ceux-là on leur imposait la dénomination plus tard.

---

1. Recension longue: **afin que les auditeurs gardent constamment en eux le souvenir de la prophétie (faite) grâce aux noms.**

ΛΟΓΟΣ Κ̄

Τῇ[1] ἐπαύριον ἠθέλησεν ἐξελθεῖν εἰς τὴν Γαλιλαίαν καὶ εὑρίσκει Φίλιππον[2] καὶ λέγει αὐτῷ[3]· ἀκολούθει μοι. [ ][4]

Παντὶ[5] τῷ μεριμνῶντι ἐστί[6] τι[7] περισσόν, ὁ παροιμιώδης λόγος φησί·
5 καὶ ὁ Χριστὸς δὲ ὅτι· [ ][8] ὁ ζητῶν εὑρίσκει. ὅθεν οὐδὲ[9] ἔπεισί μοι[10] λοιπὸν θαυμάζειν πόθεν ὁ Φίλιππος ἠκολούθησε τῷ Χριστῷ. ὁ μὲν γὰρ Ἀνδρέας ἀκούσας παρὰ Ἰωάννου, καὶ [ ][11] Πέτρος[12] παρὰ Ἀνδρέου, οὗτος δὲ[13] παρ᾽ οὐδενὸς [ ][14] μαθών· [ ][15] τοῦτο μόνον εἰπόντος τοῦ Χριστοῦ πρὸς αὐτόν· ἀκολούθει μοι, ἐπείσθη [ ][16] εὐθέως καὶ οὐκ ἀνεχώρησεν ἀλλὰ καὶ
10 κῆρυξ ἑτέροις γίνεται[17]· δραμὼν γὰρ ἐπὶ τὸν Ναθαναὴλ, ὃν ἔγραψε, φησίν, Μωϋσῆς [ ][18] καὶ οἱ προφῆται εὑρήκαμεν. ὁρᾷς πῶς μεμεριμνημένην διάνοιαν εἶχε καὶ συνεχῶς ἐμελέτα τὰ Μωϋσέως καὶ προσεδόκα τὴν παρουσίαν; καὶ γὰρ τό· εὑρήκαμεν, ζητούντων πώς[19] ἐστιν ἀεί.

Τῇ ἐπαύριον ἐξῆλθεν ὁ Ἰησοῦς[20] εἰς τὴν Γαλιλαίαν. πρὶν ἢ γὰρ
15 αὐτῷ τινα κολληθῆναι, οὐδένα καλεῖ. ποιεῖ δὲ [ ][21] οὐχ ἁπλῶς ἀλλὰ κατὰ τὴν αὐτοῦ σοφίαν καὶ σύνεσιν. εἰ μὲν γὰρ μηδενὸς αὐτομάτου προσελθόντος αὐτὸς αὐτοὺς ἐφειλκύσατο, κἂν ἀπεπήδησαν ἴσως· νῦν δὲ ἀφ᾽ ἑαυτῶν ἑλόμενοι τοῦτο, βέβαιοι λοιπὸν ἔμενον. τὸν δὲ Φίλιππον καλεῖ

---

1. Om. v. 43: Syr.
2. Add. ὁ Ἰησοῦς: A.
3. = B A. - Add. ὁ Ἰησοῦς: rel.
4. = B M. - Add. v. 44: rel.
5. Syr omet cette phrase concernant les Proverbes.
6. = B* M. - ἔνεστι: rel. (cf. Prov. 14,23 lxx).
7. Om.: B^c M J (hapl. ou cf. Prov. 14,23).
8. ὁ δὲ Χριστὸς καί τι πλέον ἠνίξατο εἰπών: Migne. - ὁ Χριστὸς εἶπεν ὅτι: Syr.
9. = B M A D C K Syr. - καί: J N Migne. - Om.: R.
10. Om.: D J
11. Add. ὁ: D Cr Migne.
12. καὶ Πέτρος/Πέτρος δέ: M.
13. Om.: B.
14. = M C J K N R. - Add. οὐδέν: B A D Syr Migne (post μαθών: Cr).
15. Add. ἤ: Migne. - ἀλλά: Syr.
16. = B M. - Add. τε: rel.
17. 2 1: M.
18. = R Cr. - Add. ἐν τῷ νόμῳ: rel.
19. = B M Migne. - Om.: rel.
20. ἠθέλησεν ὁ Ἰησοῦς ἐξελθεῖν: B M (cf. Jn 1,43).
21. = M. - Add. αὐτῷ: B C. - Add. τοῦτο: Syr. - Add. αὐτό: rel.

TRAITÉ XX

Le lendemain, il voulut partir pour la Galilée et il trouve Philippe et il lui dit: «Suis-moi» (Jn 1,43).

«À quiconque recherche, il y a du surplus», dit le livre des Proverbes (Prov 14,23). Et le Christ: «Celui qui cherche, il trouve» (Mt 7,8). D'où il ne me vient même pas à l'esprit de m'étonner que Philippe ait suivi le Christ. Il est vrai qu'André avait entendu de Jean, et Pierre d'André, tandis que celui-ci, personne ne l'avait renseigné. Il a suffi que le Christ lui dise: «Suis-moi», pour qu'il soit convaincu: il ne s'est pas retiré mais il est même devenu héraut pour d'autres. En effet, ayant couru vers Nathanaël, il lui dit: «Celui dont Moïse a écrit, et les prophètes, nous l'avons trouvé» (Jn 1,45). Vois comment il avait l'esprit en recherche et il s'intéressait à Moïse et il attendait la venue (du Christ). Car l'expression "Nous avons trouvé" est toujours le fait de ceux qui cherchent de quelque manière.

«Le lendemain, Jésus partit en Galilée» (Jn 1,43). En effet, avant que quelqu'un ne se soit attaché à lui, il n'appelle personne. Or il agit, non pas inconsidérément, mais selon sa sagesse et son intelligence. En effet, si lui même attirait les gens sans qu'aucun ne se soit approché de son propre mouvement, ils repartiraient sans doute. Mais du moment qu'ils choisissent par eux-mêmes, ils demeurent fermes. **Or il appelle Philippe** .....

I: B M
IIa: A D Syr
IIb: C J K N R Migne

xx μᾶλλον αὐτῷ γνώριμον ὄντα. ἄτε γὰρ ἐν τῇ Γαλιλαίᾳ γεννηθεὶς καὶ
20 τραφείς, μᾶλλον αὐτὸν ἐπεγίνωσκε.

Λαβὼν τοίνυν τοὺς μαθητὰς ἔρχεται λοιπὸν ἐπὶ τὴν ἄγραν τῶν
λοιπῶν καὶ τὸν Φίλιπον καὶ τὸν Ναθαναὴλ ἐπισπᾶται. ἀλλ᾽ ἐπὶ μὲν τούτου
οὐκ ἦν οὕτω θαυμαστὸν ὅτε¹ καὶ ἡ ἀκοὴ αὐτοῦ² ἀπεληλύθει εἰς τὴν
Συρίαν ἅπασαν· τὸ δὲ θαυμαστὸν, τὸ τῶν περὶ Πέτρον καὶ Ἰάκωβον καὶ
25 Φίλιππον ἦν, οὐχ ὅτι μόνον πρὸ τῶν σημείων ἐπείσθησαν, ἀλλ᾽ ὅτι καὶ ἐκ
τῆς Γαλιλαίας ὄντες ὅθεν οὐδὲ προφήτης ἐγείρεται οὐδὲ δύναταί τι ἀγαθὸν
εἶναι. ἀγροικότερον γάρ πως καὶ ἀγριώτερον καὶ³ παχύτερον οὗτοι⁴
διέκειντο. ὁ δὲ Χριστὸς καὶ ἐνταῦθα⁵ αὐτοῦ τὴν ἰσχὺν ἐνέφηνεν⁶ ἀπὸ γῆς
οὐδένα φερούσης καρπὸν [ ]⁷ τοὺς τῶν ἀθλητῶν⁸ ἐκκρίτους ἐκλέγων.
30 Εἰκὸς μὲν οὖν τὸν Φίλιππον καὶ τοὺς περὶ Πέτρον εἰδότας⁹ καὶ
παρὰ τοῦ Ἰωάννου ἀκηκοότας¹⁰ ἀκολουθῆσαι· εἰκὸς δὲ καὶ τὴν
φωνὴν τοῦ Χριστοῦ ἐργάσασθαί τι¹¹ ἐν αὐτοῖς¹². οἰδὲ γὰρ αὐτὸς¹³ τοὺς
μέλλοντας ἔσεσθαι ἐπιτηδείους. ὁ δὲ εὐαγγελιστὴς ἅπαντα ἐπιτέμνεται
ταῦτα. ὅτι μὲν γὰρ¹⁴ ὁ Χριστὸς ἔμελλεν ἥξειν, ἠπίστατο ὁ Φίλιπ-
35 πος¹⁵, ὅτι δὲ αὐτὸς ἦν ὁ Χριστός¹⁶, ἠγνόει· ὅπερ αὐτὸν ἢ παρὰ
Πέτρου¹⁷ ἢ παρὰ Ἰωάννου ἀκηκοέναι φημί. λέγει δὲ καὶ τὴν κώμην
αὐτοῦ ὁ Ἰωάννης ἵνα μάθῃς ὅτι τὰ ἀσθενῆ τοῦ κόσμου ἐξελέξατο ὁ
Θεός.

Εὑρίσκει Φίλιππος τὸν Ναθαναὴλ καὶ λέγει [ ]¹⁸· ὃν ἔγραψεν
40 Μωϋσῆς [ ]¹⁹ καὶ οἱ προφῆται εὑρήκαμεν [ ]²⁰, ἀξιόπιστον ποιῶν τὸ

---

1. ὅτι: J Syr Migne.
2. = B M. - τοῦ Ἰησοῦ: rel.
3. Om.: Syr. - Om. ἀγριώτερον καὶ: B M (même au même).
4. οὕτω: A D Syr.
5. = B M. - κἀντεῦθεν: rel.
6. ἔφανεν: M. - ἀνέφησεν: A.
7. ἀπὸ τῆς... καρπὸν γῆς: Migne.
8. = B M K N R Syr. - μαθητῶν: A D C J Cr Migne.
9. = B M A. - ἰδόντα: Migne. - ἰδόντας: rel.
10. ἀκηκοότα: Migne.
11. Om.: C J N.
12. = B M D. - αὐτή: A. - αὐτῷ: rel. - Φιλίππῳ: Syr.
13. = B M. - Om.: rel.
14. = B M. - δέ: Syr. - οὖν: rel.
15. = B M A. - Om.: rel.
16. = M D. - οὗτος ὁ Χριστὸς ἦν: rel.
17. Add. ἢ παρὰ ἀνδρέου: M.
18. = B* M. - Add. αὐτῷ: rel.
19. = B. - Add. ἐν τῷ νόμῳ: rel.
20. = B M. - Add. Ἰησοῦν τὸν υἱὸν Ἰωσὴφ τὸν ἀπὸ Ναζαρέτ· λέγει δὲ ταῦτα: rel.

qui lui était bien connu car, du fait qu'Il était né et qu'Il avait été élevé en Galilée, Il le connaissait bien.

Ainsi, ayant pris les disciples, il part à la chasse des autres et il attire Philippe et Nathanaël. Pour ce dernier, ce n'était pas tellement étonnant alors que Sa renommée s'était propagée jusque dans toute la Syrie (cf. Mt 4,24). Mais l'étonnant, c'était le fait de Pierre et de son frère, de Jacques et de Philippe, non seulement parce qu'ils avaient été convaincus avant qu'il n'y eut de signes, mais encore parce qu'ils étaient de Galilée d'où ne provient aucun prophète (cf. Jn 7,52) et d'où rien de bon ne peut venir (cf. Jn 1,46). Ils avaient en effet des manières quelque peu campagnardes et rustaudes et balourdes. Mais le Christ ici encore fait paraître sa force, choisissant l'élite des athlètes à partir d'une terre ne produisant aucun fruit.

Ainsi, il est vraisemblable que Philippe avait accompagné Pierre et son frère, lesquels savaient et avaient entendu de Jean. Il est vraisemblable aussi que la voix du Christ avait fait quelqu'impression sur eux. Lui-même d'ailleurs savait quels étaient ceux qui seraient aptes. Mais l'évangéliste coupe tout cela. En effet, que le Christ dût venir, Philippe le savait; mais que ce fût Lui le Christ, il l'ignorait. D'où j'ai dit qu'il avait entendu de Pierre ou de Jean. Jean dit aussi son village (cf. Jn 1,44) afin que tu apprennes que Dieu a choisi ce qu'il y a de faible dans le monde (cf. 1 Cor 1,27).

«Philippe rencontre Nathanaël et lui dit: Celui dont Moïse a écrit, et les prophètes, nous l'avons trouvé» (Jn 1,45), rendant par Moïse   .....

I: B M

IIa: A D Syr

IIb: C J K N R Migne

xx κήρυγμα [ ] ἀπὸ Μωϋσέως [ ]¹ [ ]² καὶ³ δυσωπῶν [ ]⁴. ἐπειδὴ γὰρ ὁ
Ναθαναὴλ ἀκριβὴς ἦν καὶ πάντα διεσκεμμένος μετὰ ἀληθείας, ὡς
καὶ ὁ Χριστὸς ἐμαρτύρησε, καὶ τὸ ἔργον ἐδίδαξεν⁵, εἰκότως αὐτὸν
ἐπὶ τὸν⁶ Μωϋσέα καὶ τοὺς προφήτας παρέπεμψεν ἵνα οὕτω παρα-
45   δέξηται τὸν κηρυττόμενον. τὸν υἱὸν Ἰωσὴφ εὑρήκαμεν⁷. ἔτι γὰρ
τούτου παῖς ἐνομίζετο εἶναι.

   Καὶ πόθεν δῆλον, ὦ Φίλιππε, ὅτι οὗτος ἐκεῖνός ἐστιν; τί λέγεις ἡμῖν
τεκμήριον; οὐ γὰρ ἀρκεῖ μόνον τὸ⁸ ἀποφήνασθαι· ποῖον σήμειον εἶδες;
ποῖον θαῦμα; οὐκ ἔστιν ἀκίνδυνον πιστεύειν ἁπλῶς ὑπὲρ⁹ τοιούτων
50   πραγμάτων. ποίαν οὖν ἔχεις ἀπόδειξιν; τὴν αὐτὴν τῷ Ἀνδρέᾳ [ ]¹⁰. καὶ
γὰρ ἐκεῖνος παραστῆσαι τὸν πλοῦτον ὃν εὗρεν οὐκ ἔχων, οὐδὲ διὰ
ῥημάτων ἐπιδεῖξαι¹¹ δυνάμενος τὸν θησαυρόν, ἄγει πρὸς τὸν εὑρεθέντα
τὸν ἀδελφόν. οὕτω δὴ καὶ οὗτος· πῶς μὲν οὗτός¹² ἐστιν ἐκεῖνος ὁ Χριστός,
καὶ πῶς αὐτὸν οἱ προφῆται προανεκήρυξαν, οὐκ εἶπεν· ἕλκει δὲ αὐτὸν πρὸς
55   τὸν Ἰησοῦν, οὐκ ἀποστησόμενον λοιπὸν εἰδὼς ἂν τῶν ῥημάτων γεύσηται
καὶ τῆς διδασκαλίας ἐκείνου.

[ ]¹³
   Ἰδὼν δὲ¹⁴ ὁ Ἰησοῦς τὸν Ναθαναὴλ [ ]¹⁵ λέγει [ ]¹⁶· ἴδε
ἀληθῶς Ἰσραηλίτης ἐν ᾧ δόλος οὐκ ἔστιν. τί τοῦτο¹⁷ τὸ εἰπεῖν¹⁸· ἐκ
60   Ναζαρὲτ δύναταί τι ἀγαθὸν εἶναι, ἐπαινεῖ καὶ θαυμάζει τὸν ἄνθρωπον;
καὶ μὴν ἐγκληθῆναι αὐτὸν ἐχρῆν. οὐδαμῶς. οὐδὲ γὰρ ἀπιστοῦντος ἦν τὰ
ῥήματα οὐδὲ ἐγκλημάτων ἄξια ἀλλ᾽ ἐπαίνων. πῶς καὶ τίνι τρόπῳ; ὅτι
Φιλίππου μᾶλλον οὗτος ἐσκεμμένος ἦν τὰ προφητικά. καὶ γὰρ ἤκουσεν¹⁹
ἀπὸ τῶν γραφῶν ὅτι ἀπὸ Βηθλεὲμ δεῖ τὸν Χριστὸν ἐλθεῖν καὶ ἀπὸ τῆς κώ-
65   μης ἐν ᾗ ἦν Δαυίδ. τοῦτο γοῦν καὶ παρὰ Ἰουδαίοις ἐκράτει καὶ ὁ προφήτης

---

1. εἴ γε ἀπὸ Μ. ἐστίν: Migne.
2. = Β Μ. - Add. καὶ τῶν προφητῶν: rel.
3. = Β Μ. - Om.: rel.
4. = Β Μ. - Add. τὸν ἀκροατὴν ἐντεῦθεν: rel.
5. = Β Μ. - ἔδειξεν: rel.
6. Om.: Μ.
7. = Β Μ. - εἰ δὲ υἱὸν Ἰωσὴφ αὐτὸν λέγει μὴ θορυβηθῇς: rel.
8. Om.: A C J K N R.
9. = Μ Κ R. - περί: rel. - (Syr?).
10. = Β Μ. - Add. φησίν: rel.
11. = Β Μ Α D. - ἐπιδείξασθαι: rel. - (Syr?).
12. αὐτός: C J Migne.
13. = Β Μ. - Add. [ ] εἶπεν αὐτῷ Ναθαναήλ· ἐκ Ναζαρὲτ δύναταί τι ἀγαθὸν εἶναι;
    λέγει αὐτῷ Φίλιππος· ἔρχου καὶ ἴδε: rel.
14. = Β Μ. - εἶδεν δέ: D K Syr. - [ ]: rel.
15. = Β Μ. - Add. ἐρχόμενον πρὸς αὐτὸν καί: rel.
16. = Β Μ Syr. - Add. περὶ αὐτοῦ: rel.
17. = Β Μ Α D Syr. - [ ] τοῦτο: C J K N R. - Om.: Migne.
18. = Β Μ. - ἐπειδὴ εἶπεν: rel.
19. ἦν ἀκούσας: Migne - ἤκούετο αὐτῷ: Syr.

la proclamation plus digne de foi et faisant naître la crainte respectueuse. En effet, Puisque Nathanaël était méticuleux et examinait tout avec sincérité, comme même le Christ l'attesta (cf. Jn 1,47) et comme les faits nous l'apprirent, à bon droit il le renvoie à Moïse et aux prophètes afin qu'il accepte ainsi celui qui était proclamé. – «Nous avons trouvé le fils de Joseph» (cf. Jn 1,45). En effet, on le croyait encore enfant de cet homme (cf. Lc 3,23).

Et comment est-il clair, Philippe, que c'est bien lui? Que nous donnes-tu comme preuve? Car il ne suffit pas de le déclarer. Quel signe as-tu vu? Quel prodige? Il n'est pas sans danger de croire sans plus quand il s'agit de tels faits. Quelle démonstration as-tu donc? La même que pour André. Celui-ci en effet, n'étant pas capable d'établir la richesse qu'il a trouvée, ne pouvant pas, par des paroles, démontrer le trésor, mène son frère à Celui qu'il a trouvé. Ainsi de celui-là. Comment Celui-ci est-il ce Christ-là? Et comment est-ce Lui que les prophètes ont proclamé à l'avance, il ne l'a pas dit. Mais il entraîne (Nathanaël) vers Jésus, sachant bien qu'il ne repartirait pas après avoir goûté les paroles et l'enseignement de Celui-ci.[1]

Or Jésus, ayant vu Nathanaël, dit: «Voici vraiment un Israélite en qui il n'y a pas de ruse» (Jn 1,47). *Pourquoi ce fait de dire: De Nazareth peut-il venir quelque chose de bon?* (cf. Jn 1,46), *rend-il l'homme digne d'éloge et d'admiration? Ne fallait-il pas plutôt lui en faire reproche? Pas du tout. En effet, ces paroles ne venaient pas d'un manque de foi et ne méritaient pas des reproches, mais des éloges. Comment et de quelle façon? C'est qu'il était versé dans les (Écritures) prophétiques plus que Philippe. En effet, il avait appris des Écritures que le Christ devait venir de Bethléem et du village d'où était David* (cf. Jn 7,42). *C'était tenu aussi par les Juifs et le prophète*   .....

I: B M
IIa: A D Syr
IIb: C J K N R Migne

---

1. *Add.* Nathanaël lui dit: «De nazareth peut-il venir quelque chose de bon?» Philippe lui dit: «Viens et vois.»

xx ἄνωθεν ἐκήρυττε [ ]¹· καὶ σὺ Βηθλεὲμ οὐδαμῶς ἐλαχίστη εἶ ἐν τοῖς
ἡγεμόσιν Ἰούδα [ ]². ἐπεὶ οὖν ἤκουσεν ὅτι ἐκ Ναζαρὲτ ἐθορυβήθη καὶ
ἠπόρησεν³, οὐχ εὑρίσκων συμβαίνουσαν τοῦ Φιλίππου τὴν ἐπαγγελίαν τῇ
προφητικῇ προρρήσει.

70   Θέα δὲ αὐτοῦ καὶ ἐν τῇ διαπορήσει τὴν σύνεσιν καὶ τὴν⁴
ἐπιείκειαν. οὐκ⁵ εἶπεν εὐθέως· ἀπατᾷς [ ]⁶, ὦ Φίλιππε, καὶ ψευδῇ·
οὐ πείθομαι, οὐ παραγίνομαι. ἔμαθον ἀπὸ τῶν προφητῶν λεγόντων⁷
ὅτι ἀπὸ Βηθλεὲμ δεῖ τὸν Χριστὸν ἐλθεῖν⁸, σὺ δὲ λέγεις· ἀπὸ Ναζαρέτ·
ἀλλ' οὐκ [ ]⁹ ἔστιν οὗτος ἐκεῖνός¹⁰. ἀλλ' οὐδὲν τούτων εἶπεν· ἀλλὰ
75 τί; παραγίνεται καὶ οὕτως¹¹, τῷ μὲν μὴ καταδέξασθαι ἐκ Ναζαρὲτ
αὐτὸν εἶναι τὴν ἀκρίβειαν τὴν περὶ τὰς γραφὰς δηλῶν καὶ τὸ τῶν
τρόπων ἀνεξαπάτητον, τῷ δὲ μὴ διαπτύσαι τὸν ἀπαγγείλαντα τὸν
πολὺν πόθον ὃν¹² εἶχε περὶ τὴν τοῦ Χριστοῦ¹³ παρουσίαν ἐμ-
φαίνων. ἐνενόησε γὰρ ὅτι εἰκὸς ἦν τὸν¹⁴ Φίλιππον περὶ τὸν τόπον
80 ἐσφάλθαι.

        Θέα δέ μοι καὶ τὴν παραίτησιν, πῶς ἐπιεικῆ πεποίηται [ ]¹⁵ ἐν
ἐρωτήσεως¹⁶ τάξει· οὐ¹⁷ γὰρ εἶπεν· οὐδὲν ἀγαθὸν ἢ¹⁸ Γαλιλαία φέρει¹⁹
ἀλλὰ πῶς· ἐκ Ναζαρὲτ δύναταί τι ἀγαθὸν εἶναι; σφόδρα [ ]²⁰ καὶ ὁ
Φίλιππος συνετός· οὐ γὰρ ὡς ἀπορηθεὶς ἀγανακτεῖ καὶ δυσχεραίνει ἀλλ'
85 ἐπιμένει τὸν ἄνδρα βουλόμενος ἀγαγεῖν, ἄνωθεν ἤδη²¹ τὴν ἀποστόλῳ

---

1. = B M. - ἔλεγε: Syr. - Add. λέγων: rel.
2. = B M. - Add. ἐκ σοῦ γὰρ ἐξελεύσεται ἡγούμενος ὅστις ποιμαινεῖ τὸν λαόν μου
   Ἰσραήλ: rel.
3. = B M A. - διηπόρησεν: rel.
4. Om.: A Migne.
5. = B M. - οὐ γάρ: rel.
6. = B M. - Add. με: rel.
7. = B M. - Om.: rel. (même au même).
8. = B M D. - 2 3 4 1: A C K N Migne. - 2 3 1 4: J R. - ἔρχεται ὁ Χριστός: Syr (cf. Jn 7,42).
9.= B* M. - [ ] οὐ τοίνυν: rel.
10. = B M. - 2 1 3: A D K. - 2 3 1: C J N R Migne.
11. = B M A D. - οὗτος: rel.. - Om. καὶ οὕτως: Syr.
12. Om.: M* (hapl.).
13. Θεοῦ: M.
14. = B M D. - Om.: rel.
15. Add. καί: Migne.
16. = B M A D Migne. - [ ] ἐπερωτήσεως: rel. - (Syr?)
17. οὐδέ: Migne.
18. = B M D Migne. - Om.: rel.
19. ἐκφέρει: A Syr.
20. = M N. - Add. δέ: rel. - Add. δὲ ἦν: Migne.
21. = B M D(+). - καὶ ἐκ προοιμίων: D(+) rel.

l'avait proclamé déjà: «Et toi, Bethléem, tu n'es nullement le moindre des clans de Juda» (Mt 2,6; cf. Mich 5,1). *Ayant donc entendu "de Nazareth", il fut troublé et il douta, ne trouvant pas que l'annonce faite par Philippe correspondait à l'(Écriture) prophétique.*

Et vois, même dans le doute, son intellignence et sa patience! Il ne dit pas aussitôt: «Tu (me) trompes, Philippe, et tu mens. Je ne suis pas convaincu, je ne viens pas. J'ai appris des paroles des prophètes que c'est de Bethléem que le Christ doit venir, et toi du dis: De Nazareth. Mais Celui-ci n'est pas ce (Christ)-là!» Mais il ne dit rien de tel. Mais quoi? Il vient lui aussi: d'une part, en n'acceptant pas qu'il soit de Nazareth, il montre qu'il est fort au fait des ›critures et qu'on ne peut le tromper en ces matières; mais d'autre part, en ne couvrant pas de mépris celui qui lui donnait la nouvelle, il manifeste le grand désir qu'il avait de la venue du Christ. Il a pensé que, probablement, Philippe se trompait quant au lieu.

Et vois-moi aussi le refus, comme il est fait avec patience et modération dans la façon d'interroger. Car il n'a pas dit: «La Galilée ne porte rien de bon», mais quoi? «De Nazareth peut-il venir quelque chose de bon?» (Jn 1,46). Et Philippe aussi (se montre) fort intelligent. En effet, bien qu'embarrassé, il ne fait pas de reproches et ne se montre pas fâché, mais il persiste, voulant amener l'homme; par là, il nous montre déjà la persévérance   .....

I: B M
IIa: A D Syr
IIb: C J K N R Migne

xx προσηκούσαν εὐτονίαν ἡμῖν ἐπιδεικνύμενος[1]. διὰ ταῦτα [ ][2] ὁ Χριστός φησιν. ἴδε ἀληθῶς[3] Ἰσραηλίτης ἐν ᾧ δόλος οὐκ ἔστιν.
Ὥστε ἔνι καὶ ψευδὴς Ἰσραηλίτης[4]· ἀλλ᾽ οὐχ οὗτος τοιοῦτος.
ἀδέκαστος γάρ [ ][5], φησίν, ἡ κρίσις· οὐδὲν[6] πρὸς χάριν, οὐδὲ πρὸς ἀπέχ-
90 θειαν φθέγγεται. καίτοι Ἰουδαῖοι ἐρωτηθέντες[7] ποῦ ὁ Χριστὸς γεννᾶται
εἶπον ὅτι ἐν Βηθλεέμ [ ][8]· ἀλλ᾽ ἐκεῖνοι μὲν πρίν ἰδεῖν ἐμαρτύρουν ταῦτα·
ἐπειδὴ δὲ εἶδον, ὑπὸ τῆς βασκανίας τὴν ἀλήθειαν[9] ἀπέκρυψαν λέγοντες·
τοῦτον [ ][10] οὐκ οἴδαμεν πόθεν ἐστίν. ὁ δὲ Ναθαναὴλ οὐχ οὕτως ἀλλ᾽ ἦν
ἐξ ἀρχῆς περὶ αὐτοῦ γνώμην εἶχε, ταύτην ἔμεινε διατηρῶν, ὅτι οὐκ ἔστιν[11]
95 ἐκ Ναζαρέτ. πῶς οὖν αὐτὸν Ναζωραῖον οἱ προφῆται καλοῦσιν; ἀπὸ τῆς
ἀναστοφῆς καὶ τῆς ἐκεῖ διαγωγῆς. τὸ μὲν οὖν εἰπεῖν· οὐκ εἰμὶ ἐκ Ναζαρὲτ
καθὼς εἶπεν[12] Φίλιππος ἀλλ᾽ ἐκ Βηθλεέμ, παρίησιν ὥστε μὴ εὐθέως
ἀμφισβητήσιμον ποιῆσαι τὸν λόγον· καὶ χωρὶς[13] τούτων, ὅτι εἰ καὶ
ἔπεισεν [ ][14] οὐκ ἂν ἱκανὸν τεκμήριον ἔδωκε τοῦ αὐτὸς εἶναι ὁ Χρισ-
100 τός[15]. τί γὰρ ἐκώλυε καὶ μὴ ὄντα Χριστὸν ἀπὸ Βηθλεὲμ εἶναι κατὰ τοὺς
ἄλλους τοὺς ἐκεῖ γεννηθέντας;

Τοῦτο μὲν οὖν παρίησιν· ὃ δὲ μάλιστα αὐτὸν δύναται[16] ἐπ-
αγάγεσθαι, τοῦτο ποιεῖ. Δείκνυσιν [ ][17] ἑαυτὸν παρόντα διαλεγομένοις[18]
αὐτοῖς. εἰπόντος γὰρ[19] ἐκείνου· πόθεν με γινώσκεις; λέγει· πρὸ τοῦ σε Φί-
105 λιππον φωνῆσαι, ὄντα ὑπὸ τὴν συκῆν εἶδόν σε. ὅρα ἄνθρωπον εὐσταθῆ καὶ
βεβηκότα. εἰπόντος γὰρ τοῦ Χριστοῦ· ἴδε ἀληθῶς Ἰσραηλίτης, οὐκ
ἐχαυνώθη τοῖς ἐπαίνοις, οὐκ ἐπέδραμε τοῖς ἐγκωμίοις, ἀλλ᾽ ἐπιμένει ζητῶν,
καὶ ἀκριβέστερον διερευνώμενος, [ ] βουλόμενός[20] τι μαθεῖν σαφές[21]. αὐ-

---

1. = B M A D K. - ἐνδεικνύμενος: C J N R Migne. - (Syr?).
2. Add. καί: Migne.
3. Om.: Syr.
4. ἐν ᾧ δόλος... ψευδὴς Ἰσραηλίτης: Om. M (même au même).
5. = B* M. - Add. αὐτοῦ: rel.
6. Add. ἐστίν: M.
7. = B M A (D). - ἐπερωτηθέντες: rel. - (Syr?).
8. = B M. - Add. καὶ τὴν μαρτυρίαν παρήγαγον λέγοντες· καὶ σὺ Βηθλεὲμ οὐδαμῶς
ἐλαχίστη εἶ ἐν τοῖς ἡγεμόσιν Ἰούδα: rel.
9. = B M. - μαρτυρίαν: rel.
10. = B M. - Add. δέ: rel. (cf. Jn 9,29).
11. ἦν: M.
12. = M. - εἶπέ σοι: Syr. - ἀπήγγειλέ σοι: rel.
13. χωρὶς δέ: Migne.
14. = B M. - Add. τοῦτο: rel.
15. αὐτόν... τὸν Χριστόν: D Migne.
16. 2 1: A J R.
17. Add. γάρ: Migne.
18. διαλεγόμενον: (A) J.
19. οὖν: Migne.
20. = B M D Cr. - καὶ βούλεταί: rel.
21. = B M A D K (Cr). - 2 1: C J N R Migne. - (Syr?).

qui convient à un apôtre. *C'est pourquoi, le Christ dit aussi: «Voici vraiment un Israélite en qui il n'y a pas de ruse» (Jn 1,47).*

Ainsi, il existe aussi un Israélite menteur. Mais celui-ci (= Nathanaël) n'est pas de cette sorte. En effet, (son) jugement, dit-il, est sans corruption. Il ne dit rien pour faire plaisir, ni par haine. Ainsi, des Juifs à qui l'on demandait où le Christ devait naître dirent: à Bethléem (cf. Mt 2,4-5). Mais ceux-là en rendaient témoignage avant d'avoir vu. Cependant, après avoir vu, par jalousie ils cachèrent la vérité en disant: «Celui-ci, nous ne savons pas d'où il est» (Jn 9,29). Il n'en va pas de même de Nathanaël, mais l'idée qu'il avait de lui dès le début, il continua à la garder, à savoir: Il n'est pas de Nazareth. - Comment donc les prophètes l'appellent-ils Nazôréen? (cf. Mt 2,23). Du fait qu'il y fut élevé et qu'il y a vécu. - Le fait de dire: Je ne suis pas de Nazareth, comme l'a dit Philippe, mais de Bethléem, il le laisse de côté, afin de ne pas rendre tout de suite la parole sujette à contestation. D'ailleurs, même s'il avait convaincu, il n'en aurait pas pour autant donné une preuve suffisante que lui-même était le Christ. Pourquoi, même s'il n'était pas le Christ, n'aurait-il pas été de Bethléem comme les autres gens qui y étaient nés?

Cela donc, il le laisse de côté. Mais ce qui pouvait le mieux l'amener (à lui), il le fait. Il montre qu'il était présent tandis qu'ils conversaient. En effet, celui-là ayant dit: «D'où me connais-tu?», Il dit: «Avant que Philippe ne t'appelle, étant sous le figuier, je t'ai vu» (Jn 1,48). Vois l'homme ferme et solide. En effet, le Christ ayant dit: «Voici vraiment un Israélite» (Jn 1,47), il n'est pas amolli par les éloges, il n'est pas avide de louanges, mais il continue à chercher, en quête de plus de précision, voulant apprendre quelque chose de clair. Lui donc, ...

I: B M
IIa: A D Syr
IIb: C J K N R Migne

xx τὸς μὲν οὖν ὡς <u>ἄνθρωπος</u>[1] ἐξήταζεν ἔτι· ὁ δὲ Ἰησοῦς ὡς Θεὸς ἀπεκρίνατο.
110 <u>οὐ</u>[2] γὰρ εἶπεν· [ ][3] ἄνωθέν σε οἶδα καὶ <u>τὸν τρόπον σου καὶ</u>[4] τὴν ἐπιείκειαν·
<u>οὐ γὰρ</u>[5] ὡς ἄνθρωπος αὐτῷ παρηκολουθηκὼς [ ][6] ἄνωθεν [ ][7] ἔγνω, <u>ἀλλ᾽</u>
<u>ὅτι</u>[8] νῦν εἶδόν σε ὑπὸ τὴν συκῆν οὐδεὶς τότε παρῆν ἐκεῖ[9], μόνος ὁ[10]
Φίλιππος ἦν καὶ Ναθαναὴλ, καὶ κατ᾽ἰδίαν ἅπαντα ταῦτα εἶπον.

Διὰ [ ][11] τοῦτο εἴρηται ὅτι· ἰδὼν αὐτὸν πόρρωθεν εἶπεν· ἴδε
115 ἀληθῶς Ἰσραηλίτης, ἵνα <u>μάθης</u>[12] ὅτι πρὶν ἢ πλασιάσαι τὸν Φίλιππον
ταῦτα <u>ἐφθέγξατο</u>[13] ὁ Χριστὸς ὥστε μὴ ὕποπτον γενέσθαι τὴν
μαρτυρίαν. **πόθεν δὲ δῆλον ὅτι εἶδες; εἶπεν τὸν καιρόν, εἶπεν τὸν**
τόπον, εἶπεν τὸ δένδρον, ἄλλως δὲ, εἰ μὲν εἶπεν πρὶν ἢ[14] Φίλιππον
ἐλθεῖν πρὸς σέ εἶδόν σε, κἂν ὑπωπτεύθη, ὡς αὐτὸς αὐτὸν ἀπεσταλ–
120 **κὼς καὶ οὐδὲν μέγα λέγων. νῦν δὲ [ ][15] τὸν τόπον εἰπεῖν καθ᾽ ὃν**
διέτριβε φωνούμενος παρὰ τοῦ Φιλίππου [ ][16] ἀναμφισβήτητον τὴν
πρόρρησιν ἔδειξεν οὖσαν.

Οὐ τὴν πρόρρησιν δὲ μόνον ἐδήλωσεν ἀλλὰ καὶ ἑτέρως αὐτὸν
<u>ἐπαίδευεν</u>[17]. εἰς ὑπόμνησιν γὰρ αὐτὸν ἤγαγε τῶν [ ][18] λεχθέντων, οἷον ὅτι
125 ἐκ Ναζαρὲτ δύναταί τι ἀγαθὸν εἶναι; ἐφ᾽ ᾧ [ ][19] μάλιστα μειζόνως αὐτὸν
ἀπεδέξατο· <u>ὅτι καὶ</u>[20] ταῦτα αὐτοῦ φθεγξαμένου οὐ κατέγνω ἀλλ᾽ἐπήνεσε
καὶ[21] ἐθαύμασε. [ ][22] ἐκ <u>τούτων</u>[23] συνεῖδεν ὅτι ὁ <u>Χριστὸς</u>[24] ὄντως ἐστίν,
ἀπό τε τῆς προρρήσεως, ἀπό τε τοῦ τὴν γνώμην ἐξετάσαι μετὰ ἀκριβείας

---

1. = M A Migne. - ἄνθρωπον: rel.
2. καί: Migne.
3. Add. ὅτι: Syr Migne.
4. τῶν τρόπων αὐτοῦ [ ]: Migne.
5. = B M. - οὐκ ἂν: A D. - οὐχ [ ]: rel.
6. Add. ἀλλ᾽: Migne.
7. Add. ὡς Θεός: Migne.
8. [ ] ὅτι: C J N*. - καί: Migne.
9. = B M. - ἐν τῇ συκῇ ὅτε οὐδεὶς αὐτόθι παρῆν ἀλλά: rel.
10. = B M. - Om.: rel.
11. = B Syr. - Add. δέ: M A D C K N R. -.Add. δή: J Migne.
12. = B M D K. - μάθῃ: rel.
13. = B M. - ἐφθέγγετο: rel.
14. = B M. - διὸ καὶ τὸν καιρὸν εἶπε καὶ τὸν τόπον καὶ τὸ δένδρον· εἰ μὲν γὰρ εἶπε
    μόνον· πρὸ τοῦ: rel. (πρὶν ἤ: K).
15. = B* M J. - Add. τό: D B^c.- Add. τῷ: rel.
16. = B M. - Add. καὶ τοῦ δένδρου τὴν προσηγορίαν καὶ τῆς διαλέξεως τὸν καιρόν:
    rel.
17. = B M. - ἐπαίδευσεν: rel.
18. = B M. - Add. τότε: rel.
19. = B M. - Add. καί: rel. - Add. γάρ: Syr.
20. 2.1: Migne. - 1: Syr.
21. = B M D Migne. - Om.: rel.
22. = B M. - Add. καί: rel.
23. = B M. - τούτου: rel.
24. Θεός: M.

comme un homme, il examinait encore à fond; mais Jésus répondit en tant que Dieu. Car il n'a pas dit: «Je t'ai connu auparavant, et ta manière d'être, et ta patience; ce n'est pas comme un homme qui t'aurait suivi de près auparavant que je t'ai connu», mais: «Maintenant je t'ai vu sous le figuier.» Alors, personne n'était là sinon Philippe et Nathanaël, et ils dirent tout cela en privé.

Pour cette raison il est dit: «L'ayant vu de loin, il dit: Voici vraiment un Israélite» (Jn 1,47), pour que tu apprennes que, avant que Philippe ne s'approche, le Christ avait prononcé ces paroles, afin que le témoignage ne soit pas sujet au doute. Comment est-il prouvé que tu as vu? Il dit le moment, il dit le lieu, il dit l'arbre. Autrement, s'il avait dit: «Avant que Philippe ne vienne à toi, je t'ai vu», il y aurait eu doute, comme si lui-même l'avait envoyé et n'avait rien dit de grand. Mais en réalité, le fait de dire le lieu où il se trouvait tandis qu'il était appelé par Philippe, ce fait a montré que la proclamation était incontestable.

Il n'a pas seulement prouvé la proclamation, mais encore il l'instruisait d'une autre façon. Il l'a fait se souvenir des paroles dites, à savoir: «De Nazareth peut-il venir quelque chose de bon?» (Jn 1,46), au sujet de quoi il l'avait accueilli très favorablement. Car, tandis qu'il disait ces paroles, Il ne l'a pas accusé mais Il l'a loué et admiré. Grâce à cela il a vu d'emblée qu'il est vraiment le Christ: grâce à la proclamation et grâce au fait qu'il cherchait à comprendre la pensée avec préci-

----

I: B M
IIa: A D Syr
IIb: C J K N R Migne

xx [ ]¹ καὶ [ ]² καθ'ἑαυτοῦ δόξαντα λέγειν μὴ μέμψασθαι [ ]³. ὅτι μὲν οὖν
130 ἐφώνησεν αὐτὸν ὁ Φίλιππος, εἶπε· τί δὲ αὐτῷ διελέχθη καὶ τί οὗτος
ἐκείνῳ, παρεσιώπησεν⁴, ἀφεὶς αὐτοῦ τῷ συνειδότι καὶ οὐ βουλόμενος αὐτὸν ἐπὶ πλέον ἐλέγχειν.

Ἆρ'⁵ οὖν; πρὶν ἢ τὸν Φίλιππον φωνῆσαι εἶδεν αὐτὸν μόνον; οὐχὶ [ ]⁶
καὶ πρὸ τούτου ἑώρα τῷ ἀκοιμήτῳ ὀφθαλμῷ⁷; [ ]⁸ ἀλλὰ τέως τοῦτο οἱ⁹
135 κατεπεῖγον ἦν εἰπεῖν· τί οὖν ἐκεῖνος; ἐπειδὴ τεκμήριον ἀναμφισβήτητον
ἔλαβε τῆς προγνώσεως ἦλθεν ἐπὶ τὴν ὁμολογίαν, καὶ τῇ ἀναβολῇ τῇ
προτέρᾳ τὴν ἀκρίβειαν δηλῶν, καὶ τῇ μετὰ ταῦτα συγκαταθήσει τὴν
εὐγνωμοσύνην· [ ]¹⁰ ῥαββί, σὺ εἶ ὁ υἱός τοῦ θεοῦ, σὺ εἶ ὁ βασιλεὺς¹¹ τοῦ
Ἰσραήλ.

---

1. = B M. - Add. αὐτοῦ· ὅπερ δεικνύντος ἦν ὅτι καὶ ἐν τῇ διανοίᾳ αὐτοῦ τοῦ
Ναθαναὴλ ἠπίστατο: rel. (variantes).
2. Add. τό: Migne.
3. = B M. - Add. ἀλλὰ καὶ ἐπαινέσαι: rel.
4. = B M D. - παρῆκεν: rel.
5. = B M D. - τί: rel.
6. = B M. - Add. δέ: rel.
7. = B M A D. - ὄμματι: rel.
8. = B M. - Add. ἑώρα καὶ οὐδεὶς ἂν ἀντείποι: rel.
9. = (B) M. - τό: rel.
10. = B* M. - Add. ἀπεκρίθη γάρ, φησίν, καὶ λέγει αὐτῷ: rel. - Add. ἀπεκρίθη γὰρ
Ναθαναὴλ καὶ λέγει [ ]: Syr.
11. ὁ βασιλεὺς εἶ: M.

sion, et qu'il ne le blamait pas de dire ce qu'il pensait. - **Que Philippe l'ait appelé, (l'évangéliste) l'a dit. Mais ce qu'ils se sont dit l'un à l'autre, il l'a passé sous silence, le laissant à leur conscience et ne voulant pas l'accuser trop.**

Et quoi donc? C'est seulement avant que Philippe ne l'appelât qu'il l'a vu? Ne le voyait-il pas auparavant de son œil vigilant? Mais jusque là, il n'était pas urgent de le dire. Que (fit) donc celui-là? Après avoir reçu une preuve indiscutable de la prescience (du Christ), il en vint à la confession de foi, montrant son souci d'exactitude par son hésitation antérieure et sa noblesse de sentiment par son assentiment ultérieur: «Rabbi, tu es le fils de Dieu, tu es le roi d'Israël» (Jn 1,49).

I: B M

IIa: A D Syr

IIb: C J K N R Migne

xxi   Ἀπεκρίθη Ναθαναὴλ καὶ λέγει αὐτῷ[1]· ῥαββί, σὺ εἶ ὁ υἱὸς τοῦ Θεοῦ, σὺ εἶ ὁ βασιλεὺς τοῦ Ἰσραήλ. ἀπεκρίθη[2] ὁ[3] Ἰησοῦς καὶ εἶπεν αὐτῷ· ὅτι εἶπόν σοι ὅτι[4] εἶδον σε ὑποκάτω τῆς συκῆς πιστεύεις; <u>μείζονα</u>[5] τούτων <u>ὄψῃ</u>[6].

5

Πολλῆς ἡμῖν, ἀγαπητοί, δεῖ τῆς μερίμνης, πολλῆς τῆς ἀγρυπνίας, ὥστε δυνηθῆναι τὸ βάθος κατοπτεῦσαι τῶν θείων Γραφῶν. <u>οὐ</u>[7] γὰρ ἁπλῶς, οὐδὲ καθεύδοντας, ἔνι τὸ <u>θέλημα</u>[8] αὐτῶν εὑρεῖν, ἀλλὰ δεῖ μὲν ἐρεύνης ἀκριβοῦς, δεῖ δὲ [ ][9] εὐχῆς ἐκτενοῦς, ἵνα δυνηθῶμεν μικρόν τι

10   διαβλέψαι πρὸς τὰ ἄδυτα τῶν θείων λογίων. ἰδοὺ γὰρ καὶ τήμερον οὐ μικρὸν ἡμῖν ζήτημα πρόκειται, ἀλλὰ καὶ πολλῆς δεόμενον τῆς <u>πραγμα- τείας</u>[10] [ ][11].

Εἰπόντος γὰρ τοῦ Ναθαναήλ· σὺ εἶ ὁ υἱὸς τοῦ Θεοῦ, ὁ Χριστός φησιν· ὅτι εἶπόν σοι ὅτι[12] εἶδόν σε ὑποκάτω τῆς συκῆς, πιστεύεις; μείζονα

15   τούτων <u>ὄψῃ</u>[13]. τί ποτ᾽ οὖν <u>ἐστὶν ἐν τοῖς εἰρημένοις</u>[14] τὸ ζητούμενον; ὅτι Πέτρος μὲν, μετὰ τοσαῦτα θαύματα καὶ διδασκάλιαν τοιαύτην ὁμολογήσας ὅτι <u>σὺ εἶ ὁ υἱὸς</u>[15] τοῦ Θεοῦ, μακαρίζεται ὡς παρὰ τοῦ Πατρὸς τὴν ἀποκάλυψιν δεξάμενος, ὁ δὲ Ναθαναὴλ, καὶ πρὸ τῶν σημείων καὶ [ ][16] τῆς διδασκαλίας τὸ αὐτὸ δὴ[17] τοῦτο εἰπών, οὐδὲν τοιοῦτον ἤκουσεν ἀλλὰ

1. Om.: Syr.
2. Om. v. 50: Syr. - Om. ἀπεκρίθη ὁ Ἰησοῦς καὶ: R.
3. = B A C Migne. - Om.: rel.
4. = B* M A J C (R). - Om.: D K Migne.
5. = M. - μείζον: B. - μείζω: rel.
6. ὄψει: B^c Migne.
7. οὐδέ: M.
8. βούλημα: Migne.
9. = B M D K R. - Add. καί: A C J Migne. - Syr: καὶ δεῖ [ ].
10. = M. - σπουδῆς: rel.
11. = M. - Add. καὶ τῆς ἐρεύνης: rel. (B om. τῆς).
12. = B M Syr. - Om.: rel.
13. = M A C J K. - ὄψει: B D R Migne. - (Syr?)
14. = B M. - 2 3 4 1: rel.
15. = B M. - 1 4 2: A J Migne. 2 3 4: D C. - 4 2: K R - οὗτός ἐστιν ὁ υἱός: Syr.
16. = B M. - Add. πρό: rel.
17. = B M D. - Om.: rel.

TRAITÉ XXI

Nathanaël répondit et lui dit: «Rabbi, tu es le fils de Dieu, tu es le roi d'Israël.» Jésus répondit et lui dit: «Parce que je t'ai dit que je t'ai vu sous le figuier, tu crois? Tu verras encore plus grand.»

Bien aimés, il faut beaucoup d'attention, rester bien éveillés, pour pouvoir scruter la profondeur des divines Écritures. En effet, ce n'est pas sans effort, ni ensommeillés, qu'il nous est possible de trouver leur volonté, mais il faut une recherche minutieuse, il faut une prière assidue pour que nous puissions entrevoir quelque peu les profondeurs insondables des divines paroles. Voici que, justement, aujourd'hui nous est offert un problème difficile et qui nécessite beaucoup d'application.

Nathanaël ayant dit: «Tu es le fils de Dieu», le Christ déclare: «Parce que je t'ai dit que je t'ai vu sous le figuier, tu crois? Tu verras encore plus grand.» Quel est donc le problème posé par ces paroles? Le voici. Pierre, c'est après moult prodiges et un enseignement continu qu'il reconnut: «Tu es le Fils de Dieu» et qu'ainsi il fut loué comme ayant reçu du Père cette révélation (cf. Mt 16,17); Nathanaël au contraire, c'est avant les signes et l'enseignement qu'il dit la même chose, et cependant il n'entendit rien de tel mais, ...

I: B M

IIa: A D Syr

IIb: C J K R Migne (N deest)

xxi καὶ ὡς οὐδὲν <u>μέγα εἰρηκὼς</u> [ ]¹, ἐπὶ <u>μεῖζον²</u> προσάγεται. τί ποτ' οὖν τὸ
αἴτιον; ὅτι τὰ μὲν ῥήματα <u>ταῦτα³</u> ἐφθέγξατο καὶ ὁ Πέτρος καὶ ὁ
Ναθαναήλ, οὐ μετὰ τῆς αὐτῆς δὲ διανοίας ἑκάτερος· ἀλλ' ὁ μὲν Πέτρος
ὡμολόγησεν υἱὸν τοῦ θεοῦ, ὡς Θεὸν ἀληθῆ, ὁ Ναθαναήλ⁴ δὲ ὡς⁵
ἄνθρωπον ψιλόν. καὶ πόθεν δῆλον τοῦτο ἡμῖν; ἐκ τῶν μετὰ ταῦτα εἰρημέ-
25 νων. [ ] <u>σὺ γὰρ εἶ, φησίν⁶</u>, ὁ υἱὸς τοῦ Θεοῦ, [ ]⁷ ὁ βασιλεὺς τοῦ Ἰσραήλ. ὁ δὲ
<u>τοῦ Θεοῦ υἱὸς⁸</u> οὐ τοῦ Ἰσραήλ ἐστι <u>μόνον βασιλεύς⁹</u>, ἀλλὰ καὶ τῆς
οἰκουμένης ἁπάσης.

Οὐκ ἀπὸ τούτου δὲ μόνον τοῦτο δῆλον ἀλλὰ καὶ ἐκ τῶν ἑξῆς. τῷ μὲν
γὰρ Πέτρῳ οὐδὲν ὕστερον προσέθηκεν ὁ Χριστός, ἀλλ' ὡς ἀπηρτισμένης
30 αὐτῷ τῆς πίστεως τὴν ἐκκλησίαν ἔφησεν ἐπὶ τὴν ὁμολογίαν οἰκοδομήσειν
τὴν ἐκείνου. ἐνταῦθα δὲ οὐδὲν τοιοῦτον ἐποίησεν, ἀλλὰ καὶ τὸ ἐναντίον·
ὡς γὰρ πολλοῦ τινος καὶ [ ]¹⁰ βελτίονος μέρους <u>τῆς ὁμολογίας¹¹</u> λείποντος,
τὰ λοιπὰ προσέθηκε.

Τί γὰρ φησιν· [ ] <u>ἐὰν οὖν ἴδητε</u> [ ]¹² τοὺς ἀγγέλους [ ]¹³ ἀναβαίνον-
35 τας καὶ καταβαίνοντας ἐπὶ τὸν υἱὸν τοῦ ἀνθρώπου. ὁρᾷς πῶς αὐτὸν ἀπὸ
τῆς γῆς <u>ἀνάγει¹⁴</u> κατὰ μικρὸν καὶ ποιεῖ μηκέτι φαντάζεσθαι ἄνθρωπον
ἁπλῶς. ᾧ γὰρ ἄγγελοι διακονοῦσιν, καὶ ἐφ' ὃν ἄγγελοι ἀναβαίνουσιν καὶ
καταβαίνουσι¹⁵ πῶς ἂν¹⁶ οὗτος ἄνθρωπος εἴη;¹⁷

[Διὰ τοῦτο εἶπε· μείζονα τούτων <u>ὄψῃ¹⁸</u>. καὶ δεικνὺς <u>αὐτὸ¹⁹</u> ἐπ-
40 ήγαγε τὴν τῶν ἀγγέλων διακονίαν. ὃ δὲ δέγει τοιοῦτόν ἐστιν·]
Μέγα σοι, φησίν, ὦ Ναθαναήλ, ἔδοξεν εἶναι τοῦτο καὶ διὰ τοῦτό με
βασιλέα τοῦ Ἰσραὴλ ὡμολόγησας· τί οὖν ἐρεῖς ὅταν ἴδῃς τοὺς ἀγγέ-

---

1. = B M. - [ ] εἰρηκὼς τοσοῦτον ὅσον ἐχρῆν εἰπειν: rel. (D: μέγα εἰρηκὼς κτλ).
2. = B M A. - μεῖζω: rel.
3. = B M. - τὰ αὐτά: rel.
4. = B M Cr. - Om.: rel.
5. = B M D Cr. - Om.: rel.
6. = B M. - εἰπὼν γὰρ σὺ εἶ [ ]: rel.
7. = B* M. - Add. ἐπήγαγε σὺ εἶ: rel.
8. 3 1 2: M.
9. = B M A N Cr. - 2 1: D C J K R Migne.
10. = M C. - Add. τοῦ: rel. (om. μέρους: D).
11. = B M. - τῇ ὁμολογίᾳ: rel.
12. = B M. - ἀμὴν ἀμὴν λέγω ὑμῖν ἀπάρτι ὄψεσθε τὸν οὐρανὸν ἀνεωγότα καί: rel.
13. = B M. - Add. τοῦ Θεοῦ: rel.
14. ἄγει: M (hapl.).
15. Om. καὶ καταβαίνουσι: A J (même au même).
16. = B M D Migne. - Om.: rel. - (Syr?).
17. Les lignes mises entre crochets et en retrait sont omises par B M.
18. = A D C J K. - ὄψει: N R Migne.
19. αὐτά: A D R Syr.

comme s'il n'avait rien dit de grand, il est renvoyé à quelque chose de plus grand.
Quel en est donc la raison? C'est que Pierre et Nathanaël ont bien prononcé les
mêmes paroles, mais chacun avec une idée différente. Pierre a reconnu le Fils de
Dieu comme Dieu véritable, mais Nathanaël comme un simple homme. Et à quoi
le voyons-nous? Des paroles qui suivent. Il dit en effet: «Tu es le fils de Dieu, tu
es le roi d'Israël.» Mais le Fils de Dieu est roi, non seulement d'Israël, mais aussi
du monde tout entier.

Et ce n'est pas à cela seulement que nous le voyons, mais aussi à ce qui
suit. *À Pierre, le Christ n'a rien proposé de plus, mais, en raison de la perfection*
de sa foi, il a déclaré qu'il bâtirait l'église sur la profession de foi de celui-ci. Mais
ici, il n'a rien fait de tel, mais tout le contraire. En effet, comme si la confession
de foi manquait de sa meilleure partie, il a proposé le reste.

Que dit-il en effet? «Si donc vous voyiez les anges montant et descendant
sur le Fils de l'homme!» (Jn 1,52). Tu vois comment il l'élève peu à peu au-
dessus de la terre et fait qu'il ne L'imagine plus simplement comme un homme.
En effet, celui que les anges servent et sur lequel les anges montent et descendent,
comment serait-il un homme?

C'est pourquoi il dit: «Tu verras plus grand que cela.» Et l'ayant montré,
il ajouta le service des anges. Or tel est le sens de ce qu'il dit.
«Nathanaël, dit-il, cela t'a semblé être grand et c'est pourquoi tu m'as
reconnu roi d'Israël. Que diras-tu donc lorsque tu verras les anges   .....

I: B M
IIa: A D Syr
IIb: C J K N R Migne (N:] καὶ ὡς οὐδέν en xxi/20)

xxi λους ἐπ'ἐμὲ [ ]¹ καταβαίνοντας; διὰ τούτων² πείθων καὶ τῶν ἀγγέλων αὐτὸν ὁμολογῆσαι Δεσπότην. ὡς γὰρ ἐπὶ υἱὸν βασιλέως
45 γνήσιον οὕτως ἀνήεσαν καὶ κατήεσαν³ οἱ διάκονοι οἱ βασιλικοί,
τοῦτο μὲν γὰρ⁴ παρὰ τὸν καιρὸν τοῦ σταυροῦ, τοῦτο δὲ παρὰ τὸν
καιρὸν τῆς ἀναστάσεως καὶ⁵ τῆς ἀναλήψεως, καὶ πρό τούτου δὲ ὅτε
προσῆλθον καὶ διηκόνουν αὐτῷ, ὅτε εὐηγγελίζοντο [ ]⁶, ὅτε ἐβόων· δόξα ἐν
ὑψίστοις Θεῷ καὶ ἐπὶ γῆς εἰρήνη, ὅτε πρὸς τὴν Μαριὰμ ἦλθον⁷, ὅτε πρὸς
50 τὸν Ἰωσήφ. ὅπερ δὲ ἐπὶ πολλῶν ἐποίησεν⁸, τοῦτο καὶ νῦν ποιεῖ.

Δύο λέγει προρρήσεις, καὶ τῆς μὲν ἤδη τὸν ἔλεγχον δίδωσι, τὴν
δὲ μέλλουσαν ἀπὸ τῆς παρούσης βεβαιοῦται⁹. καὶ γὰρ τῶν λεχθέντων τὰ μὲν τὴν ἀπόδειξιν ἔλαβεν, οἷον [ ]¹⁰· πρὸ τοῦ σε Φίλιππον
φωνῆσαι¹¹ ὑπὸ τὴν συκῆν εἶδόν σε. τὰ δὲ ἐκβήσεσθαι ἔμελλεν,
55 [ ]¹² ἡ τῶν ἀγγέλων κατάβασις καὶ ἀνάβασις, ἡ ἐπὶ τοῦ σταυροῦ
καὶ¹³ τῆς ἀναστάσεως¹⁴ καὶ τῆς ἀναλήψεως, ὃ καὶ αὐτὸς¹⁵ διὰ
τῶν εἰρημένων ἀξιόπιστον ποιεῖ καὶ πρὸ τῆς ἐκβάσεως. ὁ γὰρ ἐπὶ τοῖς
παρελθοῦσιν αὐτοῦ τὴν δύναμιν γνοὺς [ ]¹⁶ περὶ τῶν μελλόντων
οὐκ ἀπιστήσει λοιπὸν [ ]¹⁷

60   [ ]¹⁸ Οὐδὲν πρὸς τοῦτο Ναθαναὴλ ¹⁹ ἀποκρίνεται. Διὸ καὶ ὁ
Χριστὸς μέχρι τούτου τὸν²⁰ λόγον ἔστησε τὸν πρὸς αὐτόν, συγχωρῶν κατ'
ἰδίαν ἀναλογίσασθαι τὰ λεχθέντα καὶ οὐ βουλόμενος πάντα ἀθρόως
ἐκχέειν ἀλλὰ καταβαλὼν τὰ σπέρματα εἰς εὔφορον γῆν²¹ ἀφίησιν αὐτὴν
ἐπὶ σχολῆς βλαστῆσαι λοιπόν. ὅπερ καὶ ἀλλαχοῦ [ ]²² ἔλεγεν· ὁμοία ἐστὶν

---

1. *Add.* ἀναβαίνοντας καί: M Migne.
2. τούτου: A Syr.
3. *Om.* καὶ κατήεσαν: B* M (même au même).
4. = B M. - *Om.*: *rel.*
5. = B M D Syr Migne. - *Om.*: *rel.*
6. = B M. - *Add.* αὐτοῦ τὸν τόκον: *rel.*
7. ἦλθεν: B.
8. = B M A D Syr. - *Om.*: *rel.*
9. = M. - βεβαιοῖ: *rel.*
10. *Add.* ἐστίν: Migne.
11. = B M. - 2 3: K - 2 3 1: *rel.* - *Add.* ὄντα: B M (cf. Jn 1,48).
12. = B M. - *Add.* καὶ ἐκ μέρους ἐξέβη: *rel.*
13. ἡ ἐπί: N Migne.
14. Om. καὶ τῆς ἀναστάσεως: B M (même au même).
15. = B M. - αὐτό: *rel.*
16. = B M Syr. - *Add.* καί: *rel.*
17. = B M. - εὐκολώτερον καταδέχοιτο καὶ ταύτην τὴν πρόρρησιν *rel.*
18. = B M. - *Add.* τί οὖν ὁ: *rel.*
19. = B M. - 4 1 2 3: *rel.*
20. *Om.*: A C J N.
21. = B M D. - 3 4 5 1 2: *rel.*
22. *Add.* δεικνύς: Migne.

descendant sur moi?» Par là, il le persuadait de le reconnaître aussi comme **maître des anges. En effet, c'est comme sur un authentique fils de roi que sont ainsi montés et descendus les serviteurs royaux. Car ceci (est arrivé) au moment de la croix** (cf. Lc 22,43), **ceci (est arrivé) au moment de la résurrection** (cf. Lc 24,4) **et de l'ascension** (cf. Act 1,10-11). Et avant cela, lorsqu'ils s'approchèrent et le servaient (Mt 4,11), lorsqu'ils annonçaient la bonne nouvelle, lorsqu'ils criaient: «Gloire à Dieu dans les Hauteurs et paix sur la terre» (Lc 2,14), lorsqu'ils vinrent vers Marie, lorsqu'ils (vinrent) vers Joseph. Or, ce qu'il a fait bien souvent, il le fait maintenant aussi.

Il fait deux proclamations: de l'une, il donne déjà la preuve; quant à l'autre, à venir, elle est confirmée par la présente. En effet, l'une a été prouvée d'après ce qui a été dit, à savoir: «Avant que Philippe ne t'appelle sous le figuier, je t'ai vu» (Jn 1,48). **L'autre allait arriver: la descente et la montée des anges, à la croix et à la résurrection et à l'ascension, et lui-même la rend digne de foi grâce aux paroles dites et avant qu'elle n'arrive. En effet, celui qui a reconnu Sa puissance grâce à ce qui s'est passé, il ne sera pas incrédule à propos des événements futurs.**

Nathanaël ne répond rien à cela. Aussi le Christ également arrêta là la parole qu'il lui adressait, préférant donner en privé des explications sur ce qui avait été dit; il ne voulait pas tout répandre à la fois, mais ayant jeté les semences dans une terre fertile, il la laisse faire germer et produire l'épi. Ce qu'il disait ailleurs: «Semblable est   .....

I: B M
IIa: A D Syr
IIb: C J K N R Migne

xxi ἡ βασιλεία τῶν οὐρανῶν ἀνθρώπῳ σπείροντι καλὸν σπέρμα. καὶ ἐν τῷ
καθεύδειν αὐτὸν ἐπέρχεται ὁ ἐχθρὸς καὶ σπείρει ζιζάνια ἀνὰ μέσον τοῦ
σίτου.

Ἐν τῇ ἡμέρᾳ τῇ τρίτῃ γάμος ἐγένετο ἐν Κανᾷ τῆς Γαλιλαίας,
καὶ ἐκλήθη ὁ Ἰησοῦς εἰς τοὺς γάμους. ἦν δὲ καὶ ἡ μήτηρ τοῦ Ἰησοῦ
70 ἐκεῖ καὶ οἱ ἀδελφοὶ[1] αὐτοῦ. εἶπον καὶ φθάσας ὅτι ἐπειδὴ[2] ἐν τῇ
Γαλιλαίᾳ μᾶλλον γνώριμος ἦν[3] [ ][4] καλοῦσιν αὐτὸν εἰς τὸν γάμον καὶ
παραγίνεται. οὐδὲ γὰρ πρὸς τὴν ἀξίαν ἑώρα τὴν ἑαυτοῦ ἀλλὰ πρὸς τὴν
εὐεργεσίαν τὴν ἡμετέραν. ὁ γὰρ μὴ ἀπαξιώσας γενέσθαι δοῦλος [ ][5],
πολλῷ μᾶλλον οὐκ [ ][6] ἀπηξίωσεν[7] εἰς [ ][8] γάμον ἐλθεῖν [ ][9]. ὁ τελώναις
75 καὶ ἁμαρτωλοῖς συναναπεσών, πολλῷ μᾶλλον οὐκ ἂν παρῃτήσατο τοῖς ἐν
τῷ γάμῳ παροῦσιν συγκατακλίνεσθαι. ὅτι δὲ οὐκ ἀπὸ τῶν θαυμάτων
αὐτὸν εἰδότες[10] οὐδ᾽ ὡς μέγαν τινὰ ἐκάλουν, ἀλλὰ καὶ[11] ἁπλῶς
[ ][12] καὶ ὡς γνώριμον· καὶ τοῦτο ἠνίξατο ὁ εὐαγγελιστὴς εἰπών· ἦν
δὲ καὶ ἡ μήτηρ τοῦ Ἰησοῦ ἐκεῖ καὶ οἱ ἀδελφοὶ αὐτοῦ. ὥσπερ οὖν
80 ἐκείνην καὶ τοὺς ἀδελφοὺς ἐκάλεσαν οὕτω[13] καὶ τὸν Ἰησοῦν.

Καὶ ὑστερήσαντος οἴνου λέγει ἡ μήτηρ αὐτοῦ[14]· οἶνον οὐκ ἔχουσιν.
ἄξιον ἐνταῦθα ζητῆσαι πόθεν ἐπῆλθε τῇ μητρὶ μέγα [ ][15] φαντασθῆναι περὶ
τοῦ παιδός. σημεῖον [ ] οὐδὲν ἦν [ ][16] πεποιηκώς. ταύτην γάρ, φησίν, ἀρχὴν
ἐποίησε τῶν σημείων ὁ Ἰησοῦς[17] ἐν Κανᾷ τῆς Γαλιλαίας. εἰ δὲ λέγει τις μὴ
85 εἶναι τοῦτο τεκμήριον ἱκανὸν[18] τοῦ ταύτην ἀρχὴν εἶναι τῶν σημείων, διὰ
τὸ [ ][19] προσκεῖσθαι· ἐν Κανᾷ τῆς Γαλιλαίας, ὡς ἐγχωροῦν ἐκεῖ πρῶτον[20]
γεγενῆσθαι, μὴ μέντοι πάντως [ ][21] πρῶτον[22], εἰκὸς γὰρ αὐτὸν ἀλλαχοῦ

---

1. μαθηταί: M.
2. = B M. - Om.: rel.
3. 2 3 1: A. - 2 3: Syr.
4. = B M. - Add. διὸ καί: rel.
5. = B M Cr. - δούλου μορφὴν λαβεῖν: rel. (cf. Phil 2,7).
6. = B M*. - Add. ἂν : rel.
7. ἐπηξίωσεν: Migne.
8. = M R Cr. - Add. τόν: rel.
9. = B M. - Add. δούλων: rel. (ante ἐλθεῖν : D).
10. = B M. - οὐχ ὡς θαύματα ἰδόντες: Cr. - οὐ μὴν οἱ καλέσαντες τὴν προσήκουσαν
    περὶ αὐτοῦ κρίσιν εἶχον: rel.
11. = M. - ἀλλ᾽ [ ]: rel.
12. = B M Cr. - Add. ὡς τῶν πολλῶν ἕνα: rel.
13. = B M D Cr. - ἐκάλεσαν: rel.
14. τοῦ Ἰησοῦ πρὸς αὐτόν: B M (cf. Jn 2,3).
15. = B M R. - Add. τι: rel.
16. = B M. - οὐδὲ γὰρ ἦν τι σημεῖον: D.- οὐδὲν γὰρ σημεῖον τι: K. - οὐδὲ γὰρ σημεῖον
    ἦν τι: rel. - οὐδὲ γὰρ ἐποίησεν σημεῖον: Syr.
17. Om.: D K.
18. Om.: M (hapl.)
19. Add. ἁπλῶς: B Migne.
20. = B M A D K. - 2 1: C J N R Migne. - (Syr?).
21. Add. καί: Migne.
22. Om. γεγενῆσθαι μὴ μέντοι πάντως πρῶτον: B M (même au même).

le royaume des cieux à un homme semant la bonne semence. Et tandis qu'il dormait, l'ennemi vient et sème la zizanie au milieu du blé» (Mt 13,24-25).

«Au troisième jour, une noce eut lieu à Cana de Galilée et Jésus fut invité aux noces. La mère de Jésus aussi était là, et ses frères» (Jn 2,1-2). *Je l'ai déjà dit: puisqu'il était bien connu en Galilée, on l'invite à la noce et il vient. C'est qu'il ne regardait pas sa propre dignité, mais le bienfait qu'il nous rendait. En effet, celui qui n'avait pas repoussé comme indigne (de lui) de devenir serviteur (cf. Phil 2,7), à plus forte raison n'a-t-il pas jugé indigne (de lui) de venir à la noce. Celui qui s'était assis avec des publicains et des pécheurs (cf.Mt 9,10), à plus forte raison n'a-t-il pas refusé de s'asseoir avec ceux qui assistaient à la noce.* **Mais c'est qu'on l'avait invité, non pas parce qu'on le connaissait grâce à ses prodiges ou comme un grand personnage, mais sans façon et comme une simple connaissance. Et l'évangéliste l'a insinué lorsqu'il a dit: «La mère de Jésus était là, et ses frères.» Et donc, comme ils avaient invité celle-ci et ses frères, de même aussi Jésus.**

«Et, le vin étant venu à manquer, sa mère dit: Ils n'ont pas de vin» (Jn 2,3). *Ici, il convient de se demander comment sa mère eut l'idée d'imaginer grandement au sujet de son enfant: il n'avait encore accompli aucun signe. En effet, dit (l'évangéliste), «Ceci, Jésus le fit comme commencement des signes à Cana de Galilée» (Jn 2,11). Mais si quelqu'un dit que ce n'est pas une preuve suffisante que ce fut le commencement des signes, du fait qu'il y a "à Cana de Galilée", ce qui permet de comprendre: il fut le premier à cet endroit, mais pas premier d'une façon générale, car il est vraisemblable* . . . . .

I: B M
IIa: A D Syr
IIb: C J K N R Migne

xxi πεποιηκέναι ἔτερα, ἐκεῖνο πρὸς αὐτοὺς[1] ἐροῦμεν ὃ καὶ ἔμπροσθεν εἴπομεν.
ποῖον δὴ τοῦτο; ὅτι[2] Ἰωάννης φησίν· ἐγὼ [ ][3] οὐκ ᾔδειν αὐτόν, ἀλλ᾽ ἵνα φα-
90 νερώθη ἐν[4] τῷ Ἰσραὴλ διὰ τοῦτο ἦλθον βαπτίζων.

Εἰ δὲ κατὰ τὴν πρώτην ἡλικίαν[5] ἐθαυματούργει, οὐκ ἂν ἐδεήθησαν
Ἰσραηλῖται ἑτέρου τοῦ φανερώσοντος αὐτόν. ὁ γὰρ εἰς ἄνδρας ἐλθών, καὶ
οὕτως ἀπὸ τῶν θαυμάτων οὐ τοῖς Ἰουδαίοις[6] γνωρισθεὶς μόνον ἀλλὰ καὶ
τοῖς ἐν Συρίᾳ καὶ παραιτέρω, καὶ ταῦτα ἐν τρισὶν ἔτεσι μόνον ταῦτα πε-
95 ποιηκώς, μᾶλλον δὲ οὐδὲ τῶν τριῶν τούτων δεηθεὶς εἰς τὸ δεῖξαι ἑαυτόν.
εὐθέως γὰρ καὶ ἐκ τῆς[7] πρώτης πανταχοῦ ἀπῆλθεν ἡ ἀκοὴ αὐτοῦ[8]. ὁ
τοίνυν ἐν βραχεῖ καιρῷ οὕτω[9] διὰ τοῦ πλήθους τῶν θαυμάτων ἐκλάμψας
ὥστε[10] αὐτοῦ τὸ ὄνομα κατάδηλον γενέσθαι πᾶσι, πολλῷ μᾶλλον εἰ παῖς
ὢν ἐκ πρώτης ἡλικίας ἐθαυμαρτούργει ἐπὶ τοσοῦτον χρόνον οὐκ ἔμελλε
100 λήσεσθαι. τά τε γὰρ γινόμενα παραδοξότερα ἂν ἔδοξεν εἶναι, ἅτε παρὰ
μειρακίου γινόμενα, ὁ δὲ[11] χρόνος διπλασίων καὶ τριπλασίων καὶ πολλῷ
πλεῖον[12] ἦν [ ][13]. οὐδὲ[14] γὰρ οὐδὲν ἐποίησεν παῖς ὤν. ἀλλὰ ἓν αὐτὸ[15]
τοῦτο μόνον ἐμαρτύρησεν ὁ Λουκᾶς ὅτι ἐκαθέζετο δωδεκαετὴς ὢν τῶν
διδασκάλων ἀκροώμενος καὶ διὰ τῆς ἐρωτήσεως ἐδόκει θαυμαστὸς αὐ-
105 τοῖς[16] εἶναι. καὶ ἄλλως δὲ εἰκότως καὶ κατὰ λόγον οὐκ ἤρξατο τῶν
σημείων ἐκ πρώτης ἡλικίας εὐθέως. ἐνόμισαν γὰρ[17] [ ][18] φαντασίαν εἶναι
τὸ πρᾶγμα. εἰ γὰρ ἐν ἡλικίᾳ γενομένου πολλοὶ τοῦτο ὑπώπτευσαν, πολλῷ
μᾶλλον ἂν εἰ[19] καὶ ταύτην πρώτην ἡλικίαν ταῦτα ἐγένετο[20], καὶ θᾶττον
δὲ καὶ πρὸ τοῦ προσήκοντος καιροῦ ἐπὶ τὸν σταυρὸν ὥρμησαν ἂν τῇ βασ-
110 κανίᾳ τηκόμενοι. καὶ αὐτὰ τὰ τῆς οἰκονομίας [ ][21] ἠπιστήθη πράγματα.

---

1. αὐτόν: B J Syr Migne.
2. ὅπερ: A Syr Migne.
3. Add. δέ: Migne.
4. = B. - Om.: rel.
5. Om.: M.
6. = B M. - ἐν Ἰουδαίᾳ: rel.
7. = B M Migne. - Om.: rel.
8. = B M A D. - 2 3 4 1: rel.
9. καιροῦ [ ]: M.
10. = B M Migne. - ὡς: rel.
11. = B M. - τε: rel.
12. = B M D K. - πλείων: rel. - (Syr?).
13. Add. ἄν: R Migne.
14. = M. - ἀλλά: rel.
15. = B M. - Om.: rel.
16. = B M A D. - Om.: rel.
17. 2 1: A J.
18. = B M A. - Add. ἄν: rel. - (Syr?).
19. = B M A K N^C. - ἐὰν εἰ: D C J N* R. - ἐὰν [ ]: Migne
20. = B M D. - μειράκιον ὢν κομιδῆ ἐθαυματούργει: rel.
21. = M. - Add. ἄν: B D C J K N R. - Add. δ᾽ ἄν: A Migne.

qu'il en avait fait d'autres ailleurs, nous lui dirions ce que nous avons dit déjà. Quoi donc? Que Jean dit: «Mais moi je ne le connaissais pas, mais pour qu'il fût manifesté à Israël, pour cette raison je suis venu baptiser» (Jn 1,31).

S'il avait fait des prodiges durant sa tendre enfance, les Israélites n'auraient pas eu besoin d'un autre qui le manifesterait. Car celui qui est venu vers des hommes, et qui, grâce aux prodiges qu'il avait faits, fut connu non seulement des Juifs mais encore des gens de Syrie et d'au-delà (cf. Mt 4,24), et cela en trois ans seulement, ou plutôt, n'ayant même pas eu besoin de ces trois années pour se manifester, car aussitôt et dès le début sa renommée se répandit partout (cf. Mt 4,24), celui donc qui en peu de temps a brillé grâce à la multitude des prodiges (qu'il accomplit) au point que son nom était devenu célèbre pour tous, combien plus s'il avait fait des prodiges étant enfant, dès sa tendre enfance, il ne serait pas resté caché durant tant de temps. D'ailleurs, ce qui serait arrivé aurait paru très extraordinaire du fait que ce serait arrivé d'un jeune garçon. Mais le temps était double et triple et même bien davantage. Car il n'a jamais rien fait étant enfant. Mais de ce seul fait Luc a rendu témoignage: tandis qu'il avait douze ans, il était assis écoutant les maîtres et par sa façon d'interroger il leur semblait être étonnant (cf. Lc 2,46-47). Et pour une autre raison il est certain qu'il ne commença pas les signes dès sa tendre enfance. En effet, on aurait pensé que le fait n'était qu'une illusion. Si en effet, une fois qu'il fut arrivé à l'âge d'homme, beaucoup le mirent en doute, combien plus si c'était arrivé en sa tendre enfance; et, plus rapidement, avant le temps marqué, ils se seraient élancés vers la croix, poussés par l'envie. Et on n'aurait pas cru aux faits relevant de l'économie (du salut).

I: B M

IIa: A D Syr

IIb: C J K N R Migne

xxi   Πόθεν οὖν ἐπῆλθε τῇ μητρὶ μέγα τι φαντασθῆναι[1] περὶ αὐτοῦ; φησίν[2]. ἀποκαλύπτεσθαι λοιπὸν ἤρχετο, **καὶ ἐξ Ἰωάννου κατάδηλος ἦν, καὶ ἀπὸ τῶν πρὸς τοὺς μαθητὰς εἰρημένων αὐτῷ·** καὶ πρὸ τούτων δὲ ἁπάντων αὐτὴ ἡ σύλληψις καὶ τὰ <u>περὶ τὴν σύλληψιν</u>[3] γενόμενα πάντα,
115   μεγίστην αὐτῇ περὶ τοῦ παιδὸς ἐνέθηκε τὴν ὑπόνοιαν. <u>ἤκουεν</u>[4] γὰρ, φησίν, πάντα τὰ περὶ τοῦ παιδὸς καὶ συνετήρει ἐν τῇ καρδίᾳ αὐτῆς.

   <u>Τί οὖν</u> [ ][5], φησίν, <u>οὐχὶ</u>[6] πρὸ τούτου ταῦτα ἔλεγεν; ὅτι, ὅπερ ἔφην, τότε λοιπὸν ἀρχὴν τοῦ φανεροῦσθαι ἐλάμβανε. πρὸ μὲν γὰρ τούτου ὡς τῶν πολλῶν εἷς ὤν, οὕτω διῆγεν· ὅθεν οὐδὲ ἐθάρρει τοιοῦτόν τι πρὸς αὐτὸν ἡ
120   μήτηρ εἰπεῖν. ἐπειδὴ δὲ ἤκουσεν ὅτι Ἰωάννης δι' αὐτὸν ἦλθε καὶ ὅτι αὐτῷ ἐμαρτύρησεν ἅπερ ἐμαρτύρησε καὶ ὅτι μαθητὰς πλείονας[7] ἔσχε, τότε λοιπὸν θαρροῦσα παρακαλεῖ καὶ ὑστερήσαντος οἴνου λέγει· οἶνον οὐκ ἔχουσιν. ἐβούλετο γὰρ [ ][8] ἐκείνοις καταθέσθαι χάριν καὶ ἑαυτὴν λαμπροτέραν ποιῆσαι διὰ τοῦ παιδός. καὶ τάχα τι καὶ ἀνθρώπινον ἔπασχε καθά-
125   περ καὶ οἱ ἀδελφοὶ αὐτοῦ λέγοντες· δεῖξον σεαυτὸν τῷ κόσμῳ, βουλόμενοι τὴν ἀπὸ τῶν θαυμάτων δόξαν καρπώσασθαι.

   <u>Τί οὖν φησι τῇ μητρί</u>[9]; σφοδρότερον ἀπεκρίνατο λέγων· τί ἐμοὶ καὶ σοί, γύναι; [ ][10] ἐκεῖνο δὲ οὐκ ἀκούεις ὅταν ὁ [11] Λουκᾶς διηγεῖται ὅτι[12] πῶς ὑποτεταγμένος τοῖς γονεῦσιν ἦν καὶ [ ][13] πῶς αὐτῆς προενόησε [ ][14]
130   παρ' αὐτὸν τοῦ σταυροῦ τὸν καιρόν. ἔνθα μὲν γὰρ [ ][15] μηδὲν ἐμποδίζωσι, μηδὲ παρεγκόπτωσι [ ][16] τῶν κατὰ Θεὸν πραγμάτων οἱ γονεῖς, ἀναγκαῖον εἴκειν καὶ ὀφειλόμενον, καὶ τὸ μὴ τοῦτο ποιεῖν, κίνδυνος μέγας. ὅταν δὲ ἀκαίρως τι ζητῶσι καὶ ἐγκόπτωσί τι τῶν πνευματικῶν, οὐκ ἀσφαλὲς πείθεσθαι. διὸ καὶ ἐνταῦθα οὕτως ἀπεκρίνατο.

---

1. *Add.* τά : M.
2. = B M Migne. - *Om.*: rel.
3. μετὰ τὴν γέννησιν: Migne.
4. = B M D R Syr. -ἤκουσεν: rel.
5. = B M. - τίνος οὖν ἕνεκεν: rel.
6. = B M. - οὐ: rel.
7. = M. - *Om.*: rel.
8. = B M. - *Add.* καί: rel.
9. = B M.- διὰ τοῦτο καὶ αὐτός: rel.
10. *Om.*: B.
11. = B M. - *Add.* οὔπω ἥκει ἡ ὥρα μου: rel.
12. = B M. - ἐπεὶ ὅτι σφόδρα ᾐδεῖτο τὴν τεκοῦσαν ἄκουσον τοῦ Λουκᾶ διηγουμένου: rel. (A D: ἄκουε).
13. = B M. - *Add.* αὐτοῦ δὲ τούτου τοῦ εὐαγγελιστοῦ <u>λέγοντος</u>: rel. (Migne: δεικνύντος).
14. = B M. - *Add.* καί: rel.
15. = B M K. - *Add.* ἄν: rel. - (Syr?).
16. *Add.* τι: Migne

Donc, comment sa mère eut-elle l'idée d'imaginer quelque chose de grand à son sujet? C'est qu'il venait pour être révélé, et qu'il avait été mis en évidence par Jean et par tout ce qui avait été dit par lui aux disciples. Et avant tout, sa conception, et tous les événements qui avaient entouré cette conception, lui avait inspiré une grande idée de son fils. En effet, dit (l'évangéliste), elle écoutait tout ce qui concernait l'enfant et le gardait dans son cœur (cf. Lc 2,51).

Pourquoi donc, dit-il, n'avait-elle pas parlé ainsi avant cet événement? C'est que, comme je l'ai dit, alors il commença à être manifesté. Car jusqu'à cet événement, il vivait comme s'il n'était que l'un parmi beaucoup d'autres. D'où sa mère n'osait pas lui dire rien de tel. Mais une fois qu'elle eût entendu dire que Jean était venu à cause de lui, et qu'il lui avait rendu témoignage de telle façon, et qu'il avait des disciples, alors, enhardie, elle prie et, le vin étant venu à manquer, elle dit: «Ils n'ont pas de vin» (Jn 2,3). Elle voulait en effet rendre service à ces gens-là et s'illustrer grâce à son enfant. Et elle éprouvait peut-être quelque sentiment humain, comme ses frères disant: «Montre-toi au monde» (cf. Jn 7,4) et voulant jouir de la célébrité provenant des prodiges.

Que dit-il donc à sa mère? Il lui répondit assez durement: «Qu'y a-t-il entre moi et toi, femme?» (Jn 2,4). Cela, tu ne l'entends pas lorsque Luc raconte comment il était soumis à ses parents (Lc 2,51) et comment il prit soin d'elle à l'avance même au moment de la croix (cf. Jn 19,27). C'est que, là où les parents ne mettent aucun obstacle, aucune limite, aux affaires qui regardent Dieu, il est nécessaire de céder, et utile, et à ne pas le faire il y aurait grand danger. Mais lorsqu'ils recherchent quelque chose à contretemps et qu'ils amputent les réalités spirituelles, il n'est pas prudent de leur obéir. C'est pourquoi, ici, il a répondu de cette façon.

I: B M
IIa: A D Syr
IIb: C J K N R Migne

xxi   Καὶ ἀλλαχοῦ πάλιν· τίς ἐστιν ἡ μήτηρ μου καὶ τίνες [ ][1] οἱ ἀδελφοί μου; οὐδέπω γὰρ ἦν ἐχρῆν περὶ αὐτοῦ δόξαν εἶχον. ἀλλ᾽ ἐπειδὴ ὤδινεν αὐτόν, ἠξίου κατὰ τὴν λοιπὴν τῶν μητέρων συνήθειαν οὕτως ἅπαντα ἐπιτάττειν αὐτῷ, δέον[2] ὡς Δεσπότην <u>σέβεσθαι</u>[3] καὶ προσκυνεῖν. [ ][4] <u>οὐδὲ</u> <u>ἐννόησον</u> [ ][5] οἷον ἦν παντὸς τοῦ λαοῦ καὶ τοῦ δήμου περιεστῶτος [ ][6] καὶ

140 τοῦ πλήθους τῆς ἀκροάσεως ἐκκρεμαμένου καὶ τῆς διδασκαλίας <u>προ-</u> <u>ιούσης</u>[7], ἐκείνην παρελθοῦσαν μέσην, <u>ἀπαγαγεῖν</u>[8] μὲν αὐτὸν[9] τῆς παραινέσεως, ἰδίᾳ δὲ διαλέγεσθαι [ ][10]. διὰ τοῦτο ἔλεγε· τίς ἐστιν ἡ μήτηρ μου καὶ[11] οἱ ἀδελφοί μου; οὐχ ὑβρίζων τὴν γεγεννηκυῖαν· ἄπαγε· ἀλλ᾽ ὠφελῶν τὰ μέγιστα καὶ οὐκ ἀφιεὶς ταπεινὰ περὶ αὐτοῦ φρονεῖν. εἰ γὰρ τῶν ἄλλων

145 ἐκήδετο, καὶ πάντα ἔπραττεν ὥστε ἐνθεῖναι <u>αὐτοῖς</u>[12] τὴν προσήκουσαν [ ][13] δόξαν, πολλῷ μᾶλλον <u>καὶ τῆς</u>[14] μητρός. ἐπειδὴ γὰρ εἰκὸς ἦν καὶ[15] ἀκούσασαν παρὰ τοῦ παιδὸς μὴ βούλεσθαι <u>μηδὲ οὕτω</u>[16] πεισθῆναι, ἀλλ᾽ ἀξιοῦν ἑαυτὴν [ ][17] τῶν πρωτείων, ἅτε μητέρα οὖσαν. διὰ τοῦτο οὕτως ἀπεκρίνατο πρὸς τοὺς εἰπόντας. οὐδὲ γὰρ [ ][18] ἑτέρως αὐτὴν ἀνήγαγεν ἀπὸ

150 τῆς ταπεινώσεως ταύτης πρὸς τὸ ὕψος ἐκεῖνο, εἰ προσεδόκα ὡς παρὰ παιδὸς ἀεὶ τιμηθήσεσθαι, ἀλλὰ μὴ ὡς Δεσποτὴν ἥξειν αὐτόν. καὶ ἐνταῦθα <u>δὲ</u>[19] ταύτης ἕνεκεν τῆς προφάσεως ἔλεγε· τί ἐμοὶ καὶ σοί, ὦ[20] γύναι;

Καὶ δι᾽ ἑτέραν [ ][21] <u>αἰτίαν ἀναγκαίαν</u>[22] οὐχ ἧττον· ποίαν <u>δὴ</u>[23] ταύτην; ὥστε μὴ ὑποπτευθῆναι τὰ γινόμενα θαύματα. παρὰ γὰρ τῶν δεο-

---

1. = B. - *Add.* εἰσίν: *rel.*.
2. *Om.*: M.
3. = B M. - σέβειν: *rel.*
4. = B M. - *Add.* διὰ τοῦτο <u>καὶ</u> τότε οὕτως ἀπεκρίνατο: *rel.* (Migne: οὖν).
5. = B M. - ἐννόησον γάρ: *rel.*
6. = B M. - *Add.* αὐτόν: *rel.*
7. = B M D. - προελθούσης: C J K N R. - προσεισελθούσης: A. - προτεθείσης: Migne (Syr?).
8. ἀγαγεῖν: M. - ἀπαγεῖν: B D (haplographie).
9. *Om.*: M.
10. = B M. - *Add.* καὶ μηδὲ ἔνδον ἀνέχεσθαι ἐλθεῖν ἀλλ᾽ ἕλκειν αὐτὸν ἔξω μόνον πρὸς ἑαυτήν: *rel.* (Migne: *om.* καί).
11. *Add.* τίνες εἰσίν: B M (cf. Mt 12,48).
12. αὐτῷ: M.
13. = B M D. - *Add.* περὶ αὐτοῦ: *rel.*
14. = B* M D. - ἐπὶ τῆς: B^c C J K N R.- ἐπί [ ]: A Migne.
15. = M R Migne. -*Om.*: *rel.*
16. = M Migne. - εὐκόλως: *rel.*
17. = B M. - *Add.* πανταχοῦ: *rel.*
18. = M. - *Add.* ἄν: *rel.*
19. = B M A D. - μέν: *rel.* (μέν οὖν: Migne).
20. *Om.*: B M (cf. Jn 2,4).
21. *Add.* δέ: Migne.
22. = B M. - 2 1: Migne. - 2: *rel.* (même au même).
23. δέ: M J Migne.

Et ailleurs, de nouveau: «Qui est ma mère et qui sont mes frères?» (Mt 12,48). Car ils n'avaient pas encore à son sujet l'opinion qu'il fallait. Mais parce qu'elle l'avait enfanté avec douleur, elle jugeait normal, selon la coutume des mères, de tout lui commander: comment il fallait honorer et adorer le Maître. Et ne songe pas à ce que cela représentait, tandis que tout le peuple et toute la compagnie l'entourait, que la foule l'écoutait l'esprit en suspens et que son enseignement se développait, le fait pour elle de s'avancer en plein milieu pour l'arracher à ses exhortations et l'entretenir à l'écart! C'est pour cela qu'il disait: «Qui est ma mère et qui sont mes frères?» (Mt 12,48). Il ne rudoyait pas celle qui l'avait enfanté, loin de là! Mais il lui rendait grandement service et ne la laissait pas s'enorgueillir à son sujet. Si en effet il s'inquiétait des autres et faisait tout pour leur inculquer une opinion convenable (à son sujet), combien plus s'il s'agissait de sa mère! En effet, il était vraisemblable que, ayant entendu (de telles choses) de son enfant, elle ne voulait pas obéir ainsi mais elle s'estimait facilement digne de ceux qui occupaient le premier rang, du fait qu'elle était sa mère, et c'est pour cette raison qu'il répondit ainsi à ceux qui lui parlaient (cf. Mt 12,47). Autrement en effet il ne l'aurait pas élevée de cet abaissement vers cette hauteur si elle s'était attendue à être toujours honorée par lui, comme fils, mais non à le tenir pour Maître. Et ici, c'est pour ce motif qu'il disait: «Qu'y a-t-il entre moi et toi, ô femme?»
Et pour une autre raison non moins nécessaire. Quelle est-elle? *Pour que ne soient pas mis en doute les prodiges arrivés. C'est en effet par ceux*   .....

I: B M
IIa: A D Syr
IIb: C J K N R Migne

155 μένων παρακληϑῆναι ἐχρῆν, οὐ παρὰ τῆς μητρός· τί δήποτε; ὅτι τὰ μὲν ἐκ
τῆς τῶν οἰκείων παρακλήσεως γινόμενα, κἂν μεγάλα ᾖ, προσίσταται τοῖς
ὁρῶσιν· ὅταν δὲ οἱ χρείαν ἔχοντες αὐτοὶ[1] δέωνται, ἀνύποπτον τὸ ϑαῦμα
γίνεται, καὶ καϑαρὸς ὁ ἔπαινος, καὶ πολλὴ ἡ ὠφέλεια.

---

1. = B M. - οὗτοι: rel.

*qui étaient en manque que la demande devait être faite, et non par la mère.
Pourquoi? Parce que (les prodiges) accomplis sur la demande des familiers, même
s'ils sont grands, ne frappent pas ceux qui les voient; mais lorsque ceux qui sont
dans le besoin font eux-mêmes la demande, le prodige devient indiscutable, et la
louange est pure, et le profit considérable.*

ΛΟΓΟΣ K̄B̄

xxii εἰς τό¹· [ ]² οὔπω ἥκει ἡ ὥρα μου.

Ἔχει μέν τινα πόνον τὸ λέγειν· καὶ τοῦτο ὁ Παῦλος δηλῶν ἔλεγεν·³
Μάλιστα οἱ κοπιῶντες ἐν λόγῳ καὶ διδασκαλίᾳ. ἀλλὰ τὸν [ ]⁴ πόνον
5 τοῦτον ὑμεῖς κύριοι καὶ κοῦφον ποιῆσαι καὶ βαρύν. ἂν μὲν γὰρ ἀποπτύητε
τὰ λεγόμενα, ἢ μὴ ἀποπτύητε μέν, ἐν δὲ τοῖς ἔργοις μὴ δείκνυται⁵, βαρὺς ὁ
κόπος ἡμῖν [ ]⁶ διὰ τὸ πονεῖν εἰκῆ καὶ μάτην. ἂν δὲ προσχητε⁷ καὶ [ ]⁸ διὰ
τῶν ἔργων ὑπακοὴν⁹ παρέχεται¹⁰, οὐδὲ αἴσθησιν ληψόμεθα τῶν ἰδρώτων.
ὁ γὰρ ἀπὸ τῶν πόνων τικτόμενος καρπὸς οὐκ ἀφίησιν¹¹ φαίνεσθαι τοῦ
10 κόπου¹² τὸ ἐπαχθές¹³. ὥστε εἰ βούλεσθε τὴν προθυμίαν ἡμῖν¹⁴ διεγεῖραι
καὶ μὴ σβέσαι μηδὲ ἀσθενεστέραν ποιῆσαι, δείξατε ἡμῖν [ ]¹⁵ τὸν καρπὸν
ἵνα κομῶντα ὁρῶντες τὰ λήϊα, καὶ [ ]¹⁶ ταῖς τῆς εὐθηνίας ἐλπίσι
τρεφόμενοι, καὶ τὸν πλοῦτον ἡμῶν ἀναλογιζόμενοι, μὴ καμνῶμεν¹⁷
ἐμπορευόμενοι τὴν καλὴν ταύτην πραγματείαν. Οὐδὲ γὰρ μικρὸν ἡμῖν καὶ
15 τήμερον¹⁸ πρόκειται ζήτημα. τῆς γὰρ μητρὸς τοῦ Ἰησοῦ εἰπούσης ὅτι οἶνον
οὐκ ἔχουσιν, ὁ Χριστός φησιν· τί ἐμοὶ καὶ σοί, γύναι; οὔπω ἥκει ἡ ὥρα μου.
καὶ τοῦτο εἰπὼν ἔπραξεν ὅπερ εἶπεν ἡ μήτηρ, ὃ [ ]¹⁹ τοῦ προτέρου οὐκ
ἔλαττόν ἐστιν ζήτημα εἰς ἀπορίας²⁰ λόγον. αὐτὸν οὖν τοῦτον παρα-
καλέσαντες τὸν τὸ θαῦμα ἐργασάμενον, οὕτως κατίωμεν εἰς²¹ τὴν²² λύ-

---

1. = B M. - *Om.: rel.*
2. = B* M Rᶜ. - *Add.* τί ἐμοὶ καὶ σοί, γύναι: *rel.*
3. = B M. - *Add.* οἱ καλῶς προεστῶτες πρεσβύτεροι διπλῆς τιμῆς ἀξιούσθωσαν: *rel.*
4. *Add.* μέν: Migne.
5. = M. - δεικνύητε: *rel.* - δεικνύημεν: Syr.
6. *Add.* ἔσται: Migne.
7. = M K R - προσέχητε: *rel.*
8. = B* M. - *Add.* τὴν: *rel.*
9. = B M D. - ἐπίδειξιν: *rel.*
10. = M. - παρέχητε: *rel.*
11. ἀφήσει: Migne.
12. = M. - πόνου: *rel.*
13. = B* M D. - σφοδρόν: *rel.*
14. = B M A D K. - 3 1 2: C J N R Migne. - (Syr?).
15. *Add.* παρακαλῶ: Migne.
16. *Add.* ἡμεῖς: Syr Migne.
17. ναρκῶμεν: Migne.
18. = B M J N* R Migne. - σήμερον: A D C Nᶜ K. - (Syr?).
19. = B M. - τοῦτο δέ: *rel.*
20. = B M D. - εἰς ζητήσεως [ ]: *rel.* - (Syr: *aliter*).
21. καθῶμεν εἰς: A D. - ἔλθωμεν ἐπί: Syr Migne.
22. = B M. - *Om.: rel.*

Sur la phrase: Mon heure n'est pas encore venue (Jn 2,4).

Il y a quelque fatigue à parler, ce que Paul indiquait en disant: «Surtout ceux qui peinent à la parole et à l'enseignement» (1 Tim 5,17). Mais cette fatigue, il vous appartient de la rendre légère ou pesante. En effet, quand vous rejetez ce que l'on vous dit, ou, sans le rejeter, s'il ne se traduit pas en actes, notre labeur nous est pesant du fait que nous nous sommes fatigués en vain et pour rien. Mais quand vous y êtes attentifs et que vos actes témoignent de votre obéissance, alors nous n'avons même plus la perception de notre sueur. Car le fruit né des fatigues fait paraître le labeur supportable. En sorte que, si vous voulez exciter notre zèle, et non pas l'éteindre ou le rendre plus faible, montrez-nous ce fruit afin que, voyant les moissons faites avec soin, et nourris par l'espoir de la prospérité, et faisant le compte de notre richesse, nous n'ayons pas à souffrir en poursuivant ce beau commerce. C'est que, aujourd'hui encore, se pose à nous un problème difficile. En effet, la mère de Jésus lui ayant dit qu'ils n'ont pas de vin (Jn 2,3), le Christ répond: «Qu'y a-t-il entre moi et toi, femme? Mon heure n'est pas encore venue» (Jn 2,4); et sur cette réponse, il accomplit ce que sa mère avait dit, ce qui n'est pas moindre que la fois précédente en fait de difficulté. Et donc, après avoir prié celui qui a accompli ce prodige, attaquons la solution!

I: B M
IIa: A D Syr
IIB: C J K N R Migne

xxii σιν.

Οὐ γὰρ ἐνταῦθα <u>μόνον τοῦτο</u>[1] εἴρηται ἀλλὰ καὶ <u>ἀλλαχοῦ·</u> φησὶν γὰρ ὁ εὐαγγελιστὴς ὅτι[2] οὐκ ἠδύναντο αὐτὸν πιάσαι ὅτι οὔπω ἥκει ἡ ὥρα αὐτοῦ. καὶ πάλιν· οὐδεὶς ἐπέβαλεν ἐπ᾽ αὐτὸν <u>τὴν χεῖρα</u>[3] ὅτι οὔπω ἐληλύθει ἡ ὥρα [ ][4]. καὶ πάλιν· ἐληλύθει ἡ ὥρα[5], δόξασόν σου τὸν Υἱόν. <u>τί οὖν ἐστιν</u>
25 <u>τὸ εἰρημένον</u>; <u>διὰ γὰρ τοῦτο</u> πλείονα[6] συνήγαγον ἵνα πᾶσι μίαν ἐπαγάγω τὴν λύσιν. <u>τί</u> πότ᾽ οὖν ἐστι <u>τὸ λεγόμενον</u> [ ][7]; οὐκ ἀνάγκη καιρῶν ὁ Χριστὸς ὑποκείμενος· οὐδὲ γὰρ[8] ὥρας παρατηρήσει, τοῦτο[9] ἔλεγε [ ][10]· πῶς γὰρ ὁ τῶν καιρῶν ποιητὴς καὶ [ ] χρόνων καὶ [ ][11] αἰώνων δημιουργός; ἀλλὰ <u>τί</u> <u>ποτε ἐστὶν ὅπερ ἠνίξατο</u>;[12] τοῦτο δηλῶσαι βούλεται, ὅτι πάντα μετὰ και-
30 ροῦ [ ][13] προσήκοντος ἐργάζεται, οὐχ ὁμοῦ πάντα ποιῶν· ἐπεὶ σύγχυσίςτις ἔμελλεν <u>γίνεσθαι καὶ ἀταξία</u> [ ][14] εἰ μὴ τοῖς προσήκουσι καιροῖς <u>πάντα</u>[15] ἐδημιούργει, ἀλλ᾽ ὁμοῦ πάντα [ ][16] καὶ <u>γένεσιν</u>[17] καὶ ἀνάστασιν καὶ κρίσιν. <u>σκόπειτε δὲ</u>[18] ἔδει γενέσθαι τὴν κτίσιν ἀλλ᾽ οὐχ ὁμοῦ [ ][19] καὶ τὸν ἄνθρωπον· <u>ἔδει γενέσθαι τὸν ἄνθρωπον ἀλλ᾽ οὐχ ὁμοῦ καὶ τὴν ἀνάστα-</u>
35 <u>σιν</u>[20]· ἔδει [ ][21] δοθῆναι τὸν νόμον, ἀλλ᾽ οὐχ ὁμοῦ καὶ τὴν χάριν, ἀλλ᾽ ἕκαστα καιροῖς [ ][22] προσήκουσιν οἰκονομεῖσθαι. οὐ τοίνυν <u>αὐτὸς</u>[23] <u>ὑπόκειται</u>[24] τῇ [ ][25] καιρῶν ἀνάγκῃ, <u>ἀλλὰ</u>[26] τοῖς καιροῖς <u>αὐτὸς ἀνάγκην</u>

---

1. = B M D C R Syr. - 2 1: A J K N Migne.
2. προϊὼν ὁ αὐτὸς φαίνεται εὐαγγελιστὴς λέγων: Migne.
3. τὰς χεῖρας: A Syr Migne.
4. = B M A K. - Add. αὐτοῦ: rel.
5. Om. ἐληλύθει ἡ ὥρα: B M.
6. ταῦτα πάντα δι᾽ ὅλου τοῦ εὐαγγελίου εἰρημένα ἐνταῦθα: Migne.
7. τίς... τῶν λεγομένων ἡ λύσις: Migne. - τί [ ] ἐστι τοῦτο [ ]: Syr.
8. = B M. - Om.: rel.
9. = B M (Syr: διὰ τοῦτο). - Om.: rel.
10. = B M. - Add. οὔπω ἥκει ἡ ὥρα μου: rel.
11. = B M D Cr. - Add. τῶν (bis): rel.
12. διὰ τῶν οὕτως εἰρημένων : Migne.
13. = B* M C J N R. - Add. τοῦ: B^c A D K Cr Migne.
14. = B M D Syr. - εἶναι κ. ἀ. τ. [ ]: Cr. - ἔσεσθαι κ. ἀ. τ. γίνεσθαι: A C J K N R. - ἔσεσθαι κ. ἀ. τ. ἐντεῦθεν: Migne.
15. ἕκαστον: Migne.
16. = B M. - Add. ἔφυρε: rel.
17. = B M. - γέννησιν: rel. - (Syr?).
18. = B M D. - Om.: Syr. - σκόπειδέ: rel.
19. = B^c M. - Add. πᾶσαν: rel.
20. = B* M. - δὲ μετὰ τῆς γυναικὸς ἀλλ᾽ οὐδὲ τούτους ὁμοῦ: rel.
21. = B M. - Add. θανάτῳ καταδικασθῆναι τὸ γένος τῶν ἀνθρώπων καὶ τὴν ἀνάστασιν γενέσθαι ἀλλὰ πολὺ τὸ μέσον ἑκατέρων. οὕτω γὰρ ἐχρῆν ἔδει: rel. (om. οὕτω γὰρ: C J N R Migne; om. ἔδει: D C J K N Migne)
22. = B M. - Add. τοῖς: rel.
23. ὁ Χριστός: Migne.
24. = B M K. - ὑπέκειτο: rel.
25. = B M. - Add. τῶν: rel.
26. γὰρ: Syr. - ὃς καί: Migne.

Ce n'est pas ici seulement que cela nous est dit, mais en d'autres passages. En effet, l'évangéliste dit qu'on ne pouvait pas le prendre parce que son heure n'était pas encore venue (Jn 8,20). Et aussi: «Nul ne mit la main sur lui parce que l'heure n'était pas encore venue» (Jn 7,30). Et aussi: «L'heure est venue: glorifie ton Fils» (Jn 17,1). Qu'est-ce que tout cela veut dire? C'est pour cette raison que j'ai rassemblé la plupart (de ces textes): fournir pour tous une solution unique. Qu'est-ce que cela peut bien vouloir dire? Le Christ n'est pas soumis à la nécessité du temps, et ce n'est pas pour tenir compte de l'Heure qu'il disait cela (cf. Jn 2,4). Comment en effet, (lui qui est) l'auteur des temps et le démiurge des moments et des siècles? Mais à quoi a-t-il fait allusion? Voilà ce qu'il veut montrer: qu'il œuvre toujours en temps opportun, sans tout faire à la fois. Car il se produirait confusion et désordre s'il n'accomplissait pas tout aux temps opportuns, mais tout à la fois: devenir et résurrection et jugement. Voyez, il fallait que vint la création, mais pas l'homme en même temps. Il fallait que vint l'homme, mais pas en même temps que la résurrection. Il fallait que fût donnée la Loi, mais pas en même temps que la grâce (cf. Jn 1,17), mais que chacune fût dispensée aux temps opportuns. Ainsi, lui-même n'est pas soumis à la nécessité des temps, mais, aux temps, c'est lui qui leur imposa nécessité et ordre.

I: B M
IIa: A D Syr
IIB: C J K N R Migne

xxii καὶ¹ τάξιν ἐπέθηκεν [ ]².

Διὸ καὶ [ ] ἐνταῦθά φησιν³· οὔπω ἥκει ἡ ὥρα μου. ὁ δὲ⁴ λέγει
40 τοιοῦτόν ἐστιν· οὐδέπω⁵ δῆλος⁶ ἦν τοῖς πολλοῖς καὶ [ ]⁷ οὐδὲ τῶν
μαθητῶν τὸν χορὸν πάντα εἶχεν ἀλλ᾽ Ἀνδρέας [ ] ἤδη⁸ καὶ ὁ ⁹ μετ᾽
αὐτοῦ καὶ ὁ¹⁰ Φίλιππος, ἄλλως¹¹ δὲ οὐδείς· μᾶλλον δὲ οὐδὲ οὗτοι
πάντες ὡς ἐχρῆν αὐτὸν ἐγίγνωσκον, οὐδὲ ἡ μήτηρ, οὐδὲ οἱ ἀδελφοί.
μετὰ γὰρ [ ]¹² πολλὰ θαύματα τοῦτο περὶ τῶν ἀδελφῶν ἔφησεν ὁ εὐαγγε-
45 λιστῆς ὅτι οὐδὲ οἱ ἀδελφοὶ αὐτοῦ ἐπίστευον εἰς αὐτόν. ἀλλ᾽ οὐδὲ οἱ ἐν
τῷ γάμῳ αὐτὸν ᾔδεισαν· ἡ γὰρ ἂν αὐτῷ¹³ προσῆλθον καὶ
παρεκάλεσαν ἐν χρείᾳ καταστάντες. διὰ τοῦτό φησιν· οὔπω ἥκει ἡ
ὥρα μου. ἐπειδὴ¹⁴ οὐδέπω γνώριμός εἰμι τοῖς παροῦσιν [ ]¹⁵ ἔασον
αὐτοὺς αἰσθέσθαι ὅτι ὑστέρησεν ὁ οἶνος¹⁶· οὐ [ ]¹⁷ παρὰ σο ταῦ-
50 τά με ἀκούειν ἐχρῆν· μήτηρ γὰρ εἰ καὶ τὸ θαῦμα ὕποπτον ποιεῖς.
ἐχρῆν δὲ τοὺς δεομένους προσελθεῖν καὶ δεηθῆναι· οὐκ ἐπειδὴ
τούτου χρῄζω, ἀλλ᾽ ἵνα αὐτοὶ τὸ γινόμενον μετὰ πολλῆς δέξωνται
τῆς συγκαταθέσεως. ὁ μὲν γὰρ εἰδὼς ὅτι ἐν χρείᾳ καθέστηκεν,
ἐπειδὰν τύχῃ¹⁸ τῆς βοηθείας¹⁹, πολλὴν ἔχει τὴν χάριν· ὁ δὲ τῆς
55 χρείας μὴ λαβὼν αἴσθησιν, οὐδὲ τῆς εὐεργεσίας ῥᾴδιαν [ ]²⁰ αἴσθησιν λήψεται.

Τίνος οὖν [ ]²¹ ἕνεκεν εἰπών· οὔπω ἥκει ἡ ὥρα μου, καὶ παρ-
αιτησάμενος, ἔπραξεν [ ]²²; καὶ²³ μάλιστα [ ]²⁴ τοῖς ἀντιλέγουσιν καὶ ὥρα
αὐτὸν ὑποκεῖσθαι νομίζουσιν ἱκανὴ γένοιτ᾽ ἂν ἀπόδειξις τοῦ μὴ τοῦτο

---

1. = B M. - αὐτὸς [ ] καί: A D C J K N (R Syr). - μάλιστα: Migne.
2. = B M. - Add. ἐπεὶ καὶ ποιητὴς αὐτῶν αὐτός ἐστιν: rel. (Syr Migne: om. αὐτός).
3. ἀλλ᾽ Ἰωάννης ἐνταῦθα τό: Migne.
4. Om.: M.
5. εἰσάγει τὸν Χριστὸν λέγοντα, δεικνὺς ὅτι οὔπω: Migne.
6. [ ] ἄδηλος: A D (non Syr). - [ ] δῆλος: K.
7. Add. ὅτι: Migne.
8. = B* M. - αὐτῷ ἠκολούθει: rel.
9. Om.: A Migne.
10. = B M D Syr. - Om.: rel.
11. = B M. - ἄλλος: rel.
12. Add. τά: Migne.
13. = M Syr. - αὐτοί: B K R Cr. - οὗτοι: A D C J N Syr(+) Migne.
14. = B (M). - Om.: Migne. - τοῦτ᾽ ἔστιν: rel.
15. = B M. - Add. ἀλλ᾽ οὐδὲ ἴσασιν ὅτι ὑστέρησεν ὁ οἶνος: rel.
16. = B M. - τοῦτο πρῶτον: D C J K N R Migne. - [ ] πρῶτον: A (J+) Syr. (J: τοῦτο αἰσθέσθαι τοῦτο πρῶτον).
17. = B M. - οὐδὲ γάρ: rel.
18. τύχοι: C J N R.
19. ὧνπερ αἰτεῖ: J Migne.
20. = B M. - σαφῆ καὶ τρανήν: rel.
21. τίνος [ ]: K. - τίνος δέ [ ]: Cr. - καὶ τίνος οὖν [ ]: R. - καὶ τίνος φησίν: Migne.
22. = B M Cr. -Add. ὅπερ εἶπεν ἡ μήτηρ: rel.
23. = B M. - Om.: rel.
24. = B M Syr. - Add. μὲν ὥστε καί: rel.

Aussi, (l'évangéliste) dit-il ici: «**Mon heure n'est pas encore venue**» (Jn 2,4). **Ce qu'il dit, en voici le sens. Il n'avait pas encore été reconnu par la plupart des gens et il n'avait pas au complet le groupe des disciples, mais André déjà, et son compagnon, et Philippe; mais autrement, personne. Bien plus, aucun d'eux ne le connaissait comme il le fallait, ni sa mère, ni ses frères.** En effet, malgré de multiples prodiges, l'évangéliste dit de ses frères que "même ses frères ne croyaient pas en lui" (Jn 7,5). **Mais même les gens de la noces ne le connaissaient pas. Autrement, se trouvant dans le besoin, ils seraient venus à lui et l'auraient prié. C'est pourquoi il dit: «Mon heure n'est pas encore venue.»** Puisque je ne suis pas connu des assistants, laisse-les demander au sujet du vin qui manque. Ce n'est pas de toi qu'il me fallait entendre cette (demande). **Car tu es ma mère et tu rends le prodige douteux. C'étaient à ceux qui étaient en manque de venir à moi et de faire la demande. Non que j'en ai besoin, mais afin qu'eux-mêmes reçoivent ce qui est arrivé en plein accord (avec moi). Car celui qui se sait dans le besoin, une fois le secours obtenu, il a beaucoup de reconnaissance. Mais celui qui n'a pas conscience du besoin, il n'aura pas non plus facilement conscience du bienfait.**

Pourquoi donc, ayant dit: «Mon heure n'est pas encore venue», et après avoir refusé, a-t-il agi? Avant tout pour ceux qui contredisent et qui pensent qu'il est soumis à l'Heure, afin qu'ils aient une preuve suffisante que .....

I: B M
IIa: A D Syr
IIB: C J K N R Migne

xxii ἀληθὲς εἶναι[1]· εἰ γὰρ ὑπεκεῖτο, πῶς ἂν τῆς προσηκούσης ὥρας μὴ παρα-
γενομένης ἔπραξεν [ ][2] ὅπερ ἔπραξεν; τίνος οὖν ἕνεκεν ἐποίησε[3];
τιμῶν τὴν μητέρα, ἵνα μὴ διαπαντὸς ἀντιλέγειν [ ][4] δόξῃ, ἵνα μὴ
ἀσθενείας λάβῃ δόξαν[5], ἵνα μὴ αἰσχύνῃ τὴν τεκοῦσαν [ ][6].

   Προσήγαγεν οὖν[7] αὐτῷ τοὺς διακόνους. ἐπεὶ καὶ τῇ[8] Χαναναίᾳ λέ-
65 γων· οὐκ ἔστι καλὸν λαβεῖν[9] τὸν ἄρτον τῶν τέκνων καὶ δοῦναι τοῖς
κυναρίοις, ἔδωκεν ἄρτον[10], τὴν προσεδρείαν αὐτῆς αἰδεσθείς. καίτοι γε
μετ᾽ ἐκείνου καὶ τοῦτο εἶπεν ὅτι· οὐκ ἀπεστάλην εἰ μὴ εἰς τὰ πρόβατα τὸ
ἀπολωλότα οἴκου Ἰσραήλ. ἀλλ᾽ ὅμως καὶ ταῦτα εἰπών, ἐθεράπευσε τὸ
θυγάτριον τῆς γυναικός. ἐντεῦθεν μανθάνομεν ὅτι κἂν[11] ἀνάξιοι ὦμεν
70 [ ][12] τῇ προσεδρίᾳ ἀξίους ποιοῦμεν ἑαυτοὺς[13] [ ][14]. διὰ δὴ[15] τοῦτο καὶ
ἡ μήτηρ καὶ[16] παρέμενε καὶ σοφῶς τοὺς διακόνους προσῆγεν ὥστε [ ]
πλείονα[17] γενέσθαι τὴν αἴτησιν· [ ][18] [ ][19] ᾔδει γὰρ ὅτι[20] οὐκ ἀσθενείας ἡ
παραίτησις [ ][21] ἀλλὰ τοῦ ἀκομπάστου καὶ τοῦ μὴ δόξαι ἁπλῶς
ἐπιρρίπτειν ἑαυτὸν [ ][22]. διὸ καὶ τοὺς διακόνους προσήγαγεν[23].
75   Ἦσαν δὲ ἐκεῖ ὑδρίαι λίθιναι[24] [ ] ἓξ[25] κατὰ τὸν καθαρισμὸν τῶν Ἰουδαίων. [ ][26] κελεύει τοίνυν τοῖς διακόνοις ἀντλῆσαι
ὕδωρ. οἱ δὲ ἀντλήσαντες ἤνεγκαν[27]. οὐχ ἁπλῶς εἶπεν· κατὰ[28] τὸν

---

1. = B M. - ἱκανὴν γένεσθαι ἀπόδειξιν τοῦ μὴ ὑποκεῖσθαι αὐτὸν ὥρᾳ: rel.
2. = B M D. - Add. ἂν: rel.
3. = B M D. - ἔπειτα δὲ καί: rel.
4. = B M. - Add. αὐτῇ: rel.
5. = B M (A) Migne. - Om. ἵνα μὴ... δόξαν: C J K N R Syr.
6. = B M. - Add. παρόντων τοσούτων καὶ γάρ: rel.
7. = B M. - Om. rel.
8. Om.: M.
9. βαλεῖν: B M D Syr (cf. Mt 15,26).
10. = B M. - τὸν ἄρτον: A D C J K N. - μετὰ τὸ εἰπεῖν: R Migne.
11. οὐκ: M. - Postea: ἔσμεν loco ὦμεν: D.
12. Add. πολλάκις: B Migne. - Om. τῇ προσεδρίᾳ ποιοῦμεν ἀξίους: M
13. = B. - 2 1: rel.
14. = B M D. - Add. τοῦ λαβεῖν: rel.
15. = B M. - Om.: rel.
16. Om.: M R Syr.
17. = B M Cr. - παρὰ πλειόνων: rel.
18. Add. διὰ τοῦτο: Migne.
19. = B M. - Add. καὶ προσέθηκεν ὅ τι ἂν λέγῃ ὑμῖν ποιήσατε: rel.
20. Om.: M.
21. = B M. - Add. ἦν: rel.
22. Add. τοῖς θαυματουργοῖς: Cr. - Add. τῷ θαύματι: R Migne.
23. = B M A. - προσῆγεν: rel.
24. 2 1: M (cf. Jn 2,6).
25. = D. - ἓξ κείμεναι: B M. - κείμεναι ἕξ: rel.
26. = B M. - Add. χωροῦσαι ἀνὰ μετρητὰς δυὸ ἢ τρεῖς: rel.
27. = B M (D). - λέγει αὐτοῖς ὁ Ἰησοῦς ἐμπλήσατε τὰς ὑδρίας ὕδατος καὶ ἐνέπλησαν
   ἕως ἄνω: D(+) rel.
28. Om.: M.

ce n'est pas vrai. Car s'il lui était soumis, comment, l'Heure convenable n'étant pas encore arrivée, aurait-il accompli ce qu'il a accompli? – **Pourquoi donc l'a-t-il fait? Par respect pour sa mère, de peur qu'il ne parût toujours la contredire,** de peur qu'on ne le soupçonnât d'impuissance, **de peur qu'il ne fît rougir celle qui l'avait enfanté.**

Elle lui envoya donc les serviteurs (Jn 2,5). Ainsi, disant à la Cananéenne: «Il n'est pas bon de prendre le pain des enfants et de le donner aux chiens» (Mt 15,26), il donna du pain, touché de sa persévérance. Et mieux encore; il avait dit:«Je n'ai été envoyé qu'aux brebis perdues de la maison d'Israël» (Mt 15,24), mais malgré cette parole, il guérit la petite fille de la femme. Nous apprenons ici que, même si nous ne sommes pas dignes, c'est par la persévérance que nous nous rendons dignes. Pour cette raison, sa mère aussi, et persévéra, et eut la sagesse d'envoyer les serviteurs afin que la demande soit plus grande. Elle savait en effet que le refus n'était pas effet d'impuissance, mais de modestie: que l'on ne pense pas qu'il se précipitait (pour faire un prodige). Aussi, elle envoya les serviteurs.

«Or il y avait là six jarres de pierre servant à la purification des Juifs» (Jn 2,6). **Il ordonne aux serviteurs de puiser de l'eau. Eux, après avoir puisé, apportèrent** (cf. Jn 2,8)[1]. *Ce n'est pas sans raison qu'il dit "selon*   .....

I: B M
IIa: A D Syr
IIB: C J K N R Migne

---

1 Autre leçon: ... des Juifs. Jésus leur dit: Emplissez d'eau les jarres. Et ils les remplirent jusqu'en haut.

xxii καθαρισμὸν τῶν Ἰουδαίων, ἀλλ᾽ ἵνα μή τινες τῶν ἀπίστων ὑποπτεύσωσιν[1]
ὅτι τρυγὸς ἔνδον ἐναπομεινάσης[2], εἶτα τοῦ ὕδατος ἐνβληθέντο[3] καὶ κρα-
80 θέντος οἶνος λεπτότατος γέγονε. διὰ τοῦτό φησι· κατὰ τὸν καθαρισμὸν
τῶν Ἰουδαίων, δεικνὺς ὅτι οὐδέποτε ἐκεῖνα τὰ ἀγγεῖα[4] γέγονεν οἴνου[5]
δοχεῖα [ ][6]. ἐπειδή γὰρ ἄνυδρός ἐστιν ἡ Παλαιστίνη καὶ οὐκ ἦν
πανταχοῦ[7] κρήνας καὶ πηγὰς εὑρίσκειν, ἐπλήρουν ἀεὶ τὰς ὑδρίας
ὕδατος ὥστε μὴ τρέχειν εἰς ποταμοὺς εἴποτε ἀκάθαρτοι γένωνται[8]
85 ἀλλ᾽ ἐγγύθεν ἔχειν τοῦ καθαρσίου τὸν τρόπον.

Καὶ τί δήποτε πρὶν ἢ[9] γεμίσαι οὐκ ἐποίησε τὸ σημεῖον ὃ πολλῷ
θαυμαστότερον ἦν; ἕτερον γάρ ἐστιν ὕλην ὑποκειμένην εἰς ποιότητα
μεταβαλεῖν καὶ αὐτήν τὴν οὐσίαν ἐξ οὐκ ὄντων ποιῆσαι. θαυμαστότερον
μὲν γὰρ[10] ἐκεῖνο· ἀλλ᾽ οὐχ οὕτως ἔδοξεν ἂν[11] εἶναι πιστὸν [ ][12]. διὰ τοῦτο
90 γοῦν πολλάκις τῶν θαυμάτων περικόπτει τὸ μέγετος ἑκὼν ὥστε εὐπαράδεκτον μᾶλλον γενέσθαι τὸ θαῦμα[13].

Καὶ τίνος ἕνεκεν, φησίν, οὐχὶ καὶ[14] τὸ ὕδωρ αὐτὸς παρήγαγε καὶ
τότε τὸν οἶνον ἔδειξεν, ἀλλὰ τοῖς διακόνοις ἐκέλευσεν; [ ][15] ἵνα αὐτοὺς
μάρτυρας ἔχῃ τοῦ γινομένου [ ][16] καὶ[17] ὅτι οὐδεμία φαντασία ἦν τὸ τελού-
95 μενον. εἰ γὰρ ἔμελλόν τινες ἀναισχυντεῖν, ἠδύναντο πρὸς αὐτοὺς λέγειν οἱ
διακονησάμενοι· ἡμεῖς τὸ ὕδωρ ἠντλήσαμεν, ἡμεῖς τὰς ὑδρίας ἐνεπλή-
σαμεν[18].

Πρὸς δὲ τοῖς εἰρημένοις καὶ τὰ[19] κατὰ τῆς ἐκκλησίας φυόμενα[20]
δόγματα ἀνατρέπει. ἐπειδὴ γὰρ εἰσί τινες οἳ τοῦ κόσμου δημιουργὸν ἕτερον
100 εἶναί φασι καὶ οὐκ αὐτοῦ ἔργα τὰ ὁρώμενα ἀλλ᾽ ἑτέρου τινὸς ἐναντίου
θεοῦ· καὶ τούτων ἐπιστομίζων τὴν ἀναισχυντίαν[21] οὕτως ἐποίησεν[22] [ ][23].

---

1. *Om.*: M*. - λέγωσιν: M^c.
2. = B M (Cr). - ἀπομεινάσης: *rel.*
3. = M. - ἐπιβληθέντος: *rel.*
4. = B M. - *Om.*: *rel.*
5. = B M A Cr. - 2 1: *rel.*
6. = B M. - *Add.* τὰ σχεύη: *rel.*
7. = B M. - πολλαχοῦ: *rel.*
8. = B M. - γένοιντο: *rel.* - (Syr?).
9. = B M Migne. - *Om.*: *rel.*
10. = B M J Migne. - *Om.*: *rel.*
11. = B M. - 2 1: *rel.*
12. = B M. - *Add.* τοῖς πολλοῖς: *rel.*
13. = B M. - *Om.*: *rel.*
14. *Om.*: Migne.
15. = B M Cr. - *Add.* διὰ τὴν αὐτήν πάλιν αἰτίαν καί: *rel.*
16. = B M Cr. - *Add.* τοὺς ἀντλήσαντας: A D C J N Syr Migne.
17. = B M A D Syr. - *Om.*: *rel.*
18. *Om.*: B M Migne (même au même).
19. *Om.*: B*.
20. = B* M A D K. - ἀναφυόμενα: *rel.* - (Syr?).
21. = B M D. - μανίαν: *rel.*
22. = B M. - οὕτω τὰ πλείονα ποιεῖ: *rel.*
23. = B M. - *Add.* τῶν θαυμάτων ἐκ τῶν ὑποκειμένων οὐσίων: *rel.*

la purification des Juifs", mais afin que certains incrédules ne mettent pas en doute (le prodige) en disant que du vin doux était resté au fond et que, une fois l'eau versée et mélangée, c'était devenu du vin très dilué. C'est pour cela qu'il dit "selon la purification des Juifs", pour prouver que ces vases n'avaient jamais contenu du vin. – **Car, puisque la Palestine manque d'eau et qu'il n'est pas possible de trouver partout des points d'eau et des sources, on emplissait toujours d'eau les jarres de peur d'avoir à courir vers des cours d'eau si jamais on avait contracté une impureté, et pour avoir à portée de main le moyen de se purifier.**

Et pourquoi n'a-t-il pas fait le signe avant d'avoir empli (les jarres), ce qui aurait été beaucoup plus étonnant. Car c'est une autre affaire que de transformer une matière déjà existante en une autre ou de faire la substance même à partir de rien. C'est beaucoup plus étonnant. Mais ainsi, on aurait jugé cela incroyable. Aussi, il diminue souvent la grandeur des prodiges de façon à rendre le prodige plus acceptable.

Et pourquoi, dit-il, n'a-t-il pas lui-même fourni l'eau, et ensuite montré le vin, mais a-t-il commandé aux serviteurs? Afin de les avoir comme témoins de ce qui était arrivé, et que tout n'était pas qu'illusion. Si en effet certains allaient oser le prétendre, ceux qui avaient assuré le service pouvaient leur dire: «C'est nous qui avons puisé l'eau, c'est nous qui avons empli les jarres.»

Par ce qui a été dit, il renverse aussi les dogmes qui ont poussé contre l'église. En effet, il y en a qui disent qu'il existe un autre démiurge du monde et que les œuvres que l'on voit ne sont pas de Lui mais de quelqu'un d'autre opposé à Dieu. Et c'est pour museler leur impudence qu'il a agi ainsi.   .....

I: B M
IIa: A D Syr
IIB: C J K N R Migne

xxii εἰ γὰρ[1] ἐναντίος ὁ δημιουργὸς <u>αὐτῶν</u>[2] οὐκ ἂν τοῖς ἀλλοτρίοις ἐχρήσατο πρὸς τὴν τῆς οἰκείας δυνάμεως ἐπίδειξιν. νῦν μέντοι, δεικνὺς ὅτι αὐτός ἐστιν ὁ ἐν ταῖς ἀμπέλοις τὸ ὕδωρ <u>μεταποίων</u>[3] καὶ τὸν ὑετὸν διὰ τῆς ῥίζης
105 εἰς οἶνον τρέπων, ὅπερ ἐν τῷ φυτῷ διὰ πολλοῦ χρόνου γίνεται τοῦτο ἀθρόον ἐν <u>τοῖς γάμοις</u>[4] εἰργάσατο.

Ἐπειδὴ [ ][5] ἐγέμισαν τὰς ὑδρίας, φησίν· ἀντλήσατε νῦν καὶ φέρετε τῷ ἀρχιτρικλίνῳ. [ ][6]. πάλιν ἐνταῦθά τινες <u>ὑποσκήπτουσι</u>[7] λέγοντες <u>ὅτι</u>[8] μεθυόντων ἀνθρώπων ὁ σύλλογος ἦν καὶ ἡ αἴσθησις τῶν κρινόντων διεφ-
110 θαρμένη καὶ οὐχ ἱκανὴ ἀντιλαβέσθαι τῶν γενομένων οὐδὲ <u>διακρῖναι τῶν</u> <u>πραττομένων</u> [ ][9] πότερον ὕδωρ ἢ οἶνος τὸ γινόμενον [ ][10]. [ ][11]. μάλιστα μὲν καὶ τοῦτο γελοῖον. πλὴν ἀλλὰ καὶ ταύτην αὐτῶν ἐξέκοψε τὴν ὑποψίαν ὁ εὐαγγελιστής. οὐ γὰρ τοὺς δαιτυμόνας <u>φησὶν εἶναί</u>[12] τοὺς ψηφιζομένους περὶ τοῦ <u>γινομένου</u>[13], ἀλλὰ τὸν ἀρχιτρίκλινον τὸν νήφοντα καὶ <u>οὐδενὸς</u>
115 <u>οὐδέπω</u>[14] <u>γεύσαμενον</u>[15]. ἴστε γὰρ δήπου [ ][16] ὅτι μάλιστα πάντων οἱ τὴν διακονίαν τῶν τοιούτων ἐμπεπιστευμένοι δείπνων οὗτοι μάλιστά εἰσιν οἱ νήφοντες, ἓν ἔργον ἔχοντες τὸ ἐν κόσμῳ καὶ [ ][17] τάξει πάντα <u>διαθεῖναι</u>[18]. διὰ τοῦτο τὴν νήφουσαν αἴσθησιν ταύτην εἰς μαρτυρίαν τῶν γινομένων ἐκάλεσεν· οὐ γὰρ εἶπεν· <u>οἰνοχοήσατε</u>[19] τοῖς ἀνακειμένοις, ἀλλά· φέρετε τῷ
120 ἀρχιτρικλίνῳ.

Ὡς δὲ ἐγεύσατο ὁ <u>ἀρχιτρλίκλινος</u>[20] καὶ εὗρεν[21] τὸ ὕδωρ οἶνον γεγενημένον, καὶ οὐκ ᾔδει πόθεν ἐστίν, οἱ δὲ διάκονοι ᾔδεισαν, φωνεῖ τὸν νυμφίον ὁ ἀρχιτρίκλινος. καὶ τίνος ἕνεκεν μὴ τοὺς διακόνους ἐφώνησεν; οὕτω γὰρ ἂν καὶ τὸ θαῦμα ἐξεκαλύφθη. **ὅτι οὐδὲ αὐτὸς ὁ Ἰη-**
125 **σοῦς ἐξεκάλυπτε τὸ γεγονὸς ἀλλ' ἤρεμα καὶ κατὰ μικρὸν ἐβού-**

1. Add. φησίν: B*.
2. = B* M. - ἦν αὐτῷ: rel.
3. = M. - μεταβάλλων: rel.
4. = B A D K. - τῷ γάμῳ: rel. - τοῖς ποταμοῖς: M (erreur).
5. = M. - Add. δέ: rel.
6. = B M. - Add. Jn 2,8c-10: rel.
7. = B M A D Syr. - ἐπισκώπτουσι: rel.
8. = B M. - οὕτως: A R Syr Migne. - οὗτος: D C J K N.
9. = B M. - κρῖναι τοῖς πραττομένοις ὡς μηδὲ εἰδέναι: rel.
10. Add. ἦν: post ὕδωρ: B. - post οἶνος: M. - post γινόμενον: rel.
11. = B M. - Add. ὅτι γὰρ ἔμεθυον αὐτὸς ὁ ἀρχιτρίκλινός φησι: rel. (J Migne: δι' ὧν εἶπεν).
12. = B. - 2 1: rel.
13. = M. - γενομένου: rel. (Syr?).
14. 2 1: M (R). - οὐδενὸς οὔπω: A D. - (Syr?).
15. = B M A R. - γεγευμένον: rel. - (Syr?).
16. = M - Add. τοῦτο: rel. - Add. τοῦτο πάντες: Migne.
17. = M D. - Add. ἐν: B A C J N Syr Migne.
18. = B* M. - τιθέναι: A. - διατιθέναι: rel. - (Syr?).
19. οἰνοχοῆσαι: C J K N R.
20. = B M Migne; - Om.: rel.
21. = B M. - Om.: rel.

En effet, si leur démiurge était opposé, il ne se serait pas servi des autres pour montrer sa propre puissance. Mais maintenant, montrant que c'est Lui-même qui change l'eau dans les vignes et qui transforme la pluie en vin grâce aux racines, ce qui se produit dans la plante durant un long temps, Il l'a réalisé instantanément lors des noces.

Une fois qu'ils eurent empli les jarres, il dit: «Puisez maintenant et portez au maître du festin» (Jn 2,8). *Ici encore, certains se montrent sceptiques en disant que c'était une assemblée d'hommes ivres et que le goût de ceux qui avaient à juger était émoussé et impropre à saisir la portée des événements ou à juger des faits: était-ce de l'eau ou du vin? Mais c'est parfaitement ridicule. D'ailleurs, l'évangéliste a tranché cette idée fausse. En effet, il dit que ce ne sont pas les invités qui eurent à décider de ce qui était arrivé, mais le maître du festin qui était sobre et ne buvait jamais rien.* Sache en effet que, plus que tous, ceux qui ont la responsabilité d'organiser de tels festins, ce sont ceux-là surtout qui restent sobres, ayant pour seule fonction que tout se passe avec ordre et méthode. *C'est pourquoi il a invoqué ce goût sobre en témoignage de ce qui était arrivé. En effet, il n'a pas dit: «Servez du vin aux convives», mais: «Portez au maître du festin.»*

«Lors donc que le maître du festin eut goûté, et il trouva l'eau devenue du vin – et il ne savait pas de quelle manière, mais les serviteurs le savaient - le maître du festin appelle l'époux» (Jn 2,9). Et pourquoi n'a-t-il pas appelé les serviteurs? Ainsi, même le prodige aurait été dévoilé. **C'est que Jésus lui-même n'a pas dévoilé l'événement, mais il voulait**   .....

I: B M
IIa: A D Syr
IIB: C J K N R Migne

xxii λέτο ἐγνωσθῆναι[1] τῶν σημείων τὴν δύναμιν. εἰ [ ] οὖν τοῦτο[2] ἠλέγχθη, οὐδὲ[3] ἂν οἱ διάκονοι διηγουμένοι[4] ταῦτα ἂν ἐπιστεύθησαν, ἀλλ' ἔδοξαν ἀνμαίνεσθαι ἀνθρόπῳ ψίλῳ [ ][5] εἶναι δοκοῦντι [ ][6] τοιαῦτα μαρτυροῦντες. αὐτοὶ μὲν γὰρ [ ][7] διὰ τῆς πείρας τὸ σαφὲς

130 ἔγνωσαν· οὐ γὰρ δὴ ταῖς ἑαυτῶν χερσὶν ἔμελλον ἀπιστεῖν. ἑτέρους δὲ πιστοῦσθαι οὐκ ἦσαν ἱκανοί.

Διὰ τοῦτο οὐδὲ αὐτὸς ἐξεκάλυψεν ἅπασιν ἀλλὰ τῷ μάλιστα δυναμένῳ συνιδεῖν τὸ γεγονὸς[8], τὴν σαφεστέραν ἑαυτοῦ γνῶσιν τῷ μέλλοντι χρόνῳ τηρῶν. μετὰ γὰρ τὴν τῶν λοιπῶν σημείων ἐπίδειξιν

135 καὶ τοῦτο ἔμελλεν εἶναι πιστόν. ὅτε γοῦν[9] τοῦ βασιλικοῦ τὸν υἱὸν ἔμελλε θεραπεύειν, ἐδήλωσεν[10] ὁ εὐαγελιστὴς ὅτι καὶ τοῦτο σαφέστερον γέγονεν. οὐ γὰρ ἂν [ ][11] [ ][12] αὐτὸν ἐκάλεσεν ἐκεῖνος εἰ μὴ[13] τὸ σημεῖον ἐγνωκὼς ἦν [ ][14]. ὅπερ καὶ παραδηλῶν[15] [ ][16] ἔλεγεν· ἦλθεν ὁ Ἰησοῦς εἰς τὴν Κανᾶ τῆς Γαλιλαίας[17] ὅπου ἐποίησεν

140 τὸ ὕδωρ οἶνον.

Οὐχ ἁπλῶς δὲ οἶνον ἐποίησεν[18], ἀλλ' οἶνον κάλλιστον. τοιαῦτα γὰρ τοῦ Χριστοῦ τὰ θαύματα, πολλῷ τῶν διὰ φύσεως τελουμένων ὡραιότερα γίνεται καὶ βελτίω. οὕτω καὶ ἐπὶ τῶν ἄλλων, ὅτε μέλος διώρθου σώματος χωλεῦον, τῶν[19] ὑγιαινόντων ἐδείκνυ τοῦτο ἄμεινον[20]. ὅτι μὲν οὖν οἶνος,

145 καὶ οἶνος[21] κάλλιστος ἦν ὁ γεγενημένος, οὐχ οἱ διάκονοι μόνοι ἀλλὰ καὶ ὁ νυμφίος καὶ ὁ ἀρχιτρίκλινος μαρτυρεῖν ἔμελλον· ὅτι δὲ ὑπὸ τοῦ Χριστοῦ γεγενημένος, οἱ τὸ ὕδωρ ἀντλήσαντες. ὥστε εἰ καὶ μὴ τότε ἔμελλεν ἐκκαλύπτεσθαι[22] τὸ θαῦμα, ἀλλ' ὅμως εἰς τέλος σιγηθῆναι οὐκ εἶχεν· οὔ–

---

1. γνωρισθῆναι. R Migne.
2. = M. - εἰ μὲν οὖν τότε: rel.
3. = B M (A) D K. - οὐκ: rel. - (Syr?).
4. = B M D Cr . - 3 1 2: rel.
5. = B M Cr. - Add. τοῖς πολλοῖς: rel.
6. = B M Cr. - Add. τότε: rel.
7. Add. καί: Migne.
8. 2 3 4 1: Migne.
9. οὖν: A Syr.
10. ὕστερον θεραπεύει δι' ὧν ἐκεῖ λέγει δείκνυσι : Migne.
11. = B M D. - διὰ γὰρ τοῦτο: rel.
12. = B M D Syr. - Add. μάλιστα: rel.
13. = B M D. - ἐπειδή: rel.
14. Add. ὥσπερ ἔφην: Migne.
15. δηλῶν: Migne.
16. B* M. - Add. Ἰωάννης: rel.
17. = B M A D Migne. - Om.: C J K N R Syr.
18. = B M A D Cr Syr. - Om.: rel.
19. Om.: B*.
20. = B (M) Migne. - τοῦτο ἄμεινον: C D J K R. - [ ] ἀμείνῳ: A.
21. Om.: M (même au même).
22. = B M D. - [ ] ἐξεκαλύφθη: rel.

que la puissance des signes ne fût connue que lentement et peu à peu. Si donc celui-ci avait été contesté, même les serviteurs en le racontant n'auraient pas été crus mais on aurait pensé qu'ils divaguaient en attribuant de telles choses à un simple homme, comme on le croyait. Car eux-mêmes connaissaient par expérience la vérité. Car ils n'allaient pas nier le témoignage de leurs mains. Mais ils n'étaient pas capables de convaincre les autres.

Aussi, il n'a pas dévoilé (le prodige) à tout le monde, mais à celui qui pouvait le mieux comprendre ce qui s'était passé, réservant à plus tard sa très claire connaissance. En effet, une fois les autres signes connus, ce (prodige) aussi allait être cru. Ainsi, lorsqu'Il allait guérir le fils du fonctionnaire royal, l'évangéliste a montré que celui-ci était devenu fort clair. Car cet homme ne L'aurait pas appelé si le signe n'avait pas été connu. Ce qu'il montrait en disant: «Jésus vint à Cana de Galilée où il avait changé l'eau en vin» (Jn 4,46).

Et il ne l'avait pas changée en vin ordinaire, mais en vin excellent. Tels sont en effet les miracles du Christ, beaucoup plus éclatants que ceux qui sont accomplis par la nature, et meilleurs. Ainsi en va-t-il aussi des autres: lorsqu'il redressait un membre distordu, il le faisait plus solide que ceux des bien portant. *Donc, que c'était du vin, et du vin excellent, qui avait été fait, non seulement les serviteurs mais aussi l'époux et le maître du festin allaient en témoigner. Mais qu'il avait été fait par le Christ, (seulement) ceux qui avaient puisé l'eau. En sorte que, si le prodige n'allait pas être découvert à ce moment-là, toutefois, finalement,*

I: B M
IIa: A D Syr
IIB: C J K N R Migne

xxii τω πολλὰς καὶ ἀναγκαίας ἑαυτῷ[1] πρὸς τὸ μέλλον προαπέθετο μαρτυρίας.
150 τοῦ μὲν γὰρ τὸ ὕδωρ οἶνον ποιῆσαι, τοὺς διακόνους μάρτυρας εἶχε· τοῦ δὲ καλὸν γενέσθαι τὸν οἶνον, τὸν ἀρχιτρίκλινον καὶ τὸν[2] νυμφίον.

Εἰκὸς μὲν οὖν[3] τὸν νυμφίον ἀποκρίνασθαί τι πρὸς ταῦτα καὶ εἰπεῖν· πλὴν ἀλλ[4] ὁ εὐαγγελιστὴς ἐπειγόμενος πρὸς τὰ ἀναγκαιότερα τῶν πραγμάτων, ἀψάμενος τοῦ σημείου τούτου μόνον, παρέδραμε[5] τὰ
155 λοιπά[6]. τὸ γὰρ ἀναγκαῖον ἦν μαθεῖν ὅτι οἶνον τὸ ὕδωρ ἐποίησεν, καὶ οἶνον καλόν. τί δὲ ὁ ἀρχιτρίκλινος εἶπεν ἢ τί πρὸς αὐτὸν[7] ὁ νυμφίος, οὐκ ἔτι ἀναγκαῖον ἐνόμισεν εἶναι προσθεῖναι.

1. = B M. - αὐτῷ: rel. - (Syr?).
2. Om.: M.
3. = B M D Migne. - Add. καί: A C N R Syr.
4. = B M Migne - Om.: rel.
5. παρέδωκεν: C J N.
6. = B M D Migne. - Om. τὰ λοιπά: rel.
7. = B M D. - πρὸς τὸν ἀρχιτρικλινον εἶπεν: rel.

il ne pourrait pas être passé sous silence. Ainsi, il se préparait à l'avance pour l'avenir des témoignages nombreux et indiscutables. En effet, qu'il ait changé l'eau en vin, il en avait les serviteurs comme témoins. Mais que le vin produit fût bon, le maître du festin et l'époux.

Il est vraisemblable que l'époux ait répondu à ces paroles et qu'il ait parlé. Mais l'évangéliste, pressé d'aller à l'essentiel des faits, ayant traité seulement de ce signe, a omis le reste. En effet, l'essentiel était d'apprendre qu'Il avait changé l'eau en vin, et en bon vin. Mais ce qu'avait dit le maître du festin ou ce que l'époux lui avait répondu[1], il n'a pas jugé nécessaire de l'ajouter.

---

[1] Autre leçon: Mais ce qu'avait dit l'époux au maître du festin.

ΛΟΓΟΣ ΚΓ

xxiii   Ταύτην ἐποίησε τὴν ἀρχὴν¹ τῶν σημείων ὁ Ἰησοῦς ἐν Κανᾷ τῆς
Γαλιλαίας

Πολὺς ὁ διάβολος ἔγκειται καὶ σφοδρῶς² πάντοθεν πολιορκῶν τὴν
5 σωτηρίαν τὴν ἡμετέραν. δεῖ τοίνυν ἐγρηγορέναι καὶ νήμφειν καὶ
πανταχόθεν ἀποτειχίζειν³ αὐτοῦ τὴν ἔφοδον. κἂν γάρ τινος ἐπιλάβηται
μικρᾶς⁴ ἀφορμῆς, εὐρεῖαν ἑαυτῷ λοιπὸν κατασκευάζει⁵ τὴν εἴσοδον καὶ
ὅλην εἰσάγει κατὰ μικρὸν τὴν ἑαυτοῦ δύναμιν. εἰ τοίνυν λόγος [ ] τις ἔστι⁶
τῆς σωτηρίας τῆς ἡμετέρας, μηδὲ ἐν τοῖς μικροῖς αὐτὸν⁷ συγχωρήσωμεν [ ]⁸
10 ἵνα ἀπὸ τούτων τὰ μεγάλα προανασείλωμεν. καὶ γὰρ ἐσχάτης ἀνοίας ἂν
εἴη, ἐκεῖνον μὲν τοσαύτην ἐνδείκνυσθαι⁹ σπουδὴν ὥστε τὴν ἡμετέραν
ἀπολλύναι ψυχήν, ἡμᾶς δὲ ὑπὲρ τῆς [ ] ἑαυτῶν¹⁰ σωτηρίας μηδὲ τὸ ἴσον
εἰσάγειν¹¹ μέτρον.

Ταῦτά μοι οὐχ ἁπλῶς εἴρηται ἀλλ᾽ ἐπειδὴ δέδοικα μήποτε ἐν μέσῳ
15 τῷ σηκῷ [ ] λύκος [ ]¹² ἔστηκεν¹³ μὴ καθορώμενος ἡμῖν, καὶ θηριάλωτον
[ ] γένηται ἐντεῦθεν¹⁴ τὸ¹⁵ πρόβατον [ ]¹⁶. εἰ μὲν γὰρ ἦν αἰσθητὰ τὰ
τραύματα, [ ]¹⁷ καὶ τὸ σῶμα τὰς πληγὰς ἐλάμβανεν, οὐκ ἦν ἔργον εἰδέ-
ναι¹⁸ τὰς τοιαύτας ἐπιβουλάς. ἐπειδὴ δὲ ἀόρατος ἡ ψυχή, καὶ αὐτὴ τὰ

---

1. ἐποίησεν [ ] ἀρχήν: Β. - τὴν ἀρχὴν ἐποίησεν: M.
2. = Β (D) C. - σφοδρά: M. - σφοδρός: *rel.*
3. = Β Μ A D R. - ἐπιτειχίζειν: C J K N Migne.
4. = Β Μ D. - 2 1: A. - 3 2 1: *rel.*
5. = Β Μ D K. - 2 1: *rel.*
6. = Syr. - ἡμῖν τις ἔστι: Β M. - τις ἔστιν ἡμῖν: D. - τις ἡμῖν ἐστι: *rel.*
7. = M. - αὐτῷ: Β A D C J N Migne.
8. = Β M. - συγχωρῶμεν ἡμῖν ἐπιέναι: *rel.* (*om.* ἡμῖν: D).
9. = Β. - ἐπιδείκνυσθαι: *rel.*
10. = Β M. - ἡμῶν αὐτῶν: *rel.*
11. ἄγειν: N Migne.
12. = Β M. - καὶ νῦν ὁ λύκος οὗτος: *rel.*
13. = Β M. - ἐστήκει: *rel.* - ἐστήκη (= ἐστήκη): Migne.
14. = Β M. - ἐκ τούτου γένηται [ ]: *rel.*
15. = Β M. - *Om.*: *rel.*
16. = Β M. - *Add.* ῥαθυμίᾳ καὶ ἐπιβουλῇ πονηρᾷ ἀποβουκοληθὲν τῆς ἀγέλης καὶ
τῆς ἀκροάσεως: *rel.*
17. *Add.* ἢ: A Migne.
18. = Β* M Syr. - διαγνῶναι: *rel.*

TRAITÉ XXIII

Ce commencement des signes, Jésus le fit à Cana de Galilée (Jn 2,11).

Puissant, le Diable nous presse et violemment, de toute part, il assiège notre salut. Il faut donc être vigilants et sobres et de tous côtés élever un rempart contre ses attaques. Car, à la moindre brèche, il s'aménage un large passage par où il introduit peu à peu toute ses forces. Si donc nous avons quelque souci de notre salut, ne lui cédons pas, même sur les petites choses, ce qui nous préparera à le repousser sur les grandes. Et en effet, ce serait de la dernière sottise si, tandis que celui-là montre tant d'empressement à perdre notre âme, nous n'en apportions pas autant pour assurer notre propre salut.

Je ne dis pas cela sans raison, mais parce que je crains que le loup ne soit dans la bergerie à notre insu et que la brebis n'en devienne sa proie. En effet, si l'on sentait les blessures et si le corps recevait les plaies, ce ne serait pas difficile de connaître de telles machinations. Mais puisque l'âme est invisible et que .....

I: B M
IIa: A D Syr
IIb: C J K N R Migne

xxiii ἕλκη δέχεται, πολλῆς ἡμῖν δεῖ τῆς ἀγρυπνίας ὥστε ἑαυτὸν ἕκαστον[1]
20   δοκιμάζειν. οὐδεὶς γὰρ οἶδε τὰ τοῦ ἀνθρώπου, φησίν[2], ὡς τὸ πνεῦμα [ ][3] τὸ
      ἐν αὐτῷ. ὁ μὲν γὰρ λόγος ἅπασι διαλέγεται καὶ κοινὸν πρόκειται φάρμακον
      τοῖς δεομένοις· ἑνὸς δὲ ἑκάστου τῶν ἀκροωμένων λαβεῖν ἔστι τὸ ἐπιτήδειον
      τῷ νοσήματι. οὐκ οἶδα ἐγὼ τοὺς ἀρρωστοῦντας, οὐκ οἶδα τοὺς
      ὑγιαίνοντας. διὰ τοῦτο πάντα λόγον κινῶ καὶ πᾶσιν ἐπιτήδειον πάθεσι,
25   νῦν μὲν πλεονεξίας κατηγορῶν, αὖθις δὲ[4] τρυφῆς, πάλιν ἀσελγείας
      καθαπτόμενος, εἶτα ἐλεημοσύνης συντιθεὶς ἔπαινον [ ][5], εἶτα τῶν ἄλλων
      ἑκάστου [ ][6]. δέδοικα γὰρ μήποτε περὶ ἓν τῶν λόγων ἡμῖν ἀσχολουμένων,
      λάθω θεραπεύων ἕλκος[7] ἕτερον, ἀλλὰ καμνόντων ὑμῶν. ἄλλως δέ[8], εἰ μὲν
      εἷς ἦν ἐνταῦθα ὁ συλλεγόμενος, οὐκ ἂν [ ][9] σφόδρα ἀναγκαῖον εἶναι ἐνόμι-
30   σα πολυειδῆ τὸν λόγον ποιεῖν[10]. ἐπειδὴ δὲ ἐν πλήθει τοσούτῳ εἰκὸς πολλὰ
      εἶναι [ ] πάθη[11], οὐκ ἀπεικότως ποικιλλόναι[12] τὴν διδασκαλίαν· πάντως
      γὰρ εὑρήσει τὴν ἑαυτοῦ χρείαν ὁ λόγος ἅπασιν ἐφαπλούμενος. διά τοι
      τοῦτο καὶ ἡ Γραφὴ πολυειδής τίς ἐστι, περὶ μυρίων ἡμῖν διαλεγομένη
      πραγμάτων, ἐπειδὴ κοινῇ τῇ φύσει διαλέγεται τῶν ἀνθρώπων. ἐν δὲ πλή-
35   θει τοσούτῳ πάντα ἀνάγκη τὰ πάθη τῆς ψυχῆς εἶναι, εἰ καὶ μὴ πάντα ἐν
      πᾶσι. τούτων τοίνυν ἑαυτοὺς ἐκκαθάραντες, οὕτω τῶν θείων λογίων[13]
      ἀκούσωμεν [ ][14] καὶ τῶν σήμερον ἡμῖν ἀναγνωσθέντων [ ][15].
          Τίνα δέ ἐστιν ταῦτα[16]; **τοῦτο σημεῖον πρῶτον ἐποίησεν**[17] ὁ
      Ἰησοῦς ἐν Κανᾷ τῆς Γαλιλαίας. εἶπον καὶ πρώην ὅτι τινὲς οὐκ[18] ἀρχὴν
40   ταύτην εἶναί φασι[19]. τί γάρ, φησίν, εἰ[20] πρόσκειται ἐν Κανᾷ τῆς Γαλι-
      λαίας; σημεῖον γάρ, φησίν, πρῶτον τοῦτο ἐποίησεν[21]. **ἐγὼ δὲ ὑπὲρ τούτων**

---

1. = B M. - 2 1: rel.
2. = B M. - Om.: rel.
3. = B M. - Add. τὸ ἐνοικοῦν: A. - Add. τοῦ ἀνθρώπου: rel.
4. = B M D Migne. - Om.: rel.
5. = B M. - Add. καὶ παράκλησιν: rel.
6. = B* M. - Add. κατορθωμάτων: rel.
7. = B M A D K Syr. - πάθος: C J N R Migne.
8. = B M (A) D Syr. - ὥστε: rel.
9. = B M Syr. - Add. οὕτω: rel.
10. = B M A D K. - ποιήσαι: rel.
11. = M. - 2 3 1 4: B D. - 2 3 καί 4 1: rel.
12. = M. - ποικίλλομεν: rel.
13. = B M. - λόγων: rel.
14. = B M. - Add. καὶ μετὰ συνεταμένης διανοίας: rel. - καὶ μετὰ συντετριμμένης
    καρδίας καὶ διανοίας: R.
15. = B M. - Add. ἀκούσωμεν: rel.
16. = M A. - 2 1: rel.
17. = Syr. - ταύτην, φησίν, ἐποίησεν τὴν ἀρχὴν τῶν σημείων: rel. - (om. φησίν: A C J K
    N R Cr - τὴν ἀρχὴν τῶν σημείων ἐποίησεν: D - τὴν ἀρχὴν ἐποίησεν: J).
18. καί: M Cr.
19. φησίν: B.
20. Om.: M (sed non: Cr).
21. = Syr. - τὴν γὰρ ἀρχὴν ταύτην, φησίν, [ ] ἐν Κανᾷ: B M. - τὴν γὰρ ἀρχήν, φησίν,
    ταύτην ἐποίησεν ἐν Κανᾷ τῆς Γαλιλαίας: A D C J (K) N Migne (silet: Cr). - καὶ μὴ
    ἀρχὴν εἶναι ταύτην τῶν τοῦ Ἰησοῦ σημείων: R.

c'est elle qui reçoit les blessures, il nous faut beaucoup de vigilance pour que chacun s'éprouve soi-même. Car, dit (Paul), «personne ne connaît ce qui concerne l'homme comme l'esprit qui est en lui» (cf. 1 Cor 2,11). Car le discours atteint tout le monde et offre un remède ordinaire à ceux qui sont dans le besoin. Mais c'est à chacun de ceux qui écoutent qu'il appartient de prendre ce qui convient pour guérir sa maladie. Pour moi, j'ignore les malades, j'ignore les bien portant. Aussi, je parle de tout et j'offre un remède à toutes les maladies, accusant maintenant l'avarice, plus tard la mollesse, ensuite m'en prenant aux mœurs dissolues, puis faisant l'éloge de l'aumône, puis de chacune des autres qualités. J'ai peur en effet que, tandis que nos paroles s'appliquent à une plaie particulière, à notre insu nous en soignons une autre, tandis que vous continuez à souffrir. Du moins, s'il n'y avait ici de présente qu'une seule personne, je pense qu'il ne serait pas très nécessaire de faire un discours multiforme. Mais puisque, dans une si grande foule, il y a probablement beaucoup de maux, ce n'est pas sans raison que l'enseignement est diversifié. Il est sûr que la parole s'étendant à tous trouvera son utilité. C'est pourquoi l'Écriture est multiforme, nous parlant de milliers d'actions puisqu'elle s'adresse à la commune nature des hommes. Dans une telle foule, il est inévitable qu'il y ait tous les maux de l'âme, même s'ils ne sont pas tous en tous. Alors, nous étant purifiés de tout cela, écoutons les divines Écritures, spécialement celles qui nous ont été lues aujourd'hui.

Quelles sont-elles? **«Ceci fit Jésus comme premier signe à Cana de Galilée»** (Jn 2,11). Comme je l'ai dit la dernière fois, certains affirment que ce n'est pas le commencement (des signes). Pourquoi en effet, dit-il, y a-t-il "à Cana de Galilée"? Car, dit (l'évangéliste), «C'est comme premier signe qu'il le fit.»

I: B M

IIa: A D Syr

IIb: C J K N R Migne

xxiii   μὲν οὐδὲν [ ]¹ ἀκριβολογησαίμην. [ ]² ὅτι μέντοι³ μετὰ τὸ βάπτισμα τῶν
σημείων ἤρξατο καὶ πρὸ τοῦ βαπτίσματος οὐδὲν ἐθαυματούργησε, καὶ
ἔμπροσθεν ἐδηλώσαμεν. εἴτε δὲ τοῦτο, εἴτε ἕτερον πρῶτον⁴ σημεῖον
45 ἐγένετο τῶν μετὰ τὸ βάπτισμα γενομένων, οὐ⁵ σφόδρα διισχυρί-
ζεσθαι ἀναγκαῖον εἶναί μοι δοκεῖ.

Καὶ ἐφανέρωσε αὐτοῦ τὴν δόξαν⁶, φησίν⁷. πῶς καὶ τίνι τρόπῳ; οὐδὲ
γὰρ πολλοὶ προσεῖχον τῷ γινομένῳ, ἀλλ᾽ οἱ διάκονοι καὶ ὁ ἀρχιτρίκλινος
καὶ ὁ νυμφίος· πῶς οὖν ἐφανέρωσεν τὴν δόξαν αὐτοῦ; [ ]⁸ ὅτι εἰ⁹ καὶ μὴ
50 τότε ἀλλ᾽ ὕστερον ἔμελλον τὸ θαῦμα ἀκούσεσθαι πάντες¹⁰. μέχρι μὲν οὖν
τῆς¹¹ νῦν ᾄδεται καὶ οὐ διέλαθεν. ὅτι γὰρ ἐν ἐκείνῃ τῇ ἡμέρᾳ οὐ πάντες
ᾔδεσαν ἀπὸ τῶν ἐπαγομένων δῆλον. εἰπὼν γὰρ· ἐφανέρωσεν τὴν δόξαν
αὐτοῦ, ἐπήγαγεν· καὶ ἐπίστευσαν εἰς αὐτὸν οἱ μαθηταὶ αὐτοῦ, οἱ καὶ πρὸ
τούτου θαυμάζοντες [ ]¹². ὁρᾷς ὅτι τὰ σημεῖα τότε μάλιστα ἀναγκαῖον
55 ἦν ποιεῖν ὅτε οἱ σαφῶς εἰδότες αὐτὸν¹³ παρῆσαν· οὗτοι γὰρ ἔμελλον [ ]¹⁴
μετὰ   ἀκριβείας¹⁵ προσέχειν τοῖς γινομένοις. [[¹⁶ καὶ πῶς ἂν ἐγένετο
γνώριμος τῶν σημείων χωρίς; ὅτι καὶ διδασκαλία ἱκανὴ καὶ προφητεία
εἰς¹⁷ τὸ θαῦμα ἐνθεῖναι ταῖς τῶν ἀκουόντων ψυχαῖς, ὥστε μετὰ διαθέσεως προσέχειν τοῖς γινομένοις, τῆς ψυχῆς προοικειωμένης ἤδη.]] διά τοι
60 τοῦτο   πολλαχοῦ καὶ ἀλλαχοῦ φασὶν οἱ εὐαγγελισταὶ μὴ πεποιηκέναι
αὐτὸν σημεῖον¹⁸ διὰ τὸ τῶν ἀνθρώπων σκαιὸν τῶν¹⁹ ἐκεῖ διατριβόντων.

[ ]²⁰ Μετὰ ταῦτα κατέβη εἰς Καπερναοὺμ αὐτὸς καὶ ἡ μήτηρ [ ]²¹
καὶ οἱ ἀδελφοὶ²² καὶ οἱ μαθηταὶ αὐτοῦ καὶ ἦσαν ἐκεῖ οὐ πολλὰς ἡμέρας.
τίνος οὖν²³ ἕνεκεν παραγίνεται μετὰ τῆς μητρός [ ]²⁴; οὐδὲ γὰρ θαῦμα

1. = B* M D Cr. - Add. ἄν: rel.
2. = B* M. - Add. ἀλλ᾽: rel.
3. = B M Migne. - μέν: Cr rel.
4. πρότερον: B M (Cr, post ἐγένετο).
5. Om.: M*.
6. = B M. - 2 3 1: rel.
7. Om.: Migne.
8. = B M Cr. - Add. τό γε αὐτοῦ μέρος: rel.
9. = B M. - εἰ δέ: rel. - ἀλλ᾽ εἰ: Cr.
10. = B* M A Cr. - ἅπαντες: rel.
11. = B* M D. - 2 3: A. - [ ] γὰρ τῆς: Bᶜ R - [ ] γὰρ τοῦ: rel. - ὅθεν καὶ μέχρι τοῦ: Cr.
12. = M. - Add. αὐτόν: rel.
13. = B (M) D. - εὐγνώμονες καὶ προσέχοντες τοῖς γινομένοις σαφῶς: rel.
14. = B M D. - Add. καὶ πιστεύειν εὐκολώτερον καί: rel.
15. μετὰ ἀκριβείας ἔμελλον: M.
16. La section entre doubles crochets est omise par R et Syr (par celle-ci à partir seulement
du ὅτι de la ligne suivante).
17. = B M. - καί: rel.
18. = B M. - 2 1: rel.
19. ἀπιστούντων: M (erreur).
20. = B M Syr. - Add. καί: rel.
21. = B M. - Add. αὐτοῦ: rel.
22. Om. καὶ οἱ ἀδελφοί: C J K N R (même au même).
23. = B M Syr Migne. - Om.: rel.
24. = B M. - Add. εἰς Καπερναούμ: rel.

Mais moi, sur ces points, je ne veux pas mener une enquête précise. Qu'il ait commencé les signes après le baptême et qu'avant le baptême il n'ait fait aucun prodige, nous l'avons déjà montré. **Que ce soit celui-ci, que ce soit un autre qui soit arrivé comme premier signe après le baptême, il ne me semble pas nécesaire d'en discuter.**

«Et il manifesta sa gloire», dit (l'évangéliste). *Comment et de quelle manière?* En effet, ils n'étaient pas nombreux ceux qui avaient été au courant de l'événement: seulement les serviteurs, le maître du festin et l'époux. Comment alors manifesta-t-il sa gloire? *Parce que, si ce ne fut pas à ce moment-là, c'est plus tard que tous allaient en entendre parler. De fait, jusqu'à aujourd'hui on le célèbre et il n'est pas caché. Que, en effet, en ce jour-là ce n'est pas tous qui l'aient connu, la suite du texte le montre. En effet, ayant dit "Il manifesta sa gloire", il ajouta "et ses disciples crurent en lui", ceux qui déjà auparavant admiraient (le Christ). Tu vois que les signes, il était surtout nécessaire de les faire alors que ceux qui le connaissaient clairement étaient là. En effet, ceux-ci allaient observer les faits avec minutie.* Et comment était-il devenu connu sans les signes? C'est qu'un enseignement convenable et la prophétie déposent dans les âmes des auditeurs (une disposition) au prodige, en sorte qu'elles sont disposées à comprendre les faits, l'âme rendue déjà familière. *C'est pourquoi souvent ailleurs les évangélistes disent qu'il ne fit pas de signe en raison de la grossièreté des gens habitant là* (cf. Mt 13,58).

«Après cela il descendit à Capharnaüm lui et sa mère et ses frères et ses disciples et ils étaient là peu de jours» (Jn 2,12). Pourquoi donc vient-il avec sa mère? En effet, il n'accomplit là   .....

I: B M

IIa: A D Syr

IIb: C J K N R Migne

xxiii οὐδὲν εἰργάσατο αὐτόθι, οὐδὲ¹ οἱ τὴν πόλιν ἐκείνην οἰκοῦντες² τῶν ὑγιῶς πρὸς αὐτὸν ἐχόντων ἦσαν, ἀλλὰ καὶ τῶν σφόδρα διεφθαρμένων. καὶ τοῦτο ἐδήλωσεν ὁ Χριστὸς εἰπών· καὶ σύ, Καπερναούμ, ἡ ἕως τοῦ οὐρανοῦ ὑψωθεῖσα ἕως³ ᾅδου καταβιβασθήσῃ. Τίνος οὖν ἕνεκεν παραγίνεται; ἐμοὶ δοκεῖ ὅτι⁴ μικρὸν ὕστερον ἔμελλεν ἀνιέναι εἰς τὰ Ἱεροσόλυμα,
70 διὰ τοῦτο τότε μὲν⁵ ἀπῆλθεν⁶ ὥστε μὴ πανταχοῦ τοὺς ἀδελφοὺς⁷ ἐπισύρεσθαι καὶ τὴν μητέρα. ἀπελθὼν δὲ⁸ καὶ ὀλίγον διατρίψας χρόνον διὰ τὴν εἰς τὴν μητέρα τιμήν, οὕτω πάλιν ἐπιλαμβάνεται τῶν θαυμάτων ἀποκαταστήσας τὴν γεγεννηκυῖαν. διὰ τοῦτό φησιν ὅτι οὐ μετὰ πολλὰς ἡμέρας ἀνέβη εἰς Ἱεροσόλυμα.

---

1. (bis) = B M. - οὔτε: rel. - (Syr?).
2. = B M A D. - 2 1: rel. - (Syr?). - Add. οὐκ: M.
3. Add. τοῦ: M (cf. Lc 10,15).
4. = M. - ἐπειδή: rel.
5. = B M D. - Om.: rel.
6. = B M. - ἀπελθεῖν: rel. - κατῆλθεν εἰς Καπερναούμ : Syr.
7. Om.: M (sed non Cr). - Post τὴν μητέρα: Syr.
8. = B M D. - γοῦν: rel.

aucun prodige et les gens qui habitaient cette ville n'étaient pas de ceux qui étaient bien disposés envers lui, mais de ceux qui étaient comme dissolus. Et le Christ l'a montré en disant: «Et toi, Capharnaüm, qui fut élevée jusqu'au ciel, tu descendra jusque dans l'Hadès» (Lc 10,15). **Pourquoi donc vient-il? Parce que, me semble-t-il, il devait un peu plus tard monter à Jérusalem; c'est pourquoi alors il s'en est allé afin de ne pas traîner partout ses frères et sa mère. S'en étant allé et étant demeuré peu de temps à cause de son respect pour sa mère, il entreprend de nouveau les prodiges après avoir laissé celle qui l'a enfanté. C'est pourquoi il dit qu'il monta à Jérusalem après peu de jours (Jn 2,12-13).**

I: B M
IIa: A D Syr
IIb: C J K N R Migne

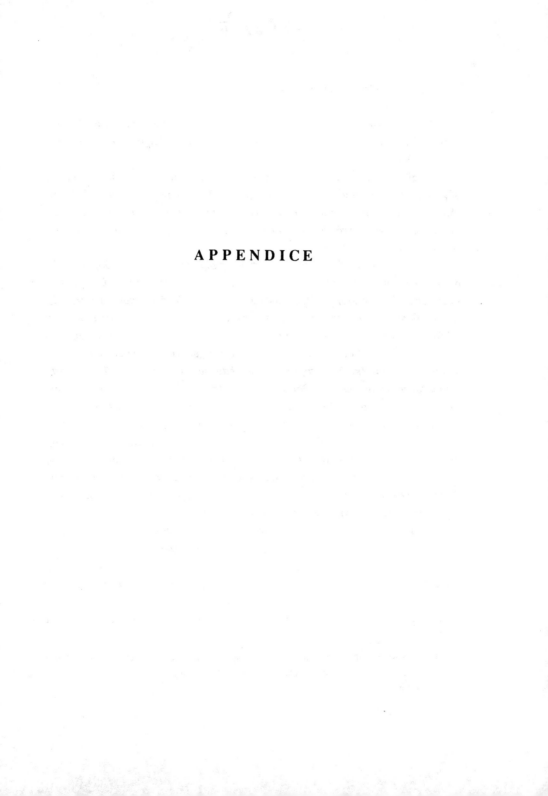

APPENDICE

ΛΟΓΟΣ Η΄

Ἦν τὸ φῶς τὸ ἀληθινὸν [1]

Οὐδὲν κωλύει τῶν αὐτῶν ἅψασθαι καὶ τήμερον ῥημάτων, ἐπειδὴ πρώην ὑπὸ τῆς τῶν πραγμάτων ἐξηγήσεως ἐκωλύθημεν ἅπασιν τοῖς
5 ἀναγνωσθεῖσιν ἐπεξελθεῖν.

Ποῦ τοίνυν εἰσὶν οἱ μὴ λέγοντες αὐτὸν ἀληθινὸν Θεόν; Ἐνταῦθα μὲν γὰρ φῶς ἀληθινὸν εἴρηται· ἑτέρωθι δέ, αὐτοαλήθεια, καὶ αὐτοζωή. Ἀλλ᾽ ἐκείνῳ μὲν τῷ λόγῳ, ὅταν ἐκεῖ γενώμεθα, σαφέστερον ἐπεξελευσόμεθα· κατὰ δὲ τὸ παρόν, ἀναγκαῖον τέως ἐκεῖνο πρὸς τὴν
10 ὑμετέραν ἀγάπην εἰπεῖν·

Εἰ καὶ φωτίζει πάντα ἄνθρωπον ἐρχόμενον εἰς τὸν κόσμον, πῶς ἀφώτιστοι μεμενήκασι τοσοῦτοι;[2] Οὐ γὰρ δὴ πάντες τοῦ Χριστοῦ ἐπέγνωσαν τὸ σέβασμα. Πῶς οὖν φωτίζει πάντα ἄνθρωπον; Τό γε εἰς αὐτὸν ἧκον. Εἰ δέ τινες ἑκόντες τοὺς τῆς διανοίας ὀφθαλμοὺς κἂν
15 μύσαντες, μὴ βούλοιντο παραδέξασθαι τοῦ φωτὸς τὰς ἀκτῖνας, οὐ παρὰ τὴν τοῦ φωτὸς φύσιν ἡ σκότωσις ἐκείνοις, ἀλλὰ παρὰ τὴν κακουργίαν τῶν ἑκοντὶ ἀποστερούντων ἑαυτοὺς τῆς δωρεᾶς. Ἡ μὲν γὰρ χάρις ἐκκέχυται, οὐκ Ἰουδαῖον, οὐχ Ἕλληνα, οὐ βάρβαρον, οὐ Σκύθην, οὐκ ἐλεύθερον, οὐ δοῦλον, οὐκ ἄνδρα, οὐ γυναῖκα, οὐ πρεσβύτην, οὐ
20 παῖδα ἀποστρεφομένη· πάντας δὲ ὁμοίως προσιεμένη, καὶ μετὰ τῆς ἴσης καλοῦσα τιμῆς. Οἱ δὲ οὐκ ἐθέλοντες ἀπολαῦσαι ταύτης τῆς δωρεᾶς, ἑαυτοῖς δίκαιοι ταύτην ἂν εἶεν λογίσασθαι τὴν πώρωσιν. ὅταν γὰρ τῆς εἰσόδου πᾶσιν ἀνεῳγμένης, καὶ μηδενὸς τοῦ κωλύοντος ὄντος, ἐθελοκακοῦντές τινες ἔξω μένουσι, παρ᾽ οὐδένα ἕτερον, ἀλλὰ
25 παρὰ τὴν ἰδίαν πονηρίαν ἀπόλλυνται μόνην.

Ἐν τῷ κόσμῳ ἦν, φησίν, ἀλλ᾽ οὐχ ὡς τοῦ κόσμου σύγχρονος. Διὰ γὰρ τοῦτο ἐπήγαγε· Καὶ ὁ κόσμος δι᾽ αὐτοῦ ἐγένετο, διὰ τούτου σε πάλιν ἐπαγάγων ἐπὶ τὴν προαιώνιον ὕπαρξιν τοῦ Μονογενοῦς. Ὁ γὰρ ἀκούσας ὅτι ἔργον αὐτοῦ τόδε τὸ πᾶν, κἂν σφόδρα ἀναίσθητος, κἂν
30 ἐχθρός, κἂν πολέμιος τῆς δόξης τοῦ Θεοῦ, πάντως καὶ ἑκὼν καὶ ἄκων ἀναγκασθήσεται πρὸ τῶν ἔργων ὁμολογῆσαι τὸν Ποιητήν. Ὅθεν μοι

---

1. Le texte est celui du Koutloumos 32 (= M); rappelons que B est ici lacuneux. Nous avons toutefois corrigé le texte de M en cas d'erreurs certaines ou probables.

2. M: οὗτοι (par erreur).

TRAITÉ VIII

Il était la lumière véritable (Jn 1,9a)

Rien n'empêche de traiter encore aujourd'hui des mêmes paroles puisque, la dernière fois, quant à ce qui concerne l'explication des matières, nous avons été empêchés de parcourir tout ce qui avait été lu.

Où sont-ils ceux qui disent qu'il n'est pas vrai Dieu? Ici, en effet, il est dit lumière véritable; et ailleurs, la vérité même, et la vie même. Mais, cette parole-là, quand nous y serons, nous la parcourrons plus clairement. Mais pour l'instant, il est nécessaire de dire cela à votre charité.

S'il illumine tout homme venant dans le monde (cf. Jn 1,9b), pourquoi tant de gens sont-ils restés non illuminés? Car ils n'ont pas tous reconnu l'adoration du Christ. Comment donc illumine-t-il tout homme? En ce qui le concerne. Si certains, de leur plein gré, fermant les yeux de leur intelligence, ne veulent pas recevoir les rayons de la lumière, leur enténèbrement ne vient pas de la nature de la lumière, mais de la malice de ceux qui, de leur plein gré, se privent eux-mêmes du don. En effet, la grâce se répand sans exclure ni Juif, ni Grec, ni barbare, ni Scythe, ni libre, ni esclave, ni homme, ni femme, ni vieux, ni enfant, mais elle atteint tous les gens de la même façon et elle appelle avec un égal respect. Ceux qui ne veulent pas profiter de ce don, c'est à eux-mêmes qu'il serait juste d'imputer cette privation. Car, l'entrée étant ouverte à tous et personne n'y mettant obstacle, lorsque certains, usant volontairement de malice, demeurent à l'extérieur, ce n'est pas quelqu'un d'autre mais leur propre méchanceté qui les fait périr, elle seule.

«Il était dans le monde» (Jn 1,10a), mais pas comme s'il était contemporain du monde. C'est pour cette raison en effet qu'il a ajouté: «Et le monde devint par lui» (Jn 1,10b), te faisant monter, grâce à cette (phrase), vers l'existence antérieure au temps de l'Unique-Engendré. Car celui qui entend (dire) que son œuvre c'est le Tout, même s'il est très insensible, même ennemi, même adversaire de la gloire de Dieu, bon gré mal gré il sera contraint, devant les œuvres, de reconnaître l'Artisan.

θαυμάζειν ἔπεισιν ἀεὶ τὴν Παύλου τοῦ Σαμοσατέως μανίαν, πῶς πρὸς τὴν οὕτω φανερὰν ἀλήθειαν ἀντιβλέψαι ἐτόλμησε, καὶ ἑκὼν ἑαυτὸν κατεκρήμνισεν. Οὐδὲ γὰρ ἀγνοῶν, ἀλλὰ καὶ σφόδρα εἰδὼς ἡμάρτανε,
35 ταὐτὸν παθὼν τοῖς Ἰουδαίοις. Καθάπερ ἐκεῖνοι πρὸς ἀνθρώπους ὁρῶντες, τὸ τῆς πίστεως προὔδωκαν ὑγιές, εἰδότες μὲν ὅτι αὐτός ἐστιν ὁ μονογενὴς Υἱὸς τοῦ Θεοῦ, διὰ δὲ τοὺς ἄρχοντας οὐχ ὁμολογοῦντες, ἵνα μὴ ἀποσυνάγωγοι γένωνται· οὕτω καὶ τοῦτον γυναικί τινι χαριζόμενον, τὴν σωτηρίαν φασὶν ἀποδόσθαι τὴν ἑαυτοῦ. Δεινὸν
40 γάρ, ὄντως δεινὸν [1] τῆς κενοδοξίας[2] ἡ τυραννίς, καὶ σοφῶν ὀφθαλμοὺς ἐκτυφλοῦν ἱκανόν. Εἰ γὰρ ἡ δωροδοκία τοῦτο ἰσχύει, πολλῷ μᾶλλον τὸ ταύτης βιαιότερον πάθος. Διὰ τοῦτο καὶ Ἰουδαίοις ἔλεγεν ὁ Χριστός· Πῶς δύνασθε πιστεύειν, δόξαν παρὰ ἀθρώπων λαμβάνοντες καὶ τὴν δόξαν τὴν[3] παρὰ τοῦ μόνου Θεοῦ οὐ ζητοῦντες.
45 Καὶ ὁ κόσμος αὐτὸν οὐκ ἔγνω, φησίν. Ἐνταῦθα κόσμον τὸ δήμωδες πλῆθός φησι, τὸν χυδαῖον καὶ ταραχώδη λαόν. Ὥστε οἵ γε Θεοῦ φίλοι καὶ θαυμαστοὶ πάντες αὐτὸν ἐπέγνωσαν καὶ πρὸ τῆς ἐνσάρκου παρουσίας. Καὶ περὶ μὲν τοῦ πατριάρχου καὶ αὐτὸς ὀνομαστί ὁ Χριστὸς, ὅτι Ἀβραὰμ ὁ πατὴρ ὑμῶν ἠγαλλιάσατο, ἵνα ἴδη τὴν
50 ἡμέραν τὴν ἐμήν· καὶ εἶδε, καὶ ἐχάρη. Καὶ περὶ τοῦ Δαυὶδ δὴ πάλιν Ἰουδαίους ἐλέγχων ἔλεγε· Πῶς οὖν Δαυὶδ ἐν Πνεύματι Κύριον αὐτὸν καλεῖ λέγων· Εἶπεν ὁ Κύριος τῷ Κυρίῳ μου· Κάθου ἐκ δεξιῶν μου; Καὶ πολλαχοῦ Μωϋσέως πρὸς ἐκείνους ἱστάμενος μέμνηται· Πάντας δὲ ἁπλῶς τοὺς προφήτας τοὺς ἀπὸ Σαμουὴλ ἐγνωκέναι φησὶν ὁ Πέτρος
55 αὐτόν, καὶ τὴν παρουσίαν αὐτοῦ πόρρωθεν προαναφωνεῖν. Τῷ δὲ Ἰακὼβ καὶ τῷ πατρὶ τῷ τούτου, ὥσπερ οὖν καὶ τῷ πάππῳ, καὶ ἐφάνη καὶ διελέχθη, καὶ πολλὰ καὶ μεγάλα ἐπηγγείλατο ἀγαθά, ἅπερ οὖν καὶ εἰς ἔργον ἐξήνεγκε.

Πῶς οὖν αὐτός, φησίν, ἔλεγε· Πολλοὶ προφῆται καὶ δίκαιοι
60 ἐπεθύμησαν ἰδεῖν ἃ ὑμεῖς βλέπετε, καὶ οὐκ εἶδον; Ἆρ' οὖν οὐ μετέσχον τῆς γνώσεως τῆς εἰς αὐτόν; Πάνυ μὲν οὖν· καὶ τοῦτο ἀπὸ τῆς ῥήσεως ταύτης, ἀφ' ἧς νομίζεις αὐτοὺς ἀπεστερῆσθαι, πειράσομαί σοι ποιῆσαι φανερόν. Πολλοὶ γὰρ ἐπεθύμησαν ἰδεῖν. Ὥστε ᾔδεσαν αὐτὸν ἥξοντα εἰς ἀνθρώπους, καὶ οἰκονομήσοντα, ἅπερ καὶ ᾠκονόμησεν.
65 Οὐ γὰρ ἄν, εἰ μὴ ᾔδεσαν, ἐπεθύμησαν. Οὐδεὶς γὰρ ὧν μηδὲ ἔννοιαν ἔχει, τούτων λαβεῖν ἐπιθυμίαν δυνήσεται. Ὥστε ᾔδεσαν τὸν Υἱὸν τοῦ Θεοῦ, καὶ ὅτι ἥξει εἰς ἀνθρώπους. Τίνα οὖν ἐστιν ἅπερ οὐκ ᾔδεσαν, τίνα ἅπερ οὐκ ἤκουσαν; Ταῦτα ἃ νῦν βλέπετε καὶ ἀκούετε. Καὶ γὰρ

1. γὰρ, ὄντως δεινὸν : om. M (même au même).
2. καινῆς δόξης: M (erreur).
3. τὴν δόξαν : om. M (même au même).

J'en suis donc toujours à m'étonner de la folie de Paul de Samosate: comment eut-il l'audace de résister à une vérité si manifeste et s'est-il précipité lui-même de son plein gré? Car ce n'est pas par ignorance, mais en pleine connaissance qu'il a péché, tout comme les Juifs. De même que ceux-ci, tenant compte des hommes, ont trahi la pureté de la foi: sachant bien qu'il était le Fils Unique-Engendré de Dieu mais refusant de le reconnaître par crainte des autorités, de peur d'être exclus de la Synagogue (cf. Jn 12,42), *ainsi dit-on que celui-là, pour plaire à une femme, a abandonné son salut. Oui, dangereuse, vraiment dangereuse, la tyrannie de la vaine gloire, et capable d'aveugler les yeux des sages. Car, si la vénalité a cette force, combien plus la passion, plus violente qu'elle. C'est pourquoi le Christ disait aux Juifs: «Comment pouvez-vous croire, vous qui acceptez gloire venant des hommes mais qui ne recherchez pas la gloire qui vient du Dieu unique»* (Jn 5,44).

«Et le monde ne l'a pas connu», dit-il (Jn 1,10c). *Ici, il appelle "monde" la foule vulgaire, le peuple grossier et agité. Ainsi, les amis de Dieu et tous les gens admirables l'ont reconnu avant même sa venue dans la chair. Et du Patriarche, le Christ lui-même a dit nommément: «Abraham votre Père exulta à la pensée de voir mon jour, et il l'a vu et il s'est réjoui»* (Jn 8,56). *Et de David aussi, il disait en réfutant les Juifs: «Comment donc David, inspiré, l'appelle-t-il "Seigneur" en disant: Le Seigneur a dit à mon Seigneur: Siège à ma droite?»* (Mt 22,43-44; cf. Ps 110,1). *Et souvent, de Moïse, il fait mémoire en s'opposant à eux. Tous les prophètes, en bloc, depuis Samuël, Pierre dit qu'ils l'ont connu et qu'ils ont proclamé bien à l'avance sa venue* (cf. Act 3,24). À Jacob et au père de celui-ci tout comme à son grand-père, il est apparu et il a conversé avec eux, et il leur a promis des biens nombreux et excellents, qu'il a effectivement apportés.

Comment lui-même, dit-il, affirmait: «Beaucoup de prophètes et de justes ont désiré voir ce que vous voyez et ne l'ont pas vu»? (Mt 13,17). *Est-ce donc qu'ils n'ont pas eu part à la connaissance, celle qui le concernait? Certainement si, et c'est à partir de cette parole qui te fait penser le contraire que je vais essayer de te le rendre évident. En effet, "beaucoup ont désiré voir". Ainsi, ils le connaissaient venant vers les hommes et organisant ce qu'il a organisé; car s'ils n'avaient pas connu, ils n'auraient pas désiré, car personne, de ce dont il n'a aucune intelligence, de ces choses-là il ne peut recevoir désir. Ainsi, ils connaissaient le Fils de Dieu, et qu'il viendrait chez les hommes. Quelles sont alors ces choses qu'ils n'ont pas connues, qu'ils n'ont pas entendues? Celles que, maintenant, vous voyez et*

φωνῆς ἤκουσαν, καὶ εἶδον αὐτόν, ἀλλ' οὐκ ἐν σαρκί, οὐδὲ οὕτω τοῖς
70 ἀνθρώποις συναναστρεφόμενον, οὐδὲ μέτα τοσαύτης αὐτοῖς ὁμιλοῦντα
τῆς ἀδείας· τοῦτο γοῦν αὐτὸ δηλῶν· οὐχ ἁπλῶς εἶπεν· Ἐπεθύμησαν
ἰδεῖν ἐμέ· ἀλλὰ τί; Ἃ ὑμεῖς βλέπετε· οὐδέ, Ἀκοῦσαι ἐμοῦ· ἀλλὰ τί; Ἃ
ὑμεῖς ἀκούετε. Ὥστε εἰ καὶ μὴ τὴν ἔνσαρκον αὐτοῦ παρουσίαν
ἐθεάσαντο, ἀλλ' ὅμως ᾔδεσαν αὐτόν καὶ ἐπίστευσαν εἰς αὐτόν.
75   Ὅταν οὖν ἡμῖν ἐγκαλῶσιν Ἕλληνες λέγοντες· Τί δὲ τὸν
ἔμπροσθεν ἐποίει χρόνον ὁ Χριστός, τὸ τῶν ἀνθρώπων οὐκ ἐπι-
σκοπούμενος γένος καὶ τί δήποτε ἐν ἐσχάτῳ τῆς ἡμετέρας[1] ἦλθεν
ἀντιληψόμενος σωτηρίας, τοσοῦτον ἀμελήσας χρόνον ἡμῶν; ἐροῦμεν, ὅτι
καὶ πρὸ τούτου ἐν τῷ κόσμῳ ἦν, καὶ προενόει τῶν ἔργων τῶν ἑαυτοῦ,
80 καὶ τὴν γνῶσιν δὲ αὐτοῦ ἅπασι τοῖς ἀξίοις ἀπεκάλυψεν. Εἰ δέ, διὰ
τὸ μὴ πάντας αὐτὸν ἐπεγνωκέναι, οὐδὲ παρὰ τῶν ἁγίων αὐτὸν ἐκείνων
μόνων[2] ἐγνῶσθαι φαίητε, ὅρα ὑμῖν μηδενὰ ὁμολογεῖν προσκυνεῖσθαι
αὐτὸν ὑπὸ τῶν ἀνθρώπων, ἐπεὶ μηδὲ νῦν αὐτὸν ἅπαντες ἴσασιν. Ἀλλ'
ὥσπερ ἐπὶ τοῦ παρόντος οὐδεὶς ἂν διὰ τοὺς ἀγνοοῦντας αὐτὸν τοῖς
85 εἰδόσι ἀπιστήσειεν· οὕτως οὐδὲ ἐπὶ τῶν ἔμπροσθεν χρόνων ἅπασιν
ἔγνωστο τοῖς ἁγίοις.
    Εἰ δὲ λέγοι τις· Τίνος ἕνεκεν μὴ πάντες προσεῖχον αὐτῷ, μηδὲ
πάντες αὐτὸν ἐθεράπευον τότε, ἀλλὰ μόνοι οἱ δίκαιοι; ἐρήσομαι κἀγώ·
τίνος ἕνεκεν μηδὲ νῦν πάντες αὐτὸν ἴσασι; Καὶ τί δὲ περὶ τοῦ Υἱοῦ;
90 Τὸν γὰρ Πατέρα τὸν τούτου, διατί μὴ πάντες, μήτε τότε, μήτε νῦν
ἔγνωσαν; ἀλλ' οἱ μὲν αὐτομάτως ἅπαντα φέρεσθαι λέγουσιν, οἱ δὲ
μόνοις δαιμονίοις τὴν τοῦ παντὸς ἐπιτρέπουσι πρόνοιαν· εἰσὶ δὲ καὶ
οἳ ἕτερον παρὰ τοῦτον ἀναπλάττοντες· τινὲς δὲ αὐτὸν καὶ
ἀντικειμένην εἶναι βλασφημοῦσι δύναμιν, καὶ τοὺς νόμους αὐτοῦ,
95 πονηροῦ τινος δαίμονος εἶναι νομίζουσι; Τί οὖν; παρὰ τοῦτο οὔτε
Θεὸν αὐτὸν εἶναι φαίημεν, ἐπειδή τινές εἰσιν οἱ τοῦτο λέγοντες, καὶ
πονηρὸν αὐτὸν ὁμολογήσωμεν; καὶ γὰρ τοῦτό εἰσιν οἱ βλασφημοῦντες
αὐτόν. Ἄπαγε τῆς παραφροσύνης. Εἰ γὰρ μέλλοιμεν ἀπὸ τῆς τῶν
μαινομένων κρίσεως χαρακτηρίζειν τὰ δόγματα, οὐδὲν κωλύει καὶ
100 μαίνεσθαι κατ' αὐτοὺς μανίαν χαλεπωτάτην. Εἶτα, ἥλιον μὲν οὐδεὶς
ὀφθαλμῶν λυμαντικὸν φήσειε διὰ τοὺς νοσοῦντας τὰς ὄψεις, ἀλλὰ
φωτιστικόν, ἀπὸ τῶν ὑγιαινόντων λαμβάνων τὰς κρίσεις· καὶ τὸ μέλι
οὐδεὶς πικρὸν προσερεῖ, ἐπειδὴ τοῦτο τοῖς ἀρρωστοῦσι δοκεῖ· τὸν Θεὸν
ἀπὸ τῆς τῶν ἀσθενούντων ὑπολήψεως, ἢ μὴ εἶναι, ἢ πονηρὸν εἶναι, ἢ
105 ποτὲ μὲν προνοεῖν, ποτὲ δὲ ἡμῶν ἀνελεῖν ψηφιούνεσθαι. Καὶ τίς ἂν
ἡμᾶς ὑγιαίνειν φήσειεν, ἀλλ' οὐκ ἐξεστηκέναι καὶ παραπαίειν;

---

1. ἡμέρας: M (erreur).
2. Om. M (hapl.).

entendez. En effet, ils ont entendu une voix, et ils l'ont vu, mais pas incarné, ni conversant ainsi avec les hommes, ni le montrant. Il n'a pas dit simplement "Ils ont désiré me voir", mais quoi? "Ce que vous voyez." Ni "m'entendre", mais "Ce que vous entendez". Ainsi, même s'ils n'ont pas vu sa venue dans la chair, cependant ils l'ont connu et ils ont cru en lui.

Lors donc que les Grecs nous interpellent en disant: «Que faisait le Christ au temps jadis, sans veiller sur la race des hommes, et pourquoi n'est-il venu qu'au dernier temps prendre soin de notre salut après nous avoir négligés si longtemps?», nous dirons qu'il était déjà dans le monde et qu'il pensait déjà à ce qu'il ferait, et qu'il s'est fait connaître à tous ceux qui en étaient dignes. Mais si, du fait qu'ils ne l'ont pas tous alors reconnu vous dites qu'il ne fut pas connu non plus de ces seuls saints, vois que, selon vous, personne ne reconnaîtrait qu'il est adoré par les hommes puisque maintenant encore tous ne le connaissent pas. Mais de même que, maintenant, personne ne nierait qu'il ne soit connu du fait de ceux qui l'ignorent, ainsi au temps jadis aussi il fut connu de tous les saints.

Mais si quelqu'un disait: «Pourquoi ne s'attachaient-ils pas tous à lui, ne l'honoraient-ils pas tous alors, mais seulement les justes?», je lui dirais à mon tour: «Pourquoi maintenant aussi ils ne le connaissent pas tous?» Et qu'en est-il du Fils? Car le Père, son Père, pourquoi ne l'ont-ils pas tous connu, ni jadis, ni maintenant? Mais les uns disent que tout se tient par soi-même, les autres attribuent aux seuls démons la providence du Tout. Il y en a même qui en imaginent un autre en plus de lui. Certains blasphèment en disant qu'il y a une puissance qui lui est opposée et ils pensent que ses lois sont d'un démon mauvais. Quoi donc? En conclurions-nous qu'il n'y a pas de Dieu puisqu'il y a des gens qui professent ces erreurs? Et affirmerions-nous qu'il est mauvais, car il y en a qui le blasphèment? Loin de nous cette démence! En effet, si nous allions définir les dogmes à partir du jugement de ceux qui divaguent, rien ne nous empêcherait de divaguer comme eux d'une folie bien pire. D'ailleurs, nul ne dit que le soleil fait mal aux yeux parce que certains ont les yeux malades, mais on dit qu'il illumine en jugeant d'après ceux qui sont en bonne santé. Et le miel, nul n'affirme qu'il est amer du fait qu'il semble tel aux malades. Quant à Dieu, du fait de l'opinion des infirmes, décrétera-t-on qu'il n'existe pas, ou qu'il est mauvais, ou que tantôt il se montre prévoyant pour nous, tantôt non? Et qui dira que nous sommes en bonne santé, et non que nous sommes fous et que nous déraisonnons?

Ὁ κόσμος αὐτὸν οὐκ ἔγνω, φησίν. Ἀλλ' ὧν ὁ κόσμος οὐκ ἦν ἄξιος, οὗτοι αὐτὸν ἔγνωσαν. Ὅρας πῶς ἐν βραχεῖ καὶ τὴν αἰτίαν τῆς ἀγνοίας ἔθηκεν. Οὐ γὰρ εἶπεν ἁπλῶς, ὅτι οὐδεὶς αὐτὸν ἔγνω ἀλλ' ὅτι
110 Ὁ κόσμος αὐτὸν οὐκ ἔγνω, τουτέστιν, οἱ τῷ κόσμῳ προσηλωμένοι, καὶ τὰ τοῦ κόσμου φρονοῦντες ἄνθρωποι. Οὕτω γὰρ εἴωθεν αὐτοὺς καλεῖν ὡς ὅταν λέγῃ· Πάτερ ἅγιε, καὶ ὁ κόσμος σε οὐκ ἔγνω. Οὐκ ἄρα αὐτὸν μόνον, ἀλλὰ καὶ τὸν Πατέρα ὁ κόσμος ἠγνόησε.

«Le monde ne l'a pas connu», dit-il. Mais ceux dont le monde n'était pas digne, ceux-là l'ont connu. Tu vois comment il a brièvement posé la cause de l'ignorance. En effet, il n'a pas dit simplement que personne ne l'a connu, mais que "le monde ne l'a pas connu", c'est-à-dire les hommes qui s'attachent au monde et qui goûtent le monde. Car Il a coutume de les appeler ainsi, comme lorsqu'il dit: «Père, et le monde ne t'a pas connu» (Jn 17,25). Ainsi, ce n'est pas Lui seulement, mais aussi le Père que le monde n'a pas connu.

ΛΟΓΟΣ ΙΛ

Καὶ ὁ Λόγος σὰρξ ἐγένετο καὶ ἐσκήνωσεν ἐν ἡμῖν.

[ ]¹ Ὁ Λόγος σὰρξ ἐγένετο, φησί,² καὶ ἐσκήνωσεν ἐν ἡμῖν. Εἰπὼν
ὅτι ἐκ Θεοῦ ἐγεννήθησαν οἱ λαβόντες αὐτὸν, καὶ τέκνα Θεοῦ
5 γεγόνασι, τῆς ἀφάτου ταύτης τιμῆς τίθησι τὴν αἰτίαν. Αὕτη δέ ἐστι,
τὸ γενέσθαι σάρκα τὸν Λόγον, καὶ τὴν τοῦ δούλου μορφὴν ἀναλαβεῖν
τὸν³ Δεσπότην. Ἐγένετο γὰρ Υἱὸς ἀνθρώπου, Θεοῦ γνήσιος ὢν Υἱὸς,
ἵνα τοὺς τῶν ἀνθρώπων υἱοὺς τέκνα ποιήσῃ Θεοῦ. Τὸ γὰρ ὑψηλὸν τῷ
ταπεινῷ προσομιλοῦν, αὐτὸ μὲν οὐδὲν εἰς τὴν οἰκείαν παραβλάπτεται
10 δόξαν· ἐκεῖνο δὲ ἀπὸ τῆς πολλῆς ἀνίστησι ταπεινότητος. Ὅπερ οὖν
καὶ ἐπὶ τοῦ Κυρίου γέγονε. Τήν τε γὰρ οἰκείαν φύσιν οὐδὲν ἀπὸ
ταύτης ἠλάττωσε τῆς συγκαταβάσεως⁴, ἡμᾶς δὲ τοὺς διαπαντὸς ἐν
ἀδοξίᾳ καθημένους καὶ σκότῳ, πρὸς δόξαν ἄφατον ἀνήγαγεν. Οὕτω που
καὶ βασιλεὺς πτωχῷ καὶ πένητι διαλεγόμενος, ἑαυτὸν μὲν οὐδὲν
15 ᾔσχυνεν, ἐκεῖνον δὲ παρὰ πᾶσι περίβλεπτον ἐποίησεν καὶ λαμπρόν. Εἰ
δὲ ἐπὶ τῆς ἐπεισάκτου τῶν ἀνθρώπων ἀξίας οὐδὲν τὸν ἐντιμότερον ἡ
πρὸς τὸν εὐτελέστερον ὁμιλία παρέβλαψε, πολλῷ μᾶλλον ἐπὶ τῆς
ἀκηράτου καὶ μακαρίας ἐκείνης οὐσίας, τῆς ἐπείσακτον μὲν ἐχούσης
οὐδὲν, οὐδὲ ἐπιγινόμενον καὶ ἀπογινόμενον, πάντα δὲ ἀκίνητα καὶ
20 πεπηγότα εἰς τέλος τὰ ⁵ἀγαθά. Ὥστε ὅταν ἀκούσῃς, ὅτι Ὁ λόγος
σὰρξ ἐγένετο, μὴ θορυβηθῇς, μηδὲ καταπέσῃς. Οὐ γὰρ ἡ οὐσία
μετέπεσεν εἰς σάρκα (τοῦτο γὰρ τῆς ἐσχάτης ἀσεβείας ἐστίν⁶), ἀλλὰ
μένουσα ὅπερ ἐστὶν, οὕτω τοῦ δούλου τὴν μορφὴν ἀνέλαβε.

Τίνος οὖν ἕνεκεν τό· ⁷ Ἐγένετο. ⁸ Τὰ τῶν αἱρετικῶν ἐμφράττων
25 στόματα. Ἐπειδὴ γὰρ εἰσὶν οἱ λέγοντες, ὅτι φαντασία τις ἦν καὶ
ὑπόκρισις καὶ ὑπόνοια τὰ τῆς οἰκονομίας ἅπαντα, ἄνωθεν αὐτῶν
προαναιρῶν τὴν βλασφημίαν, τὸ Ἐγένετο τέθεικεν, οὐ μεταβολὴν

---

1. Add. καί: B. – Le texte commence à Migne 79/2b.
2. Om. : M.
3. Om. : B.
4. καταβάσεως: B Migne.
5. Om. M.
6. Add. καὶ ἐννοῆσαι: M Migne.
7. τῷ: B Migne.
8. Add. κέχρηται ῥήματι: B Migne.

Et le Verbe devint chair et il a habité parmi nous (Jn 1,14a)

Le Verbe devint chair, dit-il, et il a habité parmi nous. Ayant dit que sont nés de Dieu ceux qui l'ont reçu et qu'ils sont devenus enfants de Dieu, il établit la cause de cet honneur ineffable. La voici: c'est le fait que le Verbe devint chair et que le Maître a pris la forme du serviteur. En effet, il devint Fils de l'homme, lui qui est Fils authentique de Dieu, afin que les fils des hommes il les fasse enfants de Dieu. En effet, lorsque ce qui est élevé est en relation avec ce qui est bas, il ne subit aucun dommage quant à sa gloire tandis qu'il élève l'autre loin de sa grande bassesse. C'est donc ce qui est arrivé à propos du Seigneur. En effet, il n'a pas amoindri sa nature en vertu de cette descente, mais, nous qui étions toujours assis dans l'ignominie et les ténèbres, il nous a fait monter dans sa gloire ineffable. Ainsi, lorsqu'un roi s'entretient avec un pauvre et un indigent, il n'en tire lui-même aucune honte mais il rend cet homme admiré de tous et illustre. Mais si, lorsqu'il s'agit de la dignité empruntée des hommes, celui qui est plus digne n'est en rien laisé en ayant rapport avec celui qui est plus vulgaire, combien plus lorsqu'il s'agit de cet Être sans alliage et bienheureux, qui n'a rien d'emprunté, rien qui s'ajoute ou se retranche, mais tous les biens immuables et fixés pour toujours. Ainsi, lorsque tu entends que "Le Verbe devint chair", ne te trouble pas et ne sois pas scandalisé, car l'Être ne s'est pas changé en chair – le penser serait de la dernière impiété – mais tout en restant ce qu'il est, il a pris la forme du serviteur.

Pourquoi donc le (mot) "devint"? Pour fermer la bouche des hérétiques. En effet, puisqu'il y en a qui disent que ce n'était qu'une illusion et une feinte et une conjecture tout ce qui concerne l'économie (du salut), c'est pour enlever à l'avance leur blasphème qu'il a mis le (mot) "devint", voulant affirmer, non un changement

οὐσίας, ἄπαγε, ἀλλὰ σαρκὸς ἀληθινῆς ἀνάληψιν παραστῆσαι
βουλόμενος. Ὥσπερ γὰρ ὅταν λέγει·[1] Χριστὸς ἡμᾶς ἐξηγόρασεν ἐκ τῆς
30 κατάρας τοῦ νόμου, γενόμενος ὑπὲρ ἡμῶν κατάρα, οὐ τοῦτό φησιν ὅτι
ἡ οὐσία αὐτοῦ, τῆς οἰκείας ἀποστᾶσα δόξης, εἰς κατάραν οὐσιώθη·
τοῦτο γὰρ οὐδὲ δαίμονες ἐννοήσαιεν, οὐδὲ[2] οἱ σφόδρα ἀνόητοι καὶ
τῶν κατὰ φύσιν ἀπεστερημένοι[3] φρενῶν· τοσαύτην ἔχει μετὰ τῆς
ἀσεβείας καὶ τὴν παράνοιαν[4]· οὐ δὴ[5] τοῦτο οὖν λέγει, ἀλλ' ὅτι τὴν
35 καθ' ἡμῶν κατάραν δεξάμενος, οὐκ ἀφίησιν ἡμᾶς ἐπαράτους εἶναι
λοιπόν· οὕτω[6] καὶ ἐνταῦθα σάρκα φησὶν αὐτὸν γενέσθαι, οὐ
μεταβαλόντα εἰς σάρκα τὴν οὐσίαν, ἀλλ' ἀναλαβόντα αὐτὴν, ἀνεπάφου
μενούσης ἐκείνης.

Εἰ δὲ λέγοιεν ὅτι Θεὸς ὢν ἅπαντα δύναται ὥστε καὶ εἰς σάρκα
40 πεσεῖν[7] ἐδύνατο· ἐκεῖνο πρὸς αὐτοὺς ἐροῦμεν, ὅτι πάντα δύναται, ἕως
ἂν μένῃ Θεός· ὁ δὲ εἰς σάρκα πεσὼν οὐκέτ' ἂν εἴη Θεός. μεταβολὴν
γὰρ ἐδέξατο, καὶ μεταβολὴν ἐπὶ τὸ χεῖρον. Τὸ δὲ μεταβάλλεσθαι,
πόρρω τῆς ἀκηράτου φύσεως ἐκείνης. Διὸ καὶ ὁ Προφήτης ἔλεγε·
Πάντες ὡς ἱμάτιον παλαιωθήσονται, καὶ ὡσεὶ περιβόλαιον ἑλίξεις
45 αὐτούς, καὶ ἀλλαγήσονται. Σὺ δὲ ὁ αὐτὸς εἶ, καὶ τὰ ἔτη σου οὐκ
ἐκλείψουσι. Πάσης γάρ ἐστιν ἀνωτέρα μεταβολῆς. Οὔτε γὰρ κρεῖττόν
τί ἐστιν αὐτοῦ, ὥστε προκόψαντα αὐτὸν ἐπὶ τοῦτο ἐλθεῖν. Τί λέγω
κρεῖττόν τι αὐτοῦ; ἀλλ' οὐδὲ ἴσον, οὐδὲ μικρὸν ἐγγύς. Οὐκοῦν
λείπεται τὴν ἐπὶ τὸ χεῖρον αὐτὸν δέξασθαι[8] μεταβολήν, εἴ γε
50 μεταβάλλοιτο. Τοῦτο δὲ οὐκ ἂν εἴη Θεός. Ἀλλ' ἡ βλασφημία τραπείη
εἰς τὴν τῶν ταῦτα λεγόντων κεφαλήν.

Ὅτι γὰρ διὰ τοῦτο μόνον εἴρηται τό, Ἐγένετο, ἵνα μὴ
φαντασίαν ὑπολάβῃς, ἄκουσον διὰ τῶν ἑξῆς, πῶς ἐκκαθαίρει τὸν
λόγον, καὶ τὴν ὑπόνοιαν ἀνατρέπει τὴν πονηράν. τί γάρ ἐπάγει; Καὶ
55 ἐσκήνωσεν ἐν ἡμῖν· μονονουχὶ λέγων, μηδὲν ἄτοπον ὑποπτεύσῃς ἀπὸ
τοῦ· Ἐγένετο. Οὐ γὰρ τροπὴν εἶπον τῆς ἀτρέπτου φύσεως ἐκείνης,
ἀλλὰ σκήνωσιν καὶ κατοίκησιν. Τὸ δὲ σκηνοῦν, οὐ ταὐτὸν ἂν εἴη τῇ
σκηνῇ, ἀλλ' ἕτερον ἐν ἑτέρῳ σκηνοῖ· ἐπεὶ οὐκ ἂν εἴη σκήνωσις· οὐδὲν
γὰρ ἐν ἑαυτῷ κατοικεῖ. Ἕτερον δὲ εἶπον κατὰ τὴν οὐσίαν. Τῇ γὰρ

---

1. λέγῃ: B Migne.
2. οὐδ' ἂν: B Migne.
3. ἐστερημένα: B.
4. παροιμίαν: B.
5. δέ: B Migne.
6. Add. δή: B Migne.
7. μεταπεσεῖν: B Migne.
8. Om. B.

de substance, loin de là, mais l'assomption d'une véritable chair. En effet, de
même que lorsque (Paul) dit: «Le Christ nous a rachetés de la malédiction de la
Loi en devenant malédiction pour nous» (Gal 3,13), il ne dit pas que sa substance,
ayant rejeté sa propre gloire, s'est substantivée en malédiction – car ceci, pas même
les démons ne l'aurait imaginé, ni ceux qui sont très sots et privés naturellement
d'intelligence; une telle pensée impliquerait, avec l'impiété, aussi la folie - donc, il
ne dit pas cela, *mais que, ayant pris la malédiction qui était contre nous, il ne nous*
laisse pas être maudits; de même, ici aussi, (Jean) dit qu'Il devint chair non pas en
changeant la substance en chair mais en l'assumant, celle-là demeurant intouchable.

Mais si l'on disait que, puisqu'il est Dieu, il peut tout au point qu'il
pourrait se changer en chair, voici ce que nous leur dirions: il peut tout à condition
qu'il demeure Dieu. Mais en se changeant en chair, il ne serait plus Dieu; en effet,
il aurait reçu un changement, et un changement en pire. Mais le fait de changer est
incompatible avec cette nature sans mélange. C'est pourquoi le Prophète disait:
«Tous s'useront comme un vêtement et comme un manteau tu les rouleras et ils
seront changés. Mais toi, tu es le même et tes années ne disparaîtront pas» (Ps
101,27). En effet, il est inaccessible à tout changement. En effet, rien n'est meilleur
que lui en sorte qu'en tombant il y arrive. Que dis-je: meilleur que lui? Mais ni
égal, ni un peu proche. Ainsi, il ne lui resterait que de recevoir un changement en
pire, s'il changeait. Mais alors, il ne serait pas Dieu. Mais le blasphème
retomberait sur la tête de ceux qui le disent.

En effet, que le (mot) "devint" soit dit pour cela seulement que tu ne croies
pas à une illusion, écoute, grâce à ce qui suit, comment il purifie la parole et
renverse la mauvaise idée fausse. Qu'ajoute-t-il en effet? "Et il a habité parmi
nous", comme s'il disait: n'imagine rien d'absurde à partir du (mot) "devint". En
effet, je n'ai pas dit "changement" de cette nature immuable, mais habitation et
demeure. Or le fait d'habiter n'est pas la même chose que l'habitation, mais un
autre habite dans un autre, autrement, ce ne serait plus une habitation. En effet,

60 ἑνώσει καὶ τῇ συναφείᾳ ἕν ἐστιν ὁ Θεὸς Λόγος καὶ ἡ σὰρξ, οὐ συγχύσεως γενομένης, οὐδὲ ἀφανισμοῦ τῶν οὐσιῶν, ἀλλ' ἑνώσεως ἀρρήτου τινὸς καὶ ἀφράστου. Καὶ μὴ μόνος οἶδεν αὐτός.

Τίς οὖν ἐστιν ἡ σκηνὴ ἣν κατεσκήνωσεν; Ἄκουσον τοῦ Προφήτου λέγοντος· Ἀναστήσω τὴν σκηνὴν Δαυὶδ[1] πεπτωκυῖαν. Πεπτώκει γὰρ
65 ὄντως πτῶμα ἀνίατον καὶ τῆς κραταιᾶς ἐκείνης δεόμενον χειρός. Καὶ οὐκ ἦν ἑτέρως ἀναστῆναι τὴν φύσιν τὴν ἡμετέραν, μὴ τοῦ τὴν ἀρχὴν διαπλάσαντος αὐτήν, χεῖρα ὀρέξαντος καὶ διατυπώσαντος ἄνωθεν τῇ δι' ὕδατος ἀναγεννήσει καὶ Πνεύματος.

---

1. Add. τήν: M Migne; cf. Am 9,11.

c'est par union et communion que le Dieu-Verbe et la chair sont un, sans qu'il y ait confusion ni disparition des substances, mais une union indiscible et inexprimable.

Quelle est donc la demeure dans laquelle il demeure? Écoute le Prophète disant: «Je relèverai la demeure de David qui est tombée.» En effet, elle est tombée vraiment d'une chute inguérissable et qui exige cette main puissante; et ne pouvait la relever que celui qui l'avait formée au commencement, qui a tendu la main, qui l'a remodelée grâce à la nouvelle naissance par l'eau et par l'Esprit.

ΛΟΓΟΣ ΙΒ'

Καὶ ἐθεασάμεθα τὴν δόξαν αὐτοῦ, δόξαν ὡς Μονογενοῦς παρὰ Πατρός, πλήρης χάριτος καὶ ἀληθείας.

Ἐθεασάμεθα,[1] φησί, τὴν δόξαν αὐτοῦ, δόξαν ὡς Μονογενοῦς
5 παρὰ Πατρός. Εἰπὼν ὅτι τέκνα Θεοῦ γεγόναμεν, ἔδειξεν τίνι τρόπῳ
τῷ τὸν Λόγον σάρκα γενέσθαι, πάλιν αὐτοῦ τούτου[2] λέγει τὸ κέρδος.
Τί δέ ἐστιν τοῦτο; Ἐθεασάμεθα τὴν δόξαν αὐτοῦ, δόξαν ὡς
Μονογενοῦς παρὰ Πατρός· οὐκ ἂν θεασάμενοι, εἰ μὴ διὰ τοῦ
συντρόφου σώματος ἡμῖν ὤφθη. Εἰ γὰρ Μωϋσέως τῆς αὐτῆς ἡμῖν
10 μετέχοντος φύσεως οὐχ ὑπέμειναν οἱ κατ' ἐκεῖνον τὸν καιρὸν τὸ
πρόσωπον δοξασθὲν ἰδεῖν μόνον, ἀλλὰ καὶ προκαλύμματος ἐδέησε τῷ
δικαίῳ τοῦ δυναμένου τὸ τῆς δόξης ἄκρατον συσκιάσαι, καὶ ἥμερον
καὶ προσηνῆ τοῦ Προφήτου ποιῆσαι τὴν ὄψιν αὐτοῖς· πῶς θεότητα
γυμνήν καὶ φῶς ἀπρόσιτον καὶ αὐταῖς ταῖς ἄνω δυνάμεσιν, ἡμεῖς οἱ
15 πήλινοι καὶ γηγενεῖς ἠδυνήθημεν ἂν ἐνεγκεῖν; Διὰ τοῦτο ἐσκήνωσεν ἐν
ἡμῖν, ἵνα προσελθεῖν αὐτῷ καὶ διαλεχθῆναι καὶ συναναστραφῆναι
δυνηθῶμεν μετὰ ἀδείας πολλῆς.

Τί δέ ἐστι τό· Δόξαν ὡς Μονογενοῦς παρὰ Πατρός; Ἐπειδὴ
πολλοὶ καὶ τῶν προφητῶν ἐδοξάσθησαν, οἷον αὐτὸς οὗτος ὁ Μωϋσῆς, ὁ
20 Ἡλίας, ὁ Ἐλισαῖος· ὁ μὲν ὑπὸ πυρίνου κυκλούμενος ἅρματος, ὁ δὲ
οὕτως ἀναλαμβανόμενος· καὶ μετ' αὐτοὺς ὁ Δανιὴλ, καὶ οἱ παῖδες οἱ
τρεῖς, καὶ ἕτεροι δὲ[3] πολλοί, ὅσοι[4] θαύματα ἐπεδείξαντο, ἐδοξάσθησαν·
καὶ ἄγγελοι παρὰ ἀνθρώποις φανέντες, καὶ τὸ τῆς οἰκείας φύσεως
ἀπαστράπτον φῶς παρανοίξαντες τοῖς ὁρῶσιν· καὶ οὐκ ἄγγελοι δὲ
25 μόνον, ἀλλὰ καὶ τὰ Χερουβὶμ μετὰ πολλῆς ὤφθη τῷ Προφήτῃ [ ][5]
δόξης, καὶ τὰ Σεραφὶμ ὁμοίως· πάντων δὴ τούτων ἡμᾶς ἀπάγων ὁ
εὐαγγελιστής καὶ τῆς κτίσεως καὶ τῆς τῶν ὁμοδούλων λαμπρότητος,
ἀγῶν τε τὰς διανοίας ἡμῶν, πρὸς αὐτὴν τῶν ἀγάθων ἡμᾶς ἵστησι τὴν
κορυφήν. Οὐ γὰρ προφήτου, φησίν, οὐδὲ ἀγγέλου, οὐδὲ ἀρχαγγέλου,

---

1. Add. γάρ: B Migne. - Le texte commence à Migne 81/25b.
2. Om.: M (hapl.).
3. Om.: B.
4. Add. καί: B Migne.
5. = B Cr. - Add. τῆς: M Migne.

Et nous avons vu sa gloire, gloire comme d'un Unique-Engendré d'auprès du Père, plein de grâce et de vérité (Jn 1,14b).

«Nous avons vu, dit-il, sa gloire, gloire comme d'un Unique-Engendré d'auprès du Père.» Ayant dit que nous sommes devenus enfants de Dieu (cf. Jn 1,12), il a montré de quelle façon le Verbe était devenu chair (cf. Jn 1,14a); de nouveau ici il dit l'avantage (venant) de Lui. Quel est-il? «Nous avons vu sa gloire, gloire comme d'un Unique-Engendré d'auprès du Père.» Nous n'aurions pas vu s'il ne nous était pas apparu grâce à un corps vivant avec nous. En effet, si de Moïse, qui partageait avec nous la même nature, les gens de ce temps-là n'ont pu supporter de voir le visage simplement glorifié, mais il fallut au Juste un voile pouvant assombrir la violence de la gloire (cf. Ex 34,29-35) et rendre pour eux la face du Prophète supportable et douce, comment la divinité nue, la lumière inaccessible (1 Tim 6,16) même aux puissances d'en haut, nous qui étions faits d'argile et de terre aurions nous pu la supporter? C'est pourquoi il a habité parmi nous, afin que nous puissions nous approcher de lui et converser et vivre avec lui en toute sécurité.

Mais qu'est-ce que "une gloire comme d'un Unique-Engendré d'auprès du Père"? Puisque bien des prophètes ont été glorifiés, tels que Moïse lui-même, Élie, Élisée, l'un entouré d'un char de feu, l'autre enlevé (au ciel), et qu'après eux Daniel et les trois enfants et bien d'autres, qui ont accompli des prodiges, ont été glorifiés; et des anges apparus chez les hommes, et entrouvrant pour les spectateurs la splendeur de leur nature; et non seulement des anges, mais aussi les Chérubins sont apparus au Prophète avec beaucoup de splendeur, de même que les Séraphins, l'évangéliste, nous éloignant de toutes ces choses et de la création et de la splendeur des co-serviteurs, et conduisant nos esprits, nous établit au sommet des biens. Car ce n'est pas d'un prophète, ni d'un ange, ni d'un archange, ni des puissances

30 οὐδὲ τῶν ἀνωτέρω δυναμέων, οὐκ ἄλλης τινὸς κτιστῆς φύσεως, εἴ γέ
τίς ἐστι ἑτέρα, ἀλλ' αὐτοῦ τοῦ Δεσπότου, αὐτοῦ τοῦ Βασιλέως, αὐτοῦ
γνησίου Μονογενοῦς Παιδός, αὐτοῦ τοῦ πάντων ἡμῶν Κυρίου τὴν δόξαν
ἐθεασάμεθα.

Τὸ δὲ Ὡς, ἐνταῦθα, οὐχ ὁμοιώσεώς ἐστιν, οὐδὲ παραβολῆς, ἀλλὰ
35 βεβαιώσεως καὶ ἀναμφισβητήτου διορισμοῦ· ὡσανεὶ ἔλεγεν· Ἐθεασάμεθα τὴν δόξαν, οἵαν ἔπρεπε καὶ εἰκὸς ἦν ἔχειν μονογενῆ καὶ γνήσιον
Υἱὸν ὄντα τοῦ πάντων βασιλέως Θεοῦ. Καὶ τοῖς πολλοῖς δὲ ἔθος· οὐ
γὰρ παραιτήσομαι καὶ ἀπὸ τῆς κοινῆς συνηθείας τὸν λόγον
πιστώσασθαι. Οὐ γὰρ πρὸ κάλλος ἐστὶν ὀνομάτων ἡμῖν, οὐδὲ πρὸς
40 ἁρμονίαν συνθήκης πρόκειται νῦν εἰπεῖν, ἀλλὰ πρὸς τὴν ἡμετέραν
ὠφέλειαν· ὅθεν οὐδὲν κωλύει καὶ ἀπὸ τῆς τῶν πολλῶν συνηθείας αὐτὸ
βεβαιῶσαι. Τίς δέ ἐστιν ἡ συνήθεια τῶν πολλῶν; Βασιλέα πολλάκις
σφόδρα κεκοσμημένον ὁρῶντές, καὶ τιμίοις ἀπαστράπτοντα λίθοις
πάντοθεν, ἐπειδὰν πρός τινα διηγῶνται τὸ κάλλος ἐκείνου, τὴν δόξαν,
45 τὸν κόσμον, λέγουσι μὲν ὅσαπερ ἂν δυνηθῶσι, τῆς ἁλουργίδος τὸ
ἄνθος, τῶν λίθων τὸ μέγεθος, τὴν τῶν ἡμιόνων λευκότητα, τὸν περὶ τὸ
ζεῦγος χρυσὸν τὴν στρωμνήν, τὴν ἁπαλὴν καὶ ἀποστίλβουσαν. Ὅταν
δὲ καὶ ταῦτα καὶ ἕτερα πρὸς τούτοις καταλέξαντες μὴ δυνηθῶσιν
ἅπασαν τῷ λόγῳ παραστῆσαι τὴν λαμπρότητα, εὐθέως τοῦτο ἐπάγουσι·
50 Τί δεῖ τὰ πολλὰ λέγειν; ἅπαξ ὡς βασιλεύς· διά τι οὐχ ὡς[1] τοῦ
βασιλέως ὅμοιον εἶναι μαρτυροῦσιν αὐτὸν ἀλλὰ τὸ αὐτὸν βασιλέα
γνήσιον εἶναι.

Οὕτω τοίνυν καὶ ὁ εὐαγγελιστὴς τὸ, Ὡς, τέθεικε, τὸ
παρηλλαγμένον τῆς δόξης καὶ ὑπερέχον παραστῆσαι βουλόμενος. Οἱ
55 μὲν γὰρ ἄλλοι πάντες, ἄγγελοι, καὶ ἀρχάγγελοι, καὶ προφῆται,
προστаττόμενοι πάντα ἐποίουν· αὐτὸς δὲ μετ' ἐξουσίας βασιλεῖ καὶ
δεσπότῃ πρεπούσης· ὅπερ οὖν καὶ οἱ ὄχλοι ἐθαύμαζον, ὅτι ἐδίδασκεν
αὐτοὺς ὡς ἐξουσίαν ἔχων. Ἐφάνησαν μὲν οὖν, ὅπερ ἔφην, καὶ ἄγγελοι
μετὰ πολλῆς δόξης ἐπὶ τῆς γῆς· οἷον ἐπὶ τοῦ Δανιὴλ, ἐπὶ τοῦ Δαυΐδ,
60 ἐπὶ[2] Μωϋσέως· ἀλλ' ὡς δοῦλοι καὶ δεσπότην ἔχοντες, οὕτω τά[3] πάντα
ἔπραττον· αὐτὸς δὲ ὡς δεσπότης καὶ πάντων κρατῶν, καὶ ταῦτα μετ'
εὐτελοῦς σχήματος καὶ ταπεινοῦ φανείς·

Ἀλλ ὅμως καὶ οὕτως ἡ κτίσις τὸν Δεσπότην ἐπέγνω τὸν ἑαυτῆς.
Ἀστὴρ μὲν γὰρ ἀπ' οὐρανοῦ μάγους καλεῖ προσκυνήσοντας αὐτόν·
65 ἀγγέλων δὲ ὄχλος πολὺς πανταχοῦ τῆς οἰκουμένης ἐκκέχυτο τὸν
Δεσπότην περισχόντων καὶ ἀνυμνούντων αὐτόν· καὶ ἕτεροι δὲ

---

1. διὰ τοῦ ὡς οὐ: B Migne.
2. Add. τοῦ: B Migne.
3. Om.: B Migne.

d'en haut, ni de toute autre nature créée, s'il y en a quelqu'autre, mais c'est de Lui-même, le Maître, de Lui-même, le Roi, de Lui-même, l'authentique Enfant Unique-Engendré, de Lui-même, le Seigneur de nous tous, que nous avons vu la gloire.

Quant au mot "Comme", ici, il n'indique pas une ressemblance, ni une comparaison, mais une confirmation, une définition incontestable, comme s'il disait: Nous avons vu la gloire telle que devait l'avoir un unique-engendré, et celui qui était le Fils authentique du Roi de toutes choses, de Dieu. Et c'est une habitude pour la plupart des gens. En effet, je ne refuserai pas de l'affirmer en recourant à la coutume commune. Car notre propos n'est pas de parler pour la beauté des mots, ni pour le bel agencement des phrases, mais pour notre bien. D'où rien n'empêche de le confirmer en recourant à la coutume de la plupart des gens. Quelle est cette coutume? En voyant souvent un roi luxueusement arrangé, et couvert de pierres précieuses étincelantes, si l'on veut raconter à quelqu'un d'autre la beauté, l'éclat, l'élégance, on décrit, dans la mesure du possible, l'éclat de la robe de pourpre, la grosseur des pierres, la blancheur des mulets, l'or qui entoure le joug, la litière moelleuse et brillante. Mais lorsque, leur ayant décrit tout cela et d'autres détails encore, on ne peut trouver de mots pouvant exprimer toute cette splendeur, alors on ajoute: «Pourquoi tant de mots? Un seul suffit: comme un roi!» Par là on témoigne, non pas qu'il est semblable à un roi, mais qu'il est un roi authentique.

Ainsi donc, l'évangéliste a mis le "Comme", afin d'exprimer l'excellence et la supériorité de la gloire. En effet, tous les autres: anges et archanges et prophètes, c'est sur ordre qu'ils faisaient tout, mais Lui, avec l'autorité propre à un roi et à un maître. Ce que les foules admiraient lorqu'il les enseignait comme ayant autorité (cf. Mt 7,29). *Sont donc apparus, je l'ai dit, les anges avec grande gloire sur la terre: ainsi à Daniel et à David et à Moïse, mais c'est comme des serviteurs soumis à un maître qu'ils accomplissaient toutes ces choses. Tandis que Lui, c'est comme un Maître, et dominant toutes choses, et cela, ayant apparu sous une forme simple et humble.*

Mais pourtant, la créature a bien reconnu son Maître. L'étoile en effet invite du ciel les Mages à venir l'adorer. Une grande foule d'anges s'est répandue sur le monde entier pour entourer le Maître et le louer. Et d'autres soudain poussent

ἐξαπίνης ἀναφύονται κήρυκες, καὶ πάντες ἀλλήλοις ἀπαντῶντες, εὐηγγελίζοντο, τοὺς μὲν ποιμένας οἱ ἄγγελοι, τοὺς δὲ τῆς πόλεως οἱ ποιμένες· τὴν δὲ Μαρίαν ὁ Γαβριὴλ καὶ Ἐλισάβετ, ταύτας δὲ εἰς τὸ
70 ἱερὸν παραγινομένας ἡ Ἄννα μετὰ τοῦ Συμεώνος. Καὶ οὐκ ἄνδρες δὲ καὶ γυναῖκες μόνον ὑπὸ τῆς ἡδονῆς ἐπτερώθησαν, ἀλλὰ καὶ τὸ μηδέπω βρέφος εἰς φῶς ἐξελθὸν, ἐσκίρτησεν ἐν τῇ νηδύϊ τῆς μητρὸς, καὶ πάντες μετέωροι ταῖς ἐλπίσι πρὸς τὰ μέλλοντα ἦσαν. Καὶ ταῦτα παρὰ τὸν τόκον εὐθέως· ὅτε δὲ ἐπὶ πλέον ἑαυτὸν ἐξέφηνε, πάλιν
75 ἕτερα θαύματα τῶν προτέρων ἐφαίνοντο μείζονα. Οὐκ ἔτι γὰρ ἀστὴρ καὶ οὐρανὸς, οὐδὲ ἄγγελοι καὶ ἀρχάγγελοι, οὐδὲ Γαβριὴλ καὶ Μιχαὴλ, ἀλλ' αὐτὸς αὐτὸν ἄνωθεν ἀπὸ τῶν οὐρανῶν ἐκήρυσσεν ὁ Πατὴρ, καὶ μετὰ τοῦ Πατρὸς ὁ Παράκλητος, ἐφιπτάμενος αὐτῷ μετὰ τῆς φωνῆς, καὶ μένων ἐπ' αὐτόν. Ὄντως· Ἐθεασάμεθα δόξαν[1] Μονογενοῦς παρὰ
80 Πατρός. Οὐκ ἔτι ποιμένες, οὐδὲ χῆραι γυναῖκες, οὐδὲ ἄνδρες πρεσβῦται ἡμᾶς εὐαγγελίζονται, ἀλλὰ καὶ αὐτὴ τῶν πραγμάτων ἡ φωνή, πάσης σάλπιγγος λαμπρότερον βοῶσα τὸ γεγωνὸς, ὡς καὶ ἐνταῦθα αὐτῆς εὐθέως ἀκουσθῆναι τὸν ἦχον. Ἀπῆλθε γὰρ, φησὶν, εἰς τὴν Συρίαν ἡ φωνὴ[2] αὐτοῦ· καὶ τότε οὐρανὸς ἠνοίγη καὶ εὐφραίνετο ἡ
85 γῆ τὸν τῶν οὐρανῶν ἔχουσα Δεσπότην. καὶ πανταχόθεν[3] ἐβόα, ὅτι βασιλεὺς τῶν οὐρανῶν παρεγένετο.

---

1. τὴν δόξαν αὐτοῦ δόξαν ὡς: M Migne.
2. ἀκοή: B. - φημή: Migne.
3. πάντα πάνθοτεν: M Migne.

comme des hérauts et tous, se rencontrant les uns les autres, annonçaient la bonne nouvelle, les anges aux bergers et les bergers aux villageois. À Marie, Gabriel et Elisabeth; et à celles qui étaient venues dans le temple, Anne et Siméon. Et ce ne sont pas seulement des hommes et des femmes qui furent tout excités de plaisir, mais aussi un petit enfant qui n'était pas encore sorti à la lumière a tressailli dans le sein de sa mère, et tous étaient surexcités dans l'attente de ce qui allait arriver. Et cela, au moment de la naissance. Mais, lorsqu'Il se fut manifesté davantage, d'autres prodiges apparurent, encore plus grands que les premiers. En effet, ce ne furent plus seulement une étoile et le ciel, ni des anges et des archanges, ni Gabriel et Michel, mais le Père lui-même qui le proclama du haut du ciel, et avec le Père, l'Esprit qui, avec la voix, voleta et demeura sur lui. Réellement, nous avons vu la gloire d'un Unique-Engendré d'auprès du Père. Ce ne sont plus seulement des bergers, ni des veuves, ni des vieillards qui nous annoncent la bonne nouvelle, mais la voix même des événements, clamant plus brillamment que toute trompette ce qui était arrivé en sorte que le bruit en est parvenu jusqu'ici. Car, dit-il, sa voix s'en est allée jusqu'en Syrie (Mt 4,24). Alors, le ciel s'ouvrit et la terre se réjouissait d'avoir le Maître des cieux; et elle clamait partout que le roi des cieux est arrivé.

ΛΟΓΟΣ ΙΓ

Τί ¹ποτ' οὖν ἐστι τὸ προκείμενον τήμερον;
Ἰωάννης μαρτυρεῖ περὶ αὐτοῦ, καὶ κέκραγε λέγων·

Πολύς ἐστιν οὗτος ὁ εὐαγγελιστὴς ἄνω καὶ κάτω τὸν Ἰωάννην
5 στρέφων, καὶ τὴν μαρτυρίαν αὐτοῦ πολλαχοῦ περιφέρων. Ποιεῖ δὲ
τοῦτο οὐχ ἁπλῶς, ἀλλὰ καὶ σφόδρα συνετῶς. Ἐπειδὴ γὰρ πολὺ τὸ
θαῦμα εἶχον τοῦ ἀνδρὸς τούτου πάντες οἱ Ἰουδαῖοι (καὶ γὰρ καὶ ὁ
Ἰώσηπος τῇ τούτου τελευτῇ τὸν πόλεμον λογίζεται, δι' ὃν οὐκ ἐστὶ
τῶν Ἰουδαίων ἡ πόλις λέγων καὶ μακροὺς αἴρει περὶ αὐτοῦ λόγους
10 ἐγκωμίων)· ἀπ' αὐτοῦ τοίνυν τοὺς Ἰουδαίους ἐντρέψαι βουλόμενος,
συνεχῶς αὐτοὺς ἀναμιμνήσκει τῆς τοῦ Προδρόμου μαρτυρίας. Καὶ οἱ
μὲν ἄλλοι εὐαγγελισταὶ τῶν παλαιοτέρων μέμνηνται προφητῶν, καὶ
καθ' ἕκαστον τῶν γινομένων ἐκεῖ παραπέμπουσι τὸν ἀκροατήν, καὶ
ὅταν τίκτεται, λέγοντες· Τοῦτο δὲ ὅλον γέγονεν, ἵνα πληρωθῇ τὸ ῥηθὲν
15 διὰ Ἡσαΐου τοῦ προφήτου· καὶ ὅταν ἐπιβουλεύηται τὸν Ἱερεμίαν εἰς
μέσον ἄγειν λέγοντα· Φωνὴ ἐν Ῥαμᾶ ἠκούσθη, κλαυθμὸς καὶ ὀδυρμὸς
πολὺς· καὶ τοῦ Ὡσηὲ μεμνημένοι, ὅταν ἐξ Αἰγύπτου πάλιν ἀναβαίνῃ·
καὶ πανταχῇ τοῦτο ποιοῦσιν. Οὗτος δὲ τρανοτέραν τὴν μαρτυρίαν
ἐργαζόμενος, ἅτε μεγαλοφωνότερον τῶν ἄλλων φθεγξάμενος, οὐ τοὺς
20 ἀπελθόντας, οὐδὲ τοὺς τετελευτηκότας, ἀλλὰ αὐτὸν τὸν ζῶντα καὶ
παραγενόμενον ὑποδείξαντα καὶ βαπτίσαντα αὐτὸν, τοῦτον εἰς μέσον
ἄγει συνεχῶς· οὐ τὸν Δεσπότην ἀπὸ τοῦ δούλου ἀξιόπιστον σπεύδων,
ἀλλὰ τῇ τῶν νηπίων συγκαταβαίνων ἀσθενείᾳ. Ὥσπερ γὰρ εἰ μὴ τὴν
τοῦ δούλου μορφὴν ἔλαβεν, οὐκ ἂν εὐπαράδεκτος γέγονεν· οὕτως εἰ μὴ
25 τῇ τοῦ δούλου φωνῇ τὰς ἀκοὰς τῶν ὁμοδούλων προεγύμνασεν, οὐκ ἂν
πολλοὶ τὸν λόγον ἐδέξαντο.

Πρὸς δὲ τούτῳ καὶ ἕτερον κατεσκευάζετο μέγα καὶ θαυμαστόν.
Ἐπειδὴ γὰρ τὸ αὐτόν τινα περὶ ἑαυτοῦ λέγειν, ὕποπτον ποιεῖ τὴν
μαρτυρίαν, καὶ προΐσταται τοῖς ἀκούουσι τὰ λεγόμενα, ἕτερος περὶ
30 αὐτοῦ παραγίνεται μαρτυρήσων. Καὶ χωρὶς δὲ τούτων, εἴωθεν πᾶσᾶ
ἀνθρωπίνη φύσις πρὸς τὴν συνηθεστέραν καὶ σύντροφον αὐτῇ μᾶλλον
ἐπιτρέχειν φωνήν, ἅτε αὐτὴν μᾶλλον τῶν ἄλλων ἐπιγινώσκουσα· διὰ
τοῦτο ἡ μὲν ἀπὸ τοῦ οὐρανοῦ γέγονεν ἅπαξ ἢ δὶς, ἡ δὲ τοῦ Ἰωάννου
πολλάκις καὶ συνεχῶς. Οἱ μὲν γὰρ ἀναβεβηκότες τοῦ λαοῦ τὴν
35 ἀσθένειαν, καὶ τῶν αἰσθητῶν ἀπάντων ἀπαλλαγέντες, καὶ τῆς ἄνωθεν

---

1. Le texte commence à Migne 87/7b.

Qu'est-il donc proposé aujourd'hui?
Jean lui rend témoignage et s'écrie en disant (Jn 1,15a).

Cet évangéliste s'occupe beaucoup de Jean, de fond en comble, et il revient en beaucoup d'endroits sur son témoignage. Or il le fait, non pas sans but mais très habilement. En effet, puisque tous les Juifs avaient une grande admiration pour cet homme, – et en effet même Josèphe parle de la guerre causée par sa mort, disant que c'est à cause de lui que la ville de Jérusalem n'est plus, et il prononce sur lui des paroles très élogieuses - voulant détourner de lui les Juifs, il leur rappelle sans arrêt le témoignage du Précurseur. Les autres évangélistes rappellent les anciens prophètes et c'est pour chacun des événement qu'ils y renvoient les auditeurs. Ainsi, lorsqu'Il est enfanté, ils disent: «Tout ceci est arrivé afin que fût accompli ce qui avait été dit par le prophète Isaïe» (Mt 1,22; cf. Is 7,14). Et lorsqu'Il est en danger, ils mettent en avant Jérémie qui disait: «Une voix se fit entendre à Rama, pleurs et grande lamentation» (Mt 1,18; cf. Jér 21,15). Et ils rappellent Osée lorsqu'Il remonta d'Égypte (cf. Mt 1,15; Os 11,1). Et c'est partout qu'ils le font. Mais celui-ci, rendant le témoignage plus clair du fait qu'il s'exprime avec une voix plus forte que les autres, il le met sans cesse en avant, lui qui a montré, non pas ceux qui ont disparu ou qui sont morts, mais Lui, le vivant et qui est là, Celui qu'il a baptisé. Non pas qu'il ait rendu le Maître plus digne de foi grâce au serviteur, mais il est venu au secours de la faiblesse des petits enfants. En effet, de même que, s'il n'avait pas pris forme de serviteur, il n'aurait pas été reçu facilement, ainsi, s'il n'avait pas exercé à l'avance, par la voix du serviteur, les oreilles des serviteurs semblables (à lui), bien des gens n'auraient pas reçu la parole.

De plus, un autre fait était préparé, grand et merveilleurx. En effet, puisque le fait pour quelqu'un de parler de soi-même rend le témoignage suspect, et rend choquant pour les auditeurs ce qui est dit, un autre arrive pour lui rendre témoignage. Et du reste, *toute nature humaine a coutume d'accourir plutôt vers la voix qui lui est plus habituelle et familière, du fait qu'elle la reconnaît mieux que les autres. C'est pourquoi celle qui vient du ciel ne s'est produite qu'une ou deux fois, mais celle de Jean souvent et maintes fois. Et donc, les gens qui avaient surmonté la faiblesse du peuple et rejeté toutes les passions, ils pouvaient entendre*

ἀκούειν ἠδύναντο φωνῆς, καὶ οὐ σφόδρα τῆς ἀνθρωπίνης ἐδέοντο, ἀλλ'
ἐκείνῃ πάντα ἐπείθοντο καὶ ὑπ' ἐκείνης ἤγοντο· οἱ δὲ ἔτι κάτω
στρεφόμενοι καὶ πολλοῖς προκαλύμμασι συγκεκαλυμμένοι τῆς
ταπεινοτέρας ταύτης ἐπακουοῦσιν[1]. Οὕτως οὖν καὶ ὁ Ἰωάννης, ἐπειδὴ
40 πάντων ἑαυτὸν ἐγύμνωσε τῶν αἰσθητῶν, οὐκ ἐδεῖτο διδασκάλων ἑτέρων,
ἀλλ' ἀπὸ τῶν οὐρανῶν ἐπαιδεύετο. Ὁ γὰρ πέμψας με, φησίν, βαπτίζειν
ἐν ὕδατι, ἐκεῖνός μοι εἶπεν· Ἐφ' ὃν ἂν ἴδῃς τὸ Πνεῦμα τοῦ Θεοῦ
καταβαῖνον, οὗτός ἐστιν. Οἱ δὲ ἔτι παῖδες Ἰουδαῖοι, καὶ πρὸς τὸ ὕψος
ἐκεῖνο μηδέπω φθάσαι δυνάμενοι, ἄνθρωπον εἶχον διδάσκαλον,
45 ἄνθρωπον μὲν οὐ τὰ αὐτοῦ λέγοντα, ἀλλὰ τὰ ἄνωθεν ἀπαγγέλλοντα.

Τί οὖν οὗτός φησι; Μαρτυρεῖ περὶ αὐτοῦ, καὶ κέκραγε. Τί ἐστι,
Κέκραγε; Μετὰ παρρησίας καὶ μετὰ ἐλευθερίας, χωρὶς ὑποστολῆς
τινὸς ἁπάσης τὴν παρουσίαν ἐκήρυξεν. Τί δὲ μαρτυρεῖ καὶ κέκραγεν;
Οὗτος ἦν, φησίν, ὃν εἶπον ὁ ὀπίσω μου ἐρχόμενος, ἔμπροσθέν μου
50 γέγονεν, ὅτι πρῶτός μου ἦν. Συνεσκιασμένη ἡ μαρτυρία, ἔτι πολὺ τὸ
ταπεινὸν ἔχουσα. Οὐ γὰρ εἶπεν· Οὗτός ἐστιν ὁ Υἱὸς τοῦ Θεοῦ ὁ
μονογενής, ὁ γνήσιος παῖς· ἀλλ' ὅτι· Οὗτός ἐστιν ὁ ὀπίσω μου
ἐρχόμενος ὃς ἔμπροσθέν μου γέγονεν. Καθάπερ γὰρ αἱ μητέρες τοὺς
νεοττοὺς οὐκ εὐθέως οὐδὲ ἐν ἡμέρᾳ μιᾷ τὴν πτῆσιν ἅπασαν
55 ἐκδιδάσκουσιν, ἀλλὰ νῦν μὲν τοσοῦτον ἐξάγουσιν ὅσον ἔξω γενέσθαι
τῆς καλιᾶς, νῦν δὲ αὐτοὺς ἀναπαύσασαι πρῶτον προστιθέασι τῇ
πτήσει, καὶ τῇ μετὰ ταῦτα ἡμέρᾳ πάλιν ἕτερον πολλῷ πλέον, καὶ
οὕτως ἠρέμα καὶ κατὰ μικρὸν ἐπὶ τὸ προσῆκον ἄγουσιν ὕψος· τὸν
αὐτὸν τρόπον καὶ ὁ μακάριος Ἰωάννης οὐκ εὐθέως πρὸς τὰ ὑψηλὰ
60 αὐτοὺς ἤγαγεν, ἀλλὰ τέως μικρὸν τῆς γῆς ἀναπτῆναι ἐδίδαξεν, εἰπὼν
ὅτι αὐτοῦ κρείττων ὁ Χριστός. Οὐδὲ γὰρ οὐδὲ τοῦτο μικρὸν ἦν τέως
πιστεῦσαι τοὺς ἀκούοντας τοιούτου θαυμασίου καὶ περιφανοῦς, καὶ
πρὸς ὃν ἅπαντες ἔτρεχον, καὶ ὃν ἄγγελον ἐνόμιζον εἶναι, τὸν οὐδέπω
φανέντα οὐδὲ θαυματουργήσαντα, δυνηθῆναι πεῖσαι κρείττονα εἶναι.
65 Τέως οὖν τοῦτο κατορθῶσαι ἐσπούδαζεν ἐν ταῖς τῶν ἀκροατῶν
διανοίαις, ὅτι τοῦ μαρτυροῦντος ὁ μαρτυρούμενος μείζων, τοῦ
παραγενομένου πρώτου ὁ μετὰ ταῦτα ἐλθών, τοῦ δήλου καὶ περιφανοῦς
ὁ μηδέπω φανείς.

Καὶ ὅρα πῶς συνετῶς εἰσάγει τὴν μαρτυρίαν. Οὐ γὰρ φανέντα
70 μόνον ἐπιδείκνυσιν, ἀλλὰ καὶ πρὶν ἢ φανῆναι κηρύττει. Τὸ γάρ, Οὗτός
ἐστιν ὃν εἶπον, τοῦτο δηλοῦντός ἐστιν· ὥσπερ οὖν καὶ Ματθαῖος λέγει
ὅτι πάντων ἐρχομένων πρὸς αὐτὸν ἔλεγεν· Ἐγὼ μὲν ὑμᾶς βαπτίζω ἐν
ὕδατι· ὁ δὲ ὀπίσω μου ἐρχόμενος, ἰσχυρότερός μου ἐστίν.

Τίνος οὖν ἕνεκεν καὶ πρὸ τοῦ φανῆναι τοῦτο ἐποίησεν; Ἵνα

---

1. ἐδέοντο: B Migne.

la voix venue d'en haut sans avoir besoin d'une voix humaine et ils lui obéissaient en tout et se laissaient conduire par elle; tandis que ceux qui sont encore tournés vers le bas et qui sont enveloppés de nombreux voiles, ils prêtent l'oreille à cette voix plus humbles. Ainsi donc, Jean, parce qu'il s'était dépouillé de toutes les passions, n'avait pas besoin d'autres maîtres mais il était instruit des cieux. Il dit en effet: «Celui qui m'a envoyé baptiser dans l'eau, celui-là m'a dit: Celui sur qui tu verras l'Esprit descendre, c'est Lui» (Jn 1,33). Tandis que les Juifs, encore des enfants et incapables d'atteindre jamais à cette hauteur, avaient un homme comme maître, un homme qui ne parlait pas de ce qui le concernait, mais qui annonçait les réalités d'en haut.

Pourquoi donc celui-ci dit-il: «Il lui rend témoignage et s'écrie.» Que veut dire: «Il s'écrie»? C'est avec hardiesse et avec liberté, sans aucune pusillanimité qu'il a proclamé la venue (du Christ). Mais quel témoignage rend-il et que crie-t-il? «C'était Lui, dit-il, dont j'ai dit: Celui qui vient derrière moi est passé devant moi, car il était avant moi.» Le témoignage reste dans l'ombre, encore plein d'humilité. En effet, il n'a pas dit: «Celui-ci est le Fils de Dieu, l'Unique-Engendré, l'authentique Enfant», mais: «C'est lui qui vient derrière moi, qui est passé devant moi.» Prenons une comparaison. Les mères n'apprennent pas à leurs petits tout l'art de voler tout de suite et en un seul jour, mais d'abord elles les poussent assez pour les faire sortir du nid, puis elles les laissent se reposer du vol, et le jour d'après, de nouveau, beaucoup plus, et ainsi, peu à peu, elles les conduisent à la hauteur convenable. De la même façon le bienheureux Jean ne les a pas tout de suite conduits vers les réalités supérieures, mais il leur a enseigné d'abord à voler quelque peu au-dessus de la terre, en disant que le Christ était meilleur que lui. Car ce n'était pas une petite chose que de pouvoir persuader les auditeurs que Celui qui n'avait pas encore été manifesté, qui n'avait encore accompli aucun prodige, était meilleur qu'un homme aussi admirable et illustre (que le Baptiste), vers qui tous accouraient et que l'on tenait pour un ange. Il s'efforçait donc de faire admettre aux esprits de ses auditeurs ceci, à savoir qu'était plus grand: Celui qui recevait témoignage que celui qui témoignait, Celui qui était venu après que celui qui était arrivé en premier, Celui qui n'avait pas encore été manifesté que celui qui était apparent et manifeste.

Et vois avec quelle finesse il introduit le témoignage. En effet, il ne le désigne pas seulement alors qu'Il est manifeste, mais il le proclame avant même qu'il ne soit manifesté. Car les mots "C'est Lui dont j'ai dit" l'indiquent clairement. C'est ainsi que Matthieu disait également, tandis que tous venaient vers lui: «Moi je vous baptise dans l'eau, mais Celui qui vient après moi est plus fort que moi» (Mt 3,11).

Pourquoi donc a-t-il agi ainsi avant même qu'Il n'apparaisse? Afin que le

75 εὐπαράδεκτος ἡ μαρτυρία γένηται, μηδὲν τῆς εὐτελοῦς περιβολῆς
λυμαινομένης αὐτῇ, ἀλλὰ μετὰ ἀδείας δυναμένης τὰς τῶν πολλῶν
ψυχὰς κατασχεῖν. Εἰ μὲν γὰρ μηδὲν μηδ' ὅλως ἀκούσαντες εἶδον τὸν
Κύριον καὶ ὁμοῦ μετὰ τῆς θέας καὶ τὴν τῶν λόγων μαρτυρίαν
ἐδέξαντο τὴν οὕτω θαυμαστὴν καὶ μεγάλην, εὐθέως ἂν τὸ τοῦ
80 σχήματος εὐτελὲς προσέστη τῷ μεγέθει τῶν λεγομένων. Οὕτω γὰρ
ἄτυφον περιέκειτο σχῆμα καὶ κοινὸν ἅπασιν ὁ Χριστός, ὡς καὶ
Σαμαρείτιδας γυναῖκας, καὶ πόρνας, καὶ τελώνας μετὰ πολλῆς τῆς
ἀδείας θαρρεῖν αὐτῷ προσιέναι καὶ διαλέγεσθαι. Ὅπερ οὖν ἔφην, εἰ
ὁμοῦ καὶ τῶν ῥημάτων τούτων ἤκουσαν καὶ ἐθεάσαντο αὐτόν,
85 κατεγέλασαν ἂν τῆς μαρτυρίας τοῦ Ἰωάννου. Νυνὶ δὲ πρὸ τοῦ φανῆναι
τὸν Ἰησοῦν πολλάκις ἀκούοντες, καὶ ἐθιζόμενοι τοῖς λεγομένοις
τοὐναντίον ἔπασχον οὐ τὴν τῶν ῥημάτων πίστιν ἀπὸ τῆς ὄψεως τοῦ
μαρτυρηθέντος ἐκβάλλοντες, ἀλλὰ ἀπὸ τῆς πίστεως τῶν ἤδη λεχθέντων
καὶ αὐτὸν λαμπρότερον εἶναι νομίζοντες.

90   Τὸ δέ, Ὀπίσω μου ἐρχόμενος, ὁ μετ' ἐμὲ κηρύττων, οὐχ ὁ μετ' ἐμὲ
γενόμενος. Τοῦτο γοῦν καὶ ὁ Ματθαῖος αἰνίττεται λέγων, Ὀπίσω μου
ἔρχεται ἀνήρ· οὐ περὶ τῆς ἐκ Μαρίας γενέσεως αὐτοῦ λέγων, ἀλλὰ
περὶ τῆς παρουσίας τῆς κατὰ τὸ κήρυγμα. Εἰ γὰρ περὶ τῆς γενέσεως
ἔλεγεν, οὐκ ἂν εἶπεν, Ἔρχεται, ἀλλ', Ἦλθε· γεγενημένος γὰρ ἦν ὅτε
. 95 ταῦτα ἐλέγετο.

Τί οὖν ἐστι τό, Ἔμπροσθέν μου γέγονε; Λαμπρότερος, ἐντιμότερος. Μὴ γάρ, ἐπειδὴ πρῶτος ἦλθον κηρύττων, φησίν, ἀπὸ τούτου
μείζονα ἐκείνου με εἶναι νομίσητε· πολὺ γὰρ ἐλάττων ἐγώ, καὶ
τοσοῦτον ἐλάττων, ὡς μηδὲ εἰς δούλου τάξιν ἄξιος εἶναι
100 καταλέγεσθαι. Τοῦτο γάρ ἐστι τό, Ἔμπροσθέν μου γέγονεν· ὅπερ
ἑτέρως παραδηλῶν ὁ Ματθαῖος, ἔλεγεν. Οὗ οὐκ εἰμὶ ἱκανὸς λῦσαι τὸν
ἱμάντα τοῦ ὑποδήματος.

Καὶ ὅτι οὐ περὶ τῆς εἰς τὸ εἶναι παρόδου τοῦτο εἴρηται, διὰ
τῆς ἐπαγωγῆς δῆλόν ἐστιν. Εἰ γὰρ τοῦτο ἐβούλετο εἰπεῖν, περιττὸν τὸ
105 ἐπαγόμενον ἦν· Ὅτι πρῶτός μου ἦν. Τίς γὰρ οὕτως ἠλίθιος ἢ ἀνόητος
ὡς ἀγνοῆσαι ὅτι ὁ ἔμπροσθεν αὐτοῦ γενόμενος, πρῶτός ἐστιν; Εἰ γὰρ
περὶ ὑπάρξεως ἦν, οὐδὲν ἕτερόν ἐστι τὸ λεγόμενον, ἀλλ' ἢ ὅτι· Ὁ
ὀπίσω μου ἐρχόμενος, ἔμπροσθέν μου γέγονεν. Ἀλλὰ καὶ ἀπερινόητον
τὸ τοιοῦτον, καὶ ἡ αἰτία εἰκῇ προσέρριπται. Τοὐναντίον γάρ, εἰ ἄρα
110 ἐχρῆν εἰπεῖν, ὅτι Ὁ ὀπίσω μου ἐρχόμενος, πρῶτός μου ἦν, ἐπειδὴ καὶ
πρῶτός μου γέγονε. Τοῦ μὲν γὰρ πρῶτον εἶναι εἰκότως ἄν τις ταύτην
δοίη τὴν αἰτίαν τὴν τοῦ γενέσθαι· τοῦ δὲ πρῶτον γενέσθαι, οὐκ ἔτι τὸ
πρῶτον εἶναι αἴτιον.

Ὁ δὲ ἡμεῖς λέγομεν σφόδρα ἂν ἔχοι λόγον. Ἴστε γὰρ δήπου

témoignage soit bien reçu, alors que son apparence sans éclat ne lui faisait aucun tort mais pouvait en toute sécurité séduire les âmes de la plupart des gens. Si en effet on avait vu le Seigneur sans avoir absolument rien entendu de lui et si, en même temps qu'on le voyait, on avait reçu le témoignage des paroles (de Jean), témoignage si admirable et si grand, aussitôt le peu d'éclat de sa manière d'être aurait contredit la grandeur des paroles prononcées (sur lui). En effet, le Christ avait, aux yeux de tous, une manière d'être si modeste et si commune que les femmes samaritaines et les prostituées et les publicains osaient en toute sécurité s'approcher de lui et s'entretenir avec lui. Donc, je l'ai dit, si, l'on avait écouté ces paroles en même temps qu'on le voyait, on se serait moqué du témoignage de Jean. Mais en fait, entendant souvent parler de Jésus avant qu'il n'apparaisse et habitués, on supportait au contraire ce qui était dit, sans rejeter l'enseignement des paroles en raison de l'apparence de celui à qui Jean rendait témoignage, mais en imaginant, en raison de la foi aux paroles qui avaient déjà été dites, qu'Il était plus brillant.

Le "Celui qui vient après moi": celui qui proclame après moi, et non celui qui est devenu après moi, ce qu'insinue Matthieu en disant: «Après moi vient un homme» (cf. Jn 1,30). Il ne parle pas de son devenir à partir de Marie mais de sa venue faite selon la proclamation. Car s'il avait parlé du devenir, il n'aurait pas dit "vient", mais "est venu"; car Il était déjà devenu lorsqu'il disait ces paroles.

Qu'est-ce donc que le: "Il est passé devant moi"? Plus brillant, plus honorable. En effet, dit-il, parce que je suis venu proclamer en premier, n'en concluez pas que je suis plus grand que Lui; car je suis beaucoup plus petit, et tellement plus petit que je ne suis même pas digne d'être tenu pour son serviteur. C'est donc cela le "Il est passé devant moi", ce que Matthieu montrait d'une autre façon en disant: «Je ne suis pas digne de dénouer la courroie de sa sandale» (Jn 1,27).

Et qu'il ne s'agisse pas ici du passage à l'être, la suite le montre clairement. En effet, si c'est cela qu'il voulait dire, il aurait été superflu d'ajouter: «Parce qu'il était avant moi.» En effet, qui serait assez sot et stupide pour ignorer que celui qui "devient avant" est antérieur? En effet, s'il s'agissait du fait d'exister, il aurait suffi de dire: «Celui qui vient après moi est devenu avant moi.» Mais même une telle phrase est incompréhensible, et la proposition causale est projetée sans raison. S'il en était ainsi, c'est le contraire qu'il aurait fallu dire: «Celui qui vient après moi était avant moi puisqu'il est devenu avant moi.» Car, du fait d'être "avant", on en donnerait avec raison la cause, à savoir le fait de "devenir". Mais du fait de "devenir", ce n'est pas le fait de "être avant" qui en est la cause.

Mais ce que nous disons est fort raisonnable. En effet, vous savez tous que

115 τοῦτο ἅπαντες, ὅτι οὐ τὰ δῆλα, ἀλλὰ τὰ ἄδηλα αἰτιολογίας δεῖται. Εἰ δὲ περὶ οὐσιώσεως ὁ λόγος ἦν, οὐκ ἦν ἄδηλον, ὅτι πρῶτον γενόμενον πρῶτον ἔδει εἶναι· ἐπειδὴ δὲ περὶ τιμῆς διαλέγεται, εἰκότως τὴν δοκοῦσαν ἀπορίαν εἶναι λύει. Καὶ γὰρ εἰκὸς ἦν πολλοὺς ἀπορεῖν, πόθεν καὶ ἐκ ποίας προφάσεως ὁ ὕστερον ἐρχόμενος ἔμπροσθεν
120 ἐγένετο· τουτέστιν, ἐντιμότερος ἐφάνη. Ταύτης τοίνυν τῆς ζητήσεως τίθησιν εὐθέως τὴν αἰτίαν· ἡ δὲ αἰτία, τὸ πρῶτον αὐτὸν εἶναι. Οὐδὲ γὰρ ἔκ τινος, φησί, προκοπῆς πρῶτόν με ὄντα ὀπίσω ῥίψας ἔμπροσθεν γέγονεν, ἀλλὰ Πρῶτός ἦν, εἰ καὶ ὕστερον παραγίνεται.

Καὶ τὸ μηδέπω τέλος εἰληφὸς ὡς ἤδη γεγενημένον λέγει
125 γεγονέναι. ἔθος γὰρ καὶ τοῦτο παρὰ τοῖς προφήταις ἐστιν, ὡς περὶ γεγενημένων πολλαχοῦ περὶ τῶν μελλόντων διαλέγεσθαι.

Ὁ γοῦν Ἡσαΐας περὶ τῆς σφαγῆς αὐτοῦ λέγων, οὐκ εἶπεν, Ὡς πρόβατον ἐπὶ σφαγὴν ἀχθήσεται, ὅπερ ἦν μέλλοντος· ἀλλ'· Ὡς πρόβατον ἐπὶ σφαγὴν ἤχθη· καίτοι οὐδέπω σαρκωθεὶς ἦν, ἀλλ'
130 ὅμως τὸ ἐσόμενον ὁ Προφήτης ὡς γεγενημένον λέγει. Καὶ ὁ Δαυϊδ τὸν σταυρὸν δηλῶν, οὐκ εἶπεν· Ὀρύξουσι χεῖράς μου καὶ πόδας, ἀλλ'· Ὤρυξαν χεῖράς μου καὶ πόδας· καί, Διεμερίσαντο τὰ ἱμάτιά μου, καὶ ἐπὶ τὸν ἱματισμόν μου ἔβαλον κλῆρον. Καὶ περὶ τοῦ προδότου διαλεγόμενος τοῦ μηδέπω γεννηθέντος, οὕτω πώς
135 φησιν· Ὁ ἐσθίων ἄρτους μου, ἐμεγάλυνεν ἐπ' ἐμὲ πτερνισμόν. Ὁμοίως καὶ περὶ τῶν ἐν τῷ σταυρῷ γενομένων λέγει· Ἔδωκαν εἰς τὸ βρῶμά μου χολὴν, καὶ εἰς τὴν δίψαν μου ἐπότισάν με ὄξος.

ce ne sont pas des choses évidentes mais de celles qui ne le sont pas qu'il faut rechercher la cause. S'il s'agissait ici de la venue à l'existence, il ne serait pas "non évident" que ce qui est devenu avant devait être avant. Mais puisque l'on discute sur la dignité, la difficulté apparente se trouve en fait résolue. Et en effet, beaucoup devaient se demander comment et en vertu de quel prétexte celui qui vient plus tard est devenu "avant". Cela veut dire: Il est apparu plus digne. Ainsi, à cette demande il donne aussitôt la réponse. Et la réponse, c'est qu'Il est "avant". Car, dit-il, ce n'est pas en vertu d'un certain dépassement qu'Il est passé "avant" en m'ayant rejeté en arrière, mais Il était avant, même s'il est arrivé plus tard.

Et ce qui n'a pas encore reçu son achèvement, il le dit être arrivé comme s'il l'était en réalité. Ceci en effet est une habitude chez les prohètes, de discourir souvent des choses futures comme si elles étaient arrivées.

Ainsi Isaïe, parlant de Son immolation, n'a pas dit: «Comme une brebis il sera conduit à l'immolation», indiquant le futur, mais «Comme une brebis Il a été conduit à l'immolation», bien qu'Il ne fût pas encore incarné; mais le Prophète parle du futur comme déjà arrivé. David, en faisant allusion à la croix, n'a pas dit: «Ils perceront mes mains et mes pieds», mais: «Ils ont percé mes mains et mes pieds», et: «Ils ont partagé mes vêtements et mon manteau ils l'ont tiré au sort.» Et, discourant du traître qui n'existait pas encore, comment s'exprime-t-il ainsi: «Celui qui mange mon pain a levé contre moi son talon»? De même, des événements arrivés lors de la crucifixion il dit: «Ils m'ont donné du fiel à boire et dans ma soif ils m'ont abreuvé de vinaigre.»

INDEX

CITATIONS BIBLIQUES

L'index doit se lire de cette façon: Ex 12,3-8 se trouve dans le traité xvii, ligne 65, page 58, et dans un texte attribué au Commentaire (H = Homélie; Cp = Compilateur.

Ex

12,3-8	xvii/65	58	C

Deut

18,15	xvi/88-89	42	C

Ps

132,1	xix/112-113	92	H

Prov

14,23	xx/4	104	H

Is

43,12	xix/83	98	Cp
47,13	xix/82-83	98	Cp
53,7	xvii/64	58	C

Mich

5,1	xx/66-67	110	H

Mal

3,1	vi/17-18	26	C

Mt

2,4-5	xx/90-91	112	H
2,6	xx/66-67	110	H
2,23	xx/95	112	H
3,4	xvi/48-49	38	H
3,5-6	xvii/94	60	H
3,6.11a	xvi/17-19	34	C
3,7	xvi/20	34	C
3,11	xvi/33-34	36	H
3,11-12	xvii/152	66	H

3,13.15	vi/22-26	28	H
3,15	xvii/46	56	H
	xvii/127-128	64	Cp
	xvii/140	66	H
	xvii/159	66	
4,11	xxi/53	122	Cp
4,12	xvii/38-39	54	H
4,19	xviii/170-171	88	H
4,24	xx/23-24	106	Cp
	xxi/94-96	126	Cp
7,8	xx/5	104	H
8,20	xviii/205-206	90	Cp
9,10	xxi/74-75	124	H
9,14	xviii/146-147	84s	H
11,11	xvi/166	50	H
11,19	xvi/50-51	38	H
12,48	xxi/135	130	Cp
13,18-22	xviii/13-14	72	H
13,24-25	xxi/64-67	122	Cp
13,55	xvi/43-45	38	H
13,58	xxiii/60-61	154	H
15,24-26	xxii/65-68	140	H
15,32	xviii/124-125	82	H
16,17	xxi/17-18	118	H
17,10-11	xvi/84	40	C
17,17	xvi/21-22	34	H
22,16	xvi/58	38	Cp
23,38	xvi/21	34	C

Mc

1,4-5	xvi/17-19	34	C
3,17	xix/100-101	100	C
9,11-12	xvi/84	40	C

Lc

1,36	xvii/121-122	62	C
1,66.65	xvi/63-64	38	C
2,14	xxi/48-49	122	Cp
2,46-47	xxi/103-104	126	Cp
2,51	xxi/116	128	Cp
3,7	xvi/20	34	C
3,10-14	xvi/25	36	H
3,15-16	xvi/75-76	40	C
3,23	xx/46	108	C
10,1	xviii/166	86	C
10,15	xxiii/67-68	156	Cp
11,15	xix/67-68	98	Cp
22,43	xxi/46	122	C
24,4	xxi/47	122	C

Jn

1,17	xxii/35	136	Cp
1,23	xvi/72-73	40	C
1,26-27	xvi/118-121	44	Cp
1,27	xvii,19	52	H
	xvii/146	66	Cp
1,29.33	xix/55	96	H
1,30	xvii/141-142	66	H
1,31	xvii/133-134	64	Cp
	xxi/88-89	126	Cp
1,32	xvii/48-49	56	H
1,41	xviii/46-47	76	H
1,46	xvi/46-47	38	Cp
	xx/26-27	106	Cp
1,47	xx/43	108	C
2,11	xxi/85-86	124	H
3,24	xvii/42	54	H
3,26	xviii/143s	86	H
3,29	xviii/68	78	H
	xviii/90	80	H
	xviii/94-95	80	H
3,36	xvii/68-69	58	H
4,18	xix/79-80	98	C
4,46	xxii/139-140	146	C
5,32	vi/35-36	28	Cp
5,34a	vi/27-28	28	H

5,34b	vi/38	30	H
	vi/56-57	30	H
5,34.36	xviii/132-134	84	Cp
7,4	xxi/125	128	H
7,5	xxii/45	138	Cp
7,18	xvi/131-132	44s	H
7,30	xxii/23-24	136	Cp
7,42	xx/64-65	108	H
7,52	xx/26	106	Cp
8,20	xxii/22-23	136	Cp
9,29	xx/93	112	H
10,41	xviii/137	84	Cp
14,2	xviii/78	78	Cp
17,1	xxii/24	136	Cp
19,27	xxi/129-130	128	Cp
20,30	xvii/187-188	68	H

Act

1,10-11	xxi/47	122	C
7,34	xvi/88-89	42	C
10,41	xvii/179-180	68	Cp
19,2	xvii/115-116	62	H

1 Cor

1,27	xx/37-38	106	C
2,11	xxiii/20-21	152	H

2 Cor

8,18	xviii/167-168	86	C

Phil

2,6	vi/13-14	26	C
2,7	xxi/73	124	H

1 Thess

5,3	xvi/14-15	34	H

1 Tm

5,17	xxii/4	134	H
6,16	vi/52	30	H

TABLE DES MATIÈRES

ACHEVÉ D'IMPRIMER
EN FÉVRIER 1993
PAR L'IMPRIMERIE
DE LA MANUTENTION
A MAYENNE
N° 45-93